# カント実践哲学とイギリス道徳哲学

カント・ヒューム・スミス

高田 純 著

*Kant, Hume, Smith*

梓出版社

# カント実践哲学とイギリス道徳哲学
## ——カント・ヒューム・スミス——

# 目　次

序　論 …………………………………………………………………… 3
　　0.1　イギリス思想の批判的精神とカント　　3
　　0.2　カント実践哲学へのイギリス道徳哲学の持続的影響　　4
　　0.3　ヒュームとスミスの道徳哲学の隠れた影響　　5
　　0.4　本書の構成と展開　　6
　序論注 …………………………………………………………………… 10

第Ⅰ部　ヒュームの決定説とカントの自由意志説 ……………………… 11
　　　　──自由の原因性をめぐって──
　はじめに ………………………………………………………………… 13
　　0.1　カントに対するヒュームの3大影響　　13
　　0.2　第2・第3のヒューム・ショック　　14
　　0.3　第Ⅰ部の展望　　15
　第1章　初期カントの意志論 ………………………………………… 17
　　1.1　合理論的決定論　　17
　　1.2　道徳感情論の受容　　22
　　1.3　道徳感情論との対決　　27
　第2章　自由の原因性と自律 ………………………………………… 33
　　2.1　新しい自由観　　33
　　2.2　「自然の原因性」と「自由の原因性」　　34
　　2.3　自由の原因性と自己立法　　36
　　2.4　自由の原因性と英知界　　38
　　2.5　必然性と自由との両立　　39
　　2.6　自由の原因性と行為の責任　　40
　　2.7　自然的因果関係と規範的因果関係　　42
　第3章　3戦線におけるヒュームとの対決 ………………………… 44
　　3.1　ヒューム・ショックの3つの意味　　44
　　3.2　理性の二律背反とヒューム　　45

3.3　因果関係の認識をめぐる攻防　　46

　　　3.4　形而上学をめぐる攻防　　48

　　　3.5　意志の自由をめぐる攻防　　49

　第4章　ヒュームの決定説との対決 ……………………………………… 52

　　　4.1　行為の斉一性と性格をめぐって　　52

　　　4.2　経験的性格と英知的性格　　54

　　　4.3　硬い決定説と柔らかい決定説　　55

　　　4.4　柔らかい決定説の限界　　56

　　　4.5　ヒュームの柔らかい決定説の批判　　57

　　　4.6　決定説と責任の問題　　59

　第Ⅰ部注 ……………………………………………………………………… 62

第Ⅱ部　ヒューム道徳感情論とカント実践哲学 ………………………… 67
　　　　――感情の交流と人間観察をめぐって――

　は じ め に ………………………………………………………………… 69

　　　0.1　人間の学としての認識論と行為論　　69

　　　0.2　認識と行為の批判的考察　　70

　　　0.3　第Ⅱ部の展望　　71

　第1章　行為の因果的推論 ……………………………………………… 73

　　　1.1　因果関係と推論　　73

　　　1.2　心理的決定と因果関係　　74

　　　1.3　習慣と実践　　76

　　　1.4　行為の斉一性と因果関係　　77

　　　1.5　行為の動機と性格　　78

　　　1.6　情念と意志　　79

　第2章　柔らかい決定説 ………………………………………………… 82

　　　2.1　意志の自由の批判　　82

　　　2.2　自由意志の幻想　　84

  2.3 自由と必然性との両立  85
  2.4 行為の自然的原因と心理的原因  86

 第3章 道徳的感情とコミュニケーション ……………………………… 90
  3.1 道徳感情論の展開  90
  3.2 合理論の批判  91
  3.3 ハチソンの道徳感覚論  92
  3.4 道徳的感情の基礎としての共感  94
  3.5 共感と「一般的観点」  97
  3.6 効用と共感  99

 第4章 行為の観察と評価 …………………………………………………………… 101
  4.1 感情の評価的機能  101
  4.2 行為の評価と共感  102
  4.3 行為の因果関係と評価  103
  4.4 〈べき〉と〈ある〉の問題  104
  4.5 行為の関係と〈べき〉  106
  4.6 〈べき〉と共感  107

 第5章 カント人間学に対するヒュームの影響 ……………………… 109
  5.1 初期カントに対するヒュームの影響  109
  5.2 カント倫理学における道徳的感情の位置  111
  5.3 人間観察に対するヒュームの影響  113
  5.4 実用的人間学と実世界  115
  5.5 社交と趣味  117

 第Ⅱ部注 ……………………………………………………………………………………………………… 119

第Ⅲ部 スミスの道徳哲学 ……………………………………………………………… 127
   ――共感と「立場の交換」の思想――
 は じ め に ………………………………………………………………………………………… 129
  0.1 スミス道徳哲学の固有性  129

        0.2 「立場の交換」論の射程　　130
        0.3 第Ⅲ部の展望　　130
第 1 章　「他人の立場に立つ」ことと共感 …………………………… 132
        1.1 共感の喜びと是認　　132
        1.2 行為の動機と感情　　133
        1.3 感情と状況　　134
        1.4 「立場の交換」と想像力　　135
        1.5 ヒュームの共感論の問題　　136
        1.6 自己愛と理性の位置　　137
        1.7 感情の適宜性と共感　　139
        1.8 行為の効用と共感　　140
第 2 章　行為者と観察者との「立場の交換」…………………………… 143
        2.1 「立場」の二重性　　143
        2.2 「立場の交換」と自己評価　　145
        2.3 「立場の交換」の限界をめぐって　　147
        2.4 シンパシーとエンパシー　　148
第 3 章　公平な観察者と「立場の交換」………………………………… 151
        3.1 第三者としての公平な観察者　　151
        3.2 公平な観察者の共感　　152
        3.3 事情に精通した観察者と公平な観察者　　154
        3.4 共感と道徳的規則　　155
第 4 章　良心と「立場の交換」…………………………………………… 157
        4.1 公平な観察者の理想的性格　　157
        4.2 公平な観察者と世間　　160
        4.3 世間と良心　　160
        4.4 良心の自律　　162
        4.5 良心の限界と神　　164
        4.6 公平で事情に精通した観察者と神　　165

第Ⅲ部注 ……………………………………………………………………… 168

## 第Ⅳ部　カント実践哲学に対するスミスの影響 ……………………… 173
### ──「立場の交換」論の改作──

はじめに ……………………………………………………………………… 175
 0.1　スミスの隠れた影響　175
 0.2　スミスの影響の射程　176
 0.3　第Ⅳ部の展望　177

第1章　初期カントに対するスミスの影響 ………………………………… 178
 1.1　1760年代における共感論　178
 1.2　ルソーにおける「立場の交換」の思想　180
 1.3　「立場の交換」と理性　182
 1.4　「立場の交換」論の受容　184

第2章　批判期・後期におけるスミスの影響 ……………………………… 186
 2.1　公平な観察者と幸福　186
 2.2　義務関係と「立場の交換」　187
 2.3　良心における「立場の交換」　189
 2.4　良心と宗教　191

第3章　道徳的判断力と「立場の交換」 …………………………………… 192
 3.1　「立場の交換」は道徳的判断にとって本質的か　192
 3.2　「規定的判断力」と「反省的判断力」　194
 3.3　格率の吟味と義務の発見　195
 3.4　実践的判断の処方と「立場の交換」　197

第4章　趣味と社交における「立場の交換」 ……………………………… 199
 4.1　趣味と社交における感情の交流　199
 4.2　「立場の交換」と共通感覚　201
 4.3　美学における経験論と合理論の克服　203

第Ⅳ部注 ……………………………………………………………………… 205

## 第Ⅴ部　ホッブズの行為決定論 ‥‥‥‥‥‥‥‥‥‥‥‥‥‥‥‥‥ 211
　　　　──その先駆性と限界──

はじめに ‥‥‥‥‥‥‥‥‥‥‥‥‥‥‥‥‥‥‥‥‥‥‥‥‥‥‥‥‥‥ 213

　　0.1　行為決定説の先駆　　213

　　0.2　自由の異なった位相　　214

　　0.3　第Ⅴ部の展望　　215

第1章　自由意志の批判 ‥‥‥‥‥‥‥‥‥‥‥‥‥‥‥‥‥‥‥‥‥‥‥ 216

　　1.1　有意的行為と熟慮　　216

　　1.2　熟慮と比較考量　　217

　　1.3　熟慮と選択　　218

　　1.4　意志の実体化の批判　　219

第2章　自由と必然性との両立 ‥‥‥‥‥‥‥‥‥‥‥‥‥‥‥‥‥‥‥‥ 222

　　2.1　絶対的自発性の否定　　222

　　2.2　選択と意志の被決定性　　223

　　2.3　強制・強迫・必然性　　225

第3章　行為の規範性 ‥‥‥‥‥‥‥‥‥‥‥‥‥‥‥‥‥‥‥‥‥‥‥‥ 228

　　3.1　行為の実行の自由　　228

　　3.2　行為における意志の位置　　229

　　3.3　有意的行為と処罰　　230

　　3.4　行為の因果関係の事実性と規範性　　232

第4章　国家意志と神 ‥‥‥‥‥‥‥‥‥‥‥‥‥‥‥‥‥‥‥‥‥‥‥‥ 234

　　4.1　自然的自由と国家における自由　　234

　　4.2　国家意志の形成　　235

　　4.3　人間の意志と神の意志　　236

　　4.4　国家と宗教　　237

第Ⅴ部注 ‥‥‥‥‥‥‥‥‥‥‥‥‥‥‥‥‥‥‥‥‥‥‥‥‥‥‥‥‥‥ 240

## 第VI部　近代の自由意志論争 ……………………………………… 245

### はじめに ……………………………………………………… 247

### 第1章　デカルトの自由意志論 …………………………… 248
1.1　情念，知性と意志　248
1.2　選択の自由と自発性の自由　249
1.3　自由意志論争の神学的背景　252

### 第2章　スピノザの行為決定説 …………………………… 254
2.1　汎神論的決定説　254
2.2　自由意志の否定　255
2.3　感情の抑制と意志　256

### 第3章　ライプニッツの自由意志論 ……………………… 258
3.1　決定説の緩和　258
3.2　意志の自由の限定　259
3.3　自由意志と必然性との調停　260
3.4　神による予定と意志の自由との調和　261

### 第4章　ロックの自由意志批判 …………………………… 263
4.1　意志の自由と行為の自由　263
4.2　行為の選択の必然性　264
4.3　快楽主義の修正　265

第VI部注 ……………………………………………………… 267
あ と が き …………………………………………………… 269
索　　　引 …………………………………………………… 273

## 凡　　例

1　カントからの引用は基本的にアカデミー版『カント全集〔Kant'gesammelte Schriften〕』[KgS. と略記] に基づき，その巻数をローマ数字で示し，続けて頁数を算用数字で示す．続けてダッシュ（/）のあとに邦訳（『カント全集』，岩波書店［邦訳『全集』と略記］）の頁を記す．

a.　『純粋理性批判〔Kritik der reinen Vernunft〕』[KrV.] については，B 版の頁（A 版に固有の箇所はその頁）と邦訳『全集』4, 5, 6 の頁のみを記す．

b.　つぎの著作については [ ] のように略記し，KgS の頁に続けて，邦訳『全集』の頁を示す．

・『プロレゴメナ』[Pro.] KgS. 4/ 邦訳『全集』6
・『道徳形而上学の基礎づけ〔Grudlegung zur Metaphysik der Sitten〕』（『基礎づけ』）[Gr.] KgS. 4/ 邦訳『全集』7
・『実践理性批判〔Kritik der praktischen Vernunft〕』[KpV.] KgS. 5/ 邦訳『全集』7
・『判断力批判〔Kritik der Urteilskraft〕』[UK.] KgS. 5/ 邦訳『全集』8, 9
・『たんなる理性の限界内の宗教』（『宗教論』）[Rlg.] KgS. 6/ 邦訳『全集』10
・『道徳形而上学〔Metaphysik der Sitten〕』[MS.] KgS. 6/ 邦訳『全集』11
・『実用的見地における人間学〔Anthropologie in pragmatischer Hisicht〕』（『人間学』）[Ath.] KgS. 7/ 邦訳『全集』15
・『倫理学講義〔Vorlesung über Ethik〕』[VE] KgS. 27/ 邦訳『全集』20

2　ヒュームの『人間本性論〔A Treatise of Human Nature〕』[THN. と略記] については，L.A.Selby-Bigge 編，P.H.Nidditch 校訂の第 2 版に基づく．

・『人間知性論〔Enquiries concerning Human Understanding〕』[EHU. と略記] については，L.A.Selby-Bigge 編，P.H.Nidditch 校訂の第 3 版に基づき，Section 番号をローマ数字大文字，編集者が欄外につけたパラグラフ番号を算用数字で示し，続けて斎藤繁雄・一ノ瀬正樹訳『人間知性研究』（法政大学出版局，2004 年）の頁を示す．

・『道徳的原理の研究〔Enquiries concerning Principles of Morals〕』[EPM. と略記] については，『人間知性論』と合体された L.A.Selby-Bigge 編，P.H.Nidditch 校訂の版に基づき，『人間知性論』と同様に表記し，続けて渡辺峻明訳『道徳原理の研究』（哲書房，1992 年）の頁を示す．

3　スミスの『道徳感情論〔The Theory of Motral Sentiment〕』[TMS と略記] からの引用については，グラスゴー版『スミス全集』第 1 巻 (The Glasgow Edition of the Works and Correspondence of Adam Smith. Vol. I.) に依拠し，Part, Section, Chapter をそれぞれローマ数字大文字，ローマ数字小文字で示し，続けてテキス

トの頁を示す．さらにダッシュのあとに，水田洋訳『道徳感情論』（岩波文庫，2003年，上・下）の頁を挙げる．（グラスゴー版は第6版を基本にしているのに対して，水田訳は第1版を基礎にしている．）ある版に特有の叙述を引用するばあいには，当該の版（Ed.）を最初に示す．〈margin〉は，第6版以外の版で欄外に記された叙述箇所である．

4 ホッブズからの引用は基本的に，モールスワース編（Edited by William Molesworth, Scientia Verlag）の英語著作集〔English Works〕（EWと略記），ラテン語著作集〔Opera Latina〕（OL.と略記）に基づき，巻数を算用数字で示す．それぞれの著作を略号で示す．

・『リヴァイアサン』〔Lv.と略記〕についてはEW.3に基づき，Book, Chapter, Sectionをローマ数字の大文字，小文字，算用数字で示し，水田洋訳（岩波文庫，一，二，1992年改訳，三，1982年，四，1985年）の巻数と頁を挙げる．
・．『自由と必然性について〔Of Liberty and Necessity〕』（『自由と必然性』〔LN.〕と略記）EW.4
・『自由と必然性および偶然性の諸問題〔Questions of Liberty, Necessity, and Chance〕』（『自由と必然性および偶然性』〔LNC.〕と略記）EW.5
・『法について〔The Elements of Law〕』（『法論』〔EL.〕と略記）EW.1
・『人間について〔De Homine〕』（ラテン語，『人間論』〔Hm.と略記〕OL.3
・『市民について〔De Cive〕』（ラテン語，『市民論』〔Cv.〕と略記），The Clarendon Edition of the Philosophical Works of Thomas Hobbes, Vol.II. Book, Chapter, Sectionをローマ数字の大文字，小文字，算用数字で示し，本田裕志訳『市民論』（京都大学学術出版社，2008年）の頁を示す．

5 ハチソンからの引用については，
a. 『美と徳の観念の起源の研究〔An Enquiry into the Original of our Ideas of Beauty and Virtue〕』1st edition 1725, 4th ed. 1738,『美と徳』と略記）は，Edited and with an Introduction by Wolfgang Leidhold, (LIBERTY FUND)に基づき，Treatise, Section, Paragraphをローマ数字の大文字，小文字，算用数字で示し，そのあとに山田英彦訳『美と徳の観念の起源』（第4版の訳，玉川大学出版部，1983年）の頁を示す．
b. 『情念と情動の本性と作用の研究〔An Essay on the Nature and Conduct of the Passions and Affections〕』（1st ed., 1728 4th ed. 1756,『情念論』と略記）は，Edited and with an Introduction by Aaron Garrett, (LIBERTY FUND)に基づく．

6 引用文の訳は必ずしも邦訳に従っていない．

7 引用文のなかの傍点の部分は原著の強調箇所，圏点の部分は本著者が付したものである．〔　〕内の語句は本著者によるいいかえ，あるいは補足である．〔　〕内の語句は原語の表記である．

# カント実践哲学とイギリス道徳哲学

―――カント・ヒューム・スミス―――

# 序　　論

## 0.1　イギリス思想の批判的精神とカント

　カントの実践哲学に対するイギリスの道徳哲学の影響について論じることは無意味あるいは無謀と思われるかもしれない．というのは，通説では，カントは理論哲学の面では，認識の形式は悟性によって与えられるが，その素材は感覚によって与えられると見なし，後者の点でイギリス経験論を受容しているのに対して，実践哲学の面では，その原理から経験的，感覚的要素を排除するので，イギリス道徳哲学からの影響はありえない，とされるからである．この問題について考えるためには，カントの思想形成の過程にも目を向け，イギリス思想がカント哲学全体に及ぼした影響を広く考慮する必要がある[1]．

　カントがケーニヒスベルクに居住したことは，彼がイギリス思想を摂取するうえで好都合であった．ケーニヒスベルクはプロイセン領の東端に位置するが，ドイツの主要な港湾都市であり，交易をつうじて同時に海外の新しい文化や思想にドイツ内陸部よりも早く接することができた．このような雰囲気のなかでカントはイギリスにおける自由な批判の傾向に強い関心を寄せた．彼は英語を理解しなかったようであるが，有力なイギリス商人と交際を続け，イギリス系の書籍商とも親密であり，イギリスからさまざまな情報を得ることができた．カントは，自分の祖先がイギリス出身であることに誇りをもっていたと伝えられるが，このことはイギリス思想への高い評価と無関係ではないであろう[2]．

　「批判・批評〔criticism, critique〕」は 16-17 世紀のイギリス思想の特徴で

もあった．ミルトン，ホープ，デフォー，スイフトらの文学者には文芸，文明，社会に対する鋭い批判が見られるが，カントは後期においても彼らにしばしば言及している．カントの主著『純粋理性批判』，『実践理性批判』，および『判断力批判』の表題に含まれる〈Kritik〉は，当時イギリスで活発化していた〈criticism〉を念頭においたものである．カント自身も『純粋理性批判』第 1 版の序文で，「われわれの時代は本来の意味での批判の時代であり，すべてのものが批判に委ねられなければならない」（KrV.A.XI./上 18 頁）と述べている．もちろん，批判は広い意味で啓蒙の課題である．フランスでは百科全書派の活動もあり，ドイツにおいても啓蒙思想（ライプニッツ＝ヴォルフ学派）があるが（カントも批判期に『啓蒙とはなにか』を著わし，自立的，批判的思考を主張した），カントはルソーによる文明批判とともに，イギリス思想（とくにスコットランド啓蒙派）における批判的精神に注目した．

## 0.2 カント実践哲学へのイギリス道徳哲学の持続的影響

　カントがとくに重視したのはスコットランドの道徳感情学派である．カントも最初はヴォルフ学派の影響を受けたが，ハチソンらの道徳感情学派からの大きな刺激によってヴォルフ学派の倫理学の限界に気づくようになった．カントが人間の尊厳にかんしてルソーから影響を受けたことは有名であるが，道徳感情学派からの影響がこれに先行していた可能性もある．

　これまでの研究においては，カントが初期に一時道徳感情学派の影響を受けたことは確認されていたが，この影響は一過性のものにすぎないと見なされてきた．たしかにカントはやがて実践的理性の立場から道徳感情論を批判するようになったので，このような解釈が生じうる．しかし，本書ではつぎのことに着目したい．まず，カントは批判期と後期に大陸合理論の倫理思想（「完全性」を基本概念とする）とイギリスの経験論の倫理思想（「幸福」を基本概念とする）および道徳感情論との総合をめざしており，これは認識論における合理論と経験論との総合に対応する．さらに，イギリス道徳哲学のカント実践哲学に対する影響について論じるさいには，ハチソンの道徳感情

論のみに注目するのではなく，より広い視野に立つ必要がある．ハチソンとの関係のみを見るならば，たしかに道徳感情論の影響が問題になるが，ハチソンの説を発展させたヒュームとスミスの説を視野に納めるならば，イギリス道徳哲学がカント実践哲学に対して幅広い影響を持続的に与えたことが明らかになるであろう[3]．

　本書が『カント実践哲学とイギリス道徳哲学』を表題とするのはこのためである．近代思想においてしばしば見られることであるが，イギリスにおいても「モラル・フィロソフィー〔moral philosophy〕」は狭義の「道徳哲学」に限定されず，「精神哲学」という広義に理解されている．とくにヒュームはこれを「人間の学」と同一視し，論理学や認識論（ふつうは理論哲学に属すといわれる分科）をもこれに含める．カントは「道徳哲学」の対象を経験的領域から分離し，いっそう限定するが，イギリスのモラル・フィロソフィーの影響は彼の広義の実践哲学（経験的な人間学を含む）に及んでいる．

## 0.3　ヒュームとスミスの道徳哲学の隠れた影響

　本書では，カントの実践哲学の形成過程をたどり，また，彼の批判期および後期の実践哲学の構造の分析をつうじてヒュームとスミスの道徳哲学の幅広く持続的な影響を明らかにしたい．この影響を考慮することによって，カント実践哲学についてのふくらみと柔軟性のある理解に道も開かれるであろう．カント実践哲学は形式主義的で硬直したものであるという解釈が支配的であるが，カント実践哲学のアクチュアリティを問うためにも，イギリスの道徳哲学とくにヒュームとスミスの道徳哲学の影響を考慮することは重要と思われる．

　本書ではヒュームの行為決定説と人間観察，スミスの「立場の交換」の理論がカント実践哲学に及ぼした影響に焦点を当てる．しかし，このような戦略に対してはつぎのような異議が唱えられるであろう．それはすなわち，カントはハチソンには言及しているが，ヒュームとスミスの道徳哲学には言及しておらず，カントに対するそれらの影響は考えられない，というものであ

る．たしかにヒュームとスミスの影響は隠されたものである．そのため彼らのカントに対する影響は従来の研究においては看過されてきた．しかし，ある思想家が，自分に深層において影響を与えた人物の名を伏せることはまれではない．カントのばあいヒュームとスミスはこれに属すといえる．本書の研究はこの点で，間接証拠の積み重ねによる立証という根気を必要とする作業となるであろう．

　ヒュームについていえば，彼は認識論の面では原因性（因果性）の概念を批判するが，人間の行為の理解の面では決定説を採用する．カントは意志の自由を擁護するために，「自然の原因性」とは異なる「自由の原因性」という概念に依拠するが，これは，ヒュームの行為決定説への対抗という意味をもつ．カントの自由意志論にとってヒュームは隠れた論敵であった．また，カントはかなり早い時期からヒュームの人間の批判的観察に注目しており，その影響は後期カントの人間学に反映している．

　つぎに，スミスについてであるが，カントは『道徳感情論』のドイツ語訳が出版された直後からスミスの道徳哲学に深い関心を示していた．カントがスミスから摂取したのは道徳感情論ではなく，「立場の交換（他人の立場に立つ）」の理論である．カントは理性中心の立場からスミスのこの理論を換骨奪胎し，それに独自の意味を与える．カントは実践的判断における「立場の交換」の役割を重視する．また，人格のあいだのさまざまな道徳的関係の考察のさいにも「立場の交換」の理論を利用している．さらに，趣味（『判断力批判』）や社交（『人間学』）においては立場の交換をそれらの基礎にすえている．

## 0.4　本書の構成と展開

### (1) ヒュームの行為決定説との対決

　本書の第Ⅰ部では，カントが意志の自由の擁護のためにヒュームの行為決定説との対決をつうじて，「自由の原因性」の概念を確立したことを明らかにする．カントがヒュームによる原因性（因果性）の批判をつうじて「独断

のまどろみ」から目覚めさせられたことはよく知られているが，理論哲学（認識論）の面でだけではなく，実践哲学（倫理学）の面でも〈ヒューム・ショック〉があったと思われる．ヒュームは原因性の認識の源泉を批判するが，人間の行為にかんしては決定説の立場をとる．『純粋理性批判』における自由と必然性をめぐる二律背反の説明を見ると，そこで紹介される決定説は内容の点でヒュームのものである．カントは自由意志説と決定説とを両立可能と見なしており，一方ではヒュームと対決し，意志の自由を擁護するが，他方ではヒュームの決定説を受容している．ヒュームの決定説に対するカントのこのような二面的なアプローチについて検討したい．

### (2) カント人間学へのヒューム道徳哲学の影響

ヒュームの道徳哲学の基本をなす道徳感情論がカントの実践哲学に対してどのような影響を与えたかを検討することが第Ⅱ部の課題である．カントは初期から後期まで一貫してヒュームの人間の批判的観察を高く評価している．ヒュームは感情の交流のメカニズムを解明し，それに基づき，鋭い人間観察を行なった．カントは道徳の領域では感情に限定的な役割しか認めないが，趣味と社交の領域では感情の交流に重要な役割を認めている．ヒュームのカントに対する衝撃は認識論，行為論のほかに，人間学にも及ぶことを明らかにしたい．

### (3) スミスにおける「立場の交換」の理論

第Ⅲ部では，「立場の交換」の理論がスミスの道徳哲学の基本をなすことを示す．カントはスミスの『道徳感情論』のドイツ語訳の刊行の直後からこのような特徴を見抜いていた．スミスの道徳哲学にかんしては共感論や「公平な観察者」の説が有名であるが，これらは「立場の交換」の思想に基づく．共感や「公平な観察者」の観念が「立場の交換」をつうじて成立するメカニズムを詳細に解明したことにスミスの見解の特徴がある．この見解はヒュームの感情的交流論を発展させたものであり，倫理学的であるとともに，経験と観察を踏まえたものである．スミスの「立場の交換」の説は現代の社会心

理学的研究に先行するという意義をもつことをも明らにしたい．

### (4) スミスの道徳哲学のカントへの影響の射程

第IV部では，スミスの道徳哲学のカント実践哲学への影響を考察する．カントが評価するのはスミスの道徳感情論や共感論ではなく，「立場の交換」，およびそれに基づく「公平な観察者」についての見解である．カントは，判断が自己中心的にならないための基準として「立場の交換」に注目する．また，彼は「立場の交換」の論理に基づいて，道徳的な諸関係と諸義務，および良心についての考察を深めている．カントが「立場の交換」をとくに重視するのは趣味（『判断力批判』）と社交（『人間学』）の領域においてである．このようなスミス理論のカントの実践哲学全体に対する幅広い影響を明らかにしたい．

### (5) ホッブズにおける決定説の徹底化

第V部では，ホッブズの行為決定説を取り上げる．彼の見解は徹底した決定説として知られる．ヒュームの決定説はホッブズの説を継承し，変様させたものであり，前者の説の意味は後者の説と比較することによって，より明瞭になるであろう．ホッブズはスコラ哲学以来の自由意志説を徹底的に批判した．カントはホッブズの説には言及していないが，ホッブズの説にさかのぼることによって，カントの自由意志説の意味を明確にすることができると思われる．カントにおける「自由の原因性」はスコラ哲学における「自由な原因」の捉え直しともいえるからである．

### (6) 近代思想史における自由意志論とその批判

第VI部では，カントの自由意志説のヒュームの決定説との対決の意義を浮き彫りにするために，その思想史的背景を概観する．イギリスではホッブズの決定説はロックへ継承され，これがさらにヒュームに連なった．ヨーロッパ大陸の合理論としては，ホッブズと同時期にデカルトが自由意志説を主張し，スピノザがこれを批判して，決定説を主張し，さらにライプニッツがス

ピノザの説を緩和して，柔らかい決定説を提唱した．ライプニッツの説はカントの思想形成の最初期に影響を与え，その後のカントの自由意志論の確立に機縁を与えた．

**序論注**

1) カント哲学に対するイギリス哲学の影響は従来のカント研究における一つの盲点であったが，近年，ドイツにおいてもこの問題に対する関心が高まりつつある．Richard Brandt はマールブルク大学の研究グループとともにつぎの仕事を行なっている．*David Hume in Deutschland*, 1989, *Aufklärung und Interpretation*, 1992. *Reception of the Scotch Enlightment in Germany*, 2000. しかし，イギリス道徳哲学のカント倫理学への影響については，論点をしぼった研究は乏しい．

2) 当時のケーニヒスベルクでは，オランダ，イギリス，フランスなどから到来した多くの商人が活躍していた．カントは有力なイギリス商人と交流を続け，とくにグリーン（厳格な生活スタイルと厳しい意見の持ち主）との親交は有名である．なお，祖父がスコットランド出身であるというカントの理解は誤りであること（彼の祖父はケーニヒスベルクの東のラトビアの出身）がのちに判明した．カントの2人の叔母がスコットランド人と結婚したという事実が彼の誤解を生んだと思われる（ガウゼ『カントとケーニヒスベルク』，1984年，竹内昭訳，梓出版社）．浜田義文氏は，ケーニヒスベルクの開放的雰囲気がカント哲学に与えた影響を重視している（浜田義文『カント思想の位相』，法政大学出版局，1994年，5頁以下）．

3) カント実践哲学に対するイギリス道徳哲学の影響の研究が乏しいなかで，特筆されるのは浜田義文氏の仕事である．氏は『カント倫理学の成立——イギリス道徳哲学及びルソー思想との関係』（勁草書房，1981年）においてつぎのようにいう．「カントにおける倫理学の樹立は，イギリス道徳哲学及びルソーの思想との接触なしにはありえなかった」（1頁）．氏は『カント思想の位相』第六章では，スミスの「公平な注視者」の思想がカントの倫理思想に与えた影響についても考察している．しかし，ヒュームの道徳哲学のカントの実践哲学に対する影響についての検討は内外ともにきわめてまれである．

# 第Ⅰ部　ヒュームの決定説と
　　　　カントの自由意志説

――自由の原因性をめぐって――

# はじめに

## 0.1 カントに対するヒュームの3大影響

　ヒュームによる因果関係の認識に対する批判がカントの『純粋理性批判』の執筆の重要な刺激を与えたことは有名である．カント自身が，ヒュームによって「独断のまどろみ」から目覚めさせられたと述べている（1783年の『プロレゴメナ』）．この衝撃は批判期より少し前のものと思われるが，初期に「人間を尊敬する」ことにかんしてルソーから受けた衝撃（1765-06年の『「美と崇高の観察」覚書』）と並んで有名である．これと比べて，ヒュームの思想はカントの実践哲学に対しては影響を与えてはいないと思われがちである．しかし，ヒュームの影響はカントの理論哲学（認識論）にだけでなく，実践哲学にも及ぶ．

　カントは，行為決定説に対して意志の自由を擁護するために，「自由の原因性（因果性）〔Kausalität der Freiheit〕」（厳密には「自由による原因性〔Kausalität aus Freiheit〕」，「自由に基づく原因性〔Kausalität durch Freiheit〕」）という概念に依拠する．この概念はカントの独自のものである．スコラ哲学においては「自由な原因」の概念が存在論的な文脈で用いられていたが，カントはこれを「自由の原因性」ととらえ直し，人間の意志に適用したといえる．カントがあえて自由を「原因性」に関係づけるのは，意志の自由は無法則なものではなく，自然法則とは異なる法則に従うことを明らかにするためである．彼がこのようなあり方を「自由の原因性」と呼ぶ．これに対して，行為決定説においては「自然の原因性」が基本におかれる．行為における因果性（原因性）あるいは因果関係を重視するのはヒュームである．彼は因果

関係の認識の源泉と資格にかんしては相対主義的立場をとるが，人間の行為にかんしては決定説の立場をとる．カントはヒュームのこのような説に対抗して，自然の因果性とは異なる「自由の原因性」という概念に依拠することによって，意志の自由を擁護しようとしたと思われる．

ところで，ヒュームの道徳哲学の基本には道徳感情論がある．ヒューム行為論（道徳論）は全体として，「人間の観察」を目的とした「人間の学」の一環として展開されているが，そこでは人間が社交的存在として理解され，感情の交流が重視される．カントは社交を本来の道徳から区別しながらも，そこでは感情の交流が重要な役割を果たすと見なし，人間学においてはこのような視点から人間を観察する．ヒュームの人間観察はカントの人間学に影響を与えた可能性が高い．

本書では，ヒュームの哲学は認識論（因果性の批判）の面のほかに，行為論（因果的決定説）および人間論（人間観察）の面で大きな影響を及ぼしたというテーゼを立てたい．

## 0.2　第2・第3のヒューム・ショック

ヒューム・ショックは認識論だけでなく，自由意志論，人間学にも及ぶという本論のテーゼに対してはつぎのような疑問や異論が出されるであろう．第1に，自由の原因性の概念がヒュームの行為決定説に対する対抗として構想されたという点にかんしては，カント自身はヒュームの行為決定説にどこでも言及していない，と指摘されるかもしれない．第2に，カントの人間学的考察とヒュームの道徳感情論との関係にかんしては，カントはたしかに初期に（1760年代前半）ハチソンの道徳感情論の影響を受けたが，この影響は一時的にすぎず，また，カントが『人間学』においてヒュームに言及するばあいでも，人間観察の部分的紹介としてであるといわれるかもしれない．

カントの著作を表面的に読むかぎりでは，これらの解釈が生じることはやむをえない．このことに対してあらかじめつぎのことを指摘しておきたい．第1に，『純粋理性批判』において自由と必然性の二律背反に関連して，「自

由の原因性」の概念が登場するが，そこで，対決すべき決定説の主張として紹介されているものはヒュームの決定説と酷似している．カントはヒュームの説を当時最も洗練された決定説と見なし，それとの対決を迫られたであろう．また，カントは『実践理性批判』においては，ヒュームが批判した原因性（因果性）の概念を実践的領域へ適用するために，「自由の原因性」の概念に依拠しており，ここにはヒュームに対する対抗が明確に認められる．カントはヒュームの決定説に直接には言及していないが，彼の自由意志説にとってヒュームは隠れた論敵であったと思われる．

第2に，カントの実践哲学に対するヒュームの道徳感情論の影響についてであるが，カントは1760年代の中ころにハチソンの道徳感情論の影響を受けたが，ヒュームにも注目していた．このことについてはカントの当時の講義の聴講者（ボロフスキーやヘルダー）の述懐やカント自身の手紙などの証拠がある．ただし，カントが着目したのはヒュームの道徳感情論そのものよりも，それに基づく人間観察，あるいはそのエッセー的表現であったと思われる．さらにまた，カントは批判期および後期においてもヒュームの文体を高く評価している．晩年まで約30年間も継続された人間学講義のなかには，社交における感情的交流を重視するという点で，初期以来のヒュームの道徳感情論の影響が持続している．

## 0.3 第Ⅰ部の展望

本書の第Ⅰ部では，ヒュームの行為決定説に対するカントの自由意志説の対抗について考察する．カントの実践哲学全体（人間学を含む）に対するヒュームの道徳感情論の影響については第2部で検討したい．

第1章では，批判期以前のカントの意志論の変化をたどる．この作業は，批判期におけるヒュームの決定説との対決について考察するための準備をなす．カントはライプニッツ＝ヴォルフ学派の影響のもとで思索を開始したが，やがて一時期イギリスの道徳感情学派（とくにハチソン）の影響を受け，これに続いてルソーからのインパクトを受けて，ライプニッツ＝ヴォルフ学派

における理性とは異なった独自の実践的理性を目指すとともに，道徳感情学派の限界をも克服する方向へ向かっていく．

第2章では，カントが批判期に「自由の原因性」の概念を獲得し，これに基づいて意志の自由に新しい根拠を与えることを明らかにする．「自由の原因性」の概念は『純粋理性批判』においては消極的に想定されるにとどまるが，『基礎づけ』と『実践理性批判』においては実践理性の自律＝自己立法と結合することによって，確固としたものとなる．カントによれば，行為の評価や責任も自由の原因性に基づくことによって成立する．このように「自由の原因性」がカントの道徳哲学の根本をなすことを示したい．

第3章では，カントが認識論（因果関係の認識），形而上学，および行為論（意志論）の3分野でヒュームの哲学と対決することをつうじて，彼独自の批判哲学を確立したことを示したい．『純粋理性批判』の最終目的は形而上学の再建にあるが，これは意志の自由に基づいてもたらされるのであり，ヒュームによる批判から形而上学を擁護することは自由意志説の根拠づけと不可分の関係にあることを明らかにしたい．

第4章では，意志の自由を根拠づける「自由の原因性」の概念がヒュームの決定説に対する批判として獲得されたことを立証する．そのさいに，『純粋理性批判』における自由と必然性をめぐる「二律背反」にかんして紹介される決定説はヒュームの説と酷似している点に注目したい．カントは，現象界における行為についてはヒュームの説に従って，自然の原因性によって決定されることを承認するが，英知界に根ざす行為については自由の原因性に依拠させることによって意志の自由を擁護しようとする．カントは認識論の分野でヒュームの因果性批判を受けとめながら，独自の理論を確立したのと同様に，道徳論においてもヒュームの決定説を受けとめながら，独自の理論を確立したことを明らかにしたい．

# 第1章　初期カントの意志論

## 1.1　合理論的決定論——1750年代の見解

### (1) 倫理思想の出発

　カントの倫理思想の形成過程において意志の自由についての彼の見解は大きく転換する．彼は最初期（1750年代中ころ）にはヴォルフ学派の影響のもとに決定論を採用するが，やがてこれを転換し，意志の絶対的自発性を承認するようになる．批判期には「自由の原因性（因果性）」[1]という概念を基本として自由意志論が確定される．この約30年のあいだにカントの倫理思想は複雑な経緯をとるが，最初期から批判期まで一貫して維持される面もある．

　彼の最初期の代表的論稿は1755年の教授資格論文『形而上学的認識の第一原理の新解明〔Principiorum primorum cognitionis metaphysicae nova dilucidatio〕』（ラテン語，未公刊——以下『形而上学的認識』と略記）である．このなかで彼は決定論的世界観を構想し，そのための形而上学的，認識論的考察を行ない[2]，意志の自由と必然性の関係の問題について論じている．この問題は批判期のカントにおいて，形而上学と実践哲学の存立に関わる根本問題となるが，その出発点がこの論稿に示されている．

　意志の自由と必然性の関係をめぐって18世紀前半のドイツでは，ライプニッツの影響を受けたヴォルフ学派が決定論を主張したのに対して，ピエティストがこれを批判し，意志の自由を主張した．カントの時代にはクルジウス学派が意志の自由を擁護し，ヴォルフ学派を批判した．カントは『形而上学的認識』においてヴォルフ学派とクルジウス学派の論争に関連して自説を

展開している．彼は基本的にはヴォルフ学派の立場に立つが，クルジウスからの批判も部分的に考慮する．

### (2) 決定論の貫徹

カントはライプニッツ＝ヴォルフ学派の合理論的決定論の立場に立ち，つぎのようにいう．「自然における出来事であれ，自由な行為（作用）〔actus〕であれ，すべての出来事の確実性は決定される」(KgS.1.403/『全集』2.208頁)．ここには意志の自由の余地はないように見える．このため，クルジウス派は自由意志説の立場から，決定論は「万物の不動の必然性やストアの宿命を蘇らせ，自由と道徳のすべてを台無しにした」と批判する (KgS.1.398f./2.199)．しかし，カントによれば，自由意志説は決定と強制とを混同している．決定は，「〔或るものとは〕反対のものを排除する」ことであり，或るものを「強制する」こととと同一ではない．「人間の自由な諸行為においても，それらが決定されていると見なされるかぎりで，ここではたしかに反対は排除されている．しかし，それは，主体の欲求〔appetitus〕と自発的傾向との外部にある根拠〔による決定〕から除外されるのではない」(KgS.1.400/2.202頁)．

自由は強制と対立するが，決定とは対立しない．意志に基づく行為は先行の根拠によって決定されるが，自然における作用とは異なった仕方で決定される．自然現象が「外的根拠」によって決定されるのに対して，人間の行為は「内的根拠」によって決定される．「自発性は，内的原理〔内的根拠〕から出発する作用（行為）である」(KgS.1.402/2.205頁)．内的根拠に基づかない意志作用は気まぐれなものにすぎない．

カントの見解は基本的にはライプニッツ＝ヴォルフ学派に従っているが，独自性をももつ．この学派は，「絶対的必然性」と「仮定的必然性」とを区別し，自然の作用は厳密に決定されるが，人間の行為は「仮定的に」決定され，「完全な必然性からは少し外れる」と見なす (本書, Ⅵ.3.1. 参照)．しかし，カントによれば，自然の作用と人間の行為のあいだの相違を根拠による決定の「強さ」や「確実性」の度合いの相違に求めるのは適切ではない．両者のあいだの相違は，「より多く必然的であるか，より少なく必然的であるか」

という点にあるのではなく，「行為の確実性がその根拠によって決定される仕方」にある (Kgs.1.400/2.201 頁以下).

カントによれば，自然の作用の被決定と人間の行為の被決定との相違は，決定根拠が作用者（行為者）の外部にあるか，内部にあるかという点にあるにすぎない．ヴォルフ学派が絶対的必然性と仮定的必然性との区別によって，意志の自発性と自由を説明しようとしたことをクルジウスが批判したのは正当である (KsG.1.399/2.200 頁). しかし，クルジウスは行為の内的根拠そのものをも否定しており，これは誤りである．

### (3) 柔らかい決定論の試み

カントは外的根拠と内的根拠との区別を明確にすることによって，決定論を貫徹しつつ，意志の自由を限定された意味で承認しようとする．彼はこのことをつぎのように説明する．表象の対象は意志を或る方向へ「誘引する〔allectare, invitare〕」が，これを強制はしない．意志はこの誘引によって他方よりも一方へ強く「傾く」．しかし，対象の誘引におうじるかどうかは意志の自発性に委ねられる．「意志〔voluntas〕」は「表象〔対象〕の誘引諸要素に好んで従う」点で，「自発的な傾向」をもつ (KgS.1.400/2.202 頁). 行為においては「選択意思の裁量〔arbitirii licentia〕に従ったいずれか一方の選択〔electio〕」(KgS.1.404/2.209 頁) が行なわれる．しかし，意志がいくつかの方向のなかから特定の方向を選択するばあいに，意志を特定の方向に傾かせる内的根拠をもつ．このかぎりで行為は強制されないが，やはり決定されている．

意志は対象によって「受動的に」(KgS.1.404/2.208) 決定されて，「しぶしぶ」行為するのでなく，「好んで」対象の誘引に従って行為する (KgS.1.402/2.205 頁). したがって，意志が自分の内的根拠によって決定されるばあいにも，自発的である．このように，意志の被決定と意志の自発性とは対立せずに，結合する．

ライプニッツは，人間の行為は他の根拠によって「傾かされる」が，強制されず，そこに選択の余地があると主張した（本書，VI.3.2). また，ヴォルフ

は内的根拠を外的根拠から区別し，意志が外的根拠によって決定されるのではなく，内的根拠によって決定される点で自発的であると見なす．カントはライプニッツ＝ヴォルフ学派と基本的に同様に，意志の自由（選択と決意の自由）と意志の被決定とを両立可能と見なす点で，柔らかい決定論の立場にた立つといえる．カントの以上の説明を図式化すると，つぎのようになる．

〈図1.1〉

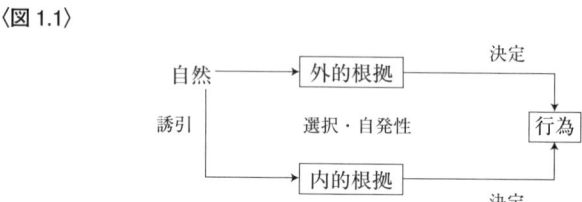

(4) 「均衡無差別」に対する批判

自由意志説においてはしばしば，意志は先行の根拠に決定されずに，いかなる方向をも等しく差別なく選択できることという点で自由であると見なされる．このような自由は「均衡無差別（中立）〔indifferentia aequilibrii〕」の自由と呼ばれてきた．クルジウスもこのような自由を主張する．しかし，カントによれば，意志が「いずれの側にも無差別に関わることができる」，「任意のものを選択できる」（KgS.1.402/2.206頁），「いずれの側にも傾く」（KgS.1.403/2.207頁）と考えることは誤りである．意志は内的根拠によって決定され，特定の方向へ傾かせられる．ライプニッツも「均衡無差別」説を批判していた（本書，Ⅵ.3.2）．

「均衡無差別」という「幻影」が生じる背景をカントはつぎのように説明する．「与えられた場面でわれわれ自身が，選択の動機を含む表象の原作者であると感じており，その結果，表象に注意を向けたりこれを控えたり，また他の方向に向けたりする能力に優れており，その結果，われわれの欲求に一致して対象に向かうだけでなく，客観的根拠そのものを任意にさまざまに変更できると意識する．このかぎりで，われわれの意志の適用がすべての法則を免れており，確定的な決定を欠くと想定することはほとんどやむをえ

い」．「しかし，つぎのようにすれば，決定根拠が確実に存在するはずであることをわれわれは容易に確信するであろう．すなわち，与えられた場面であの方向にではなくこの方向に注意を表象の結合へ向け，そのあとで直ちに」「注意を反対のがわに向け，この反対のがわに優越性を結びつけ，欲求が，ほかならないこの仕方で規制されるのを正しく感じるように努力すれば，そう確信するであろう」（KgS.1.403/2.207頁）[3]．

### (5) 行為とその法則

　カントによれば，意志の自発性は，外的根拠から区別された内的根拠によって行為を決定することにある．内的根拠による決定は意識や選択を伴うことをカントは重視する．自由な行為は「内的原理，意識された欲求，選択意思の裁量に従った選択」（KgS.1.404/2.209頁）に基づく．彼は，内的根拠となる意識をいくつかの段階に区別する．表象の明瞭性の度合いの相違によって自由の度合いを区別することはすでにライプニッツにもみられる（本書，Ⅵ.3.3）．

　①まったく意識されない動因は本能や衝動に等しく，そこには自発性の余地はない．すなわち，内的根拠は対象の外的根拠によって決定されており，まったく自立性をもたない．「意志をいずれかの方向へ傾かせる根拠がまったく意識されない」ばあい（KgS.1.401/2.203頁）がこれに準じるであろう．

　②行為が自発的なものとなるのは，その内的根拠，動機が十分に意識されるばあいである．「自由に行為することは，自分の欲求に一致して，しかも意識をもって行為することである」（KgS.1.403/2.207頁）．ここでカントは「意識された欲求」と「知性の動機」（KgS.1.400/2.202頁）とを同列においている．

　③選択することは，たんに比較によって，欲求をよりよく充足するものを選択するという段階から，「最善のもの」を選択する段階へと高まらなければならない．最も明瞭に意識された最上位の動機は「最善についての表象」を伴う動機である．「それ［行為］が最善の表象に適合して決定されるとき，自由と呼ばれる」（KgS.1.402/2.205頁）．このような理解もライプニッツ

＝ヴォルフ学派の見解を継承したものである（本書，VI.3.4）[4]．

ところで，意識された動機，「知性の動機」は無法則なものではなく，或る種の法則に従う．「行為は，確実だが自発的な連結において不動の規則によって決定される」（KgS.1.400/2.202 頁）．意志の自由は，最善を内容とする法則に従って行為を決意することにあり（KgS.1.402/2.205 頁）．このような行為が「知性の動機」に基づく行為である．意志による内的根拠に基づく行為の自己決定（決意）が法則に従うという理解，意志の自発性を法則と結合するという理解は批判期にも継承される[5]．

### (6) 行為の責任

行為が必然性に従い，決定されているのであれば，それに対する責任は生じないのではないかという疑問が決定説に対してしばしば出される．これに対してカントはつぎのように答える．たしかに，行為が外的根拠によって一方的に受動的に決定されていれば，それに対する「罪責〔cupla〕」は生じない．しかし，行為が内的根拠に基づいて，自発的に行なわれるばあいには，それに対する罪責が問われる．「自発的に自分を決定する（決意する）能力を備える知性的存在者の意志によって生じるものは」，「選択意思の裁量に従った一方のものの選択から発生した．したがって，自由な行為に先行する事物の状態がなんらかの根拠によってどのように構成されているにしても，たとえ，知的存在者が事情の結合に組み込まれており，この存在者からたしかに将来必ず道徳的悪が生じるとしても」，「それにもかかわらず未来における生起〔futuritio〕は，意志によって悪へ向かうことを必要とするような根拠によって決定されている」（KgS.1.404/209 頁）[6]．

## 1.2　道徳感情論の受容——1760 年代の見解

### (1) 自由意志論への転換

カントは 1750 年の『形而上学的認識』においては柔らかな決定論の立場から意志に比較的な意味での自発性のみを認めていた．しかし，彼は 1760

年代末には，絶対的自発性をもつ自由意志を擁護する立場へ移行する．ただし，カントは，意志の自由を無法則なものと見なすことに対する批判は堅持しつつ，自由意志を自然法則とは異なる道徳法則に従うものと見なす．このような転換の過程で注目されるのは1762-66年の見解である．この時期にはハチソンらのイギリスの道徳感情学派の影響を強く受けるが，これと平行してヴォルフやクルジウスの影響も継続される．

　現在与えられている文献や資料に基づくかぎり，1750年代後半から1760年代中期にかけての倫理思想については断片的考察が残されているにすぎず，意志の自由と必然性（法則）との関係の理解についても同様である．1760年代前半の論稿としては，執筆の順序（出版の順序とは必ずしも一致しない）に従えば，『自然神学と道徳との根本命題の判明性についての試論』（1762年末執筆，1764年出版），『負量概念の哲学への導入の試論』（1763年執筆，同年出版），『美と崇高の感情の観察』（1763年秋執筆，1764年初め出版），『「美と崇高の感情の観察」覚書』（1764-65年執筆と推定），『視霊者の夢』（1765年秋執筆，1766年出版）がこれからの検討の対象になる．

### (2) 行為の必然性と義務

　カントは『自然神学と道徳との根本命題の判明性の研究〔Untersuchung über die Deutlichkeit der Grundsätze der natürlichen Theologie und der Moral〕』（『自然神学と道徳』と略記）において「責務（拘束性）〔Verbindlichkeit〕」に注目し，「道徳の第一根拠」を明らかにするためには，まず「責務という第一の概念」が確実に規定されなければならないと見なす．責務の重視はクルジウスの影響によると想定される．カントはつぎのようにいう．責務は「当為（べし）〔Sollen〕」と結合している．自然の必然性から区別される「行為の必然性」は当為によって表現されるが，これには2種がある．すなわち，ある目的を達成するための手段としてなにかをなすべきであるというばあい（「手段の必然性」）と，「直接に（目的としての）他のことをなすべきである」というばあい（「目的の必然性」）がある．責務となるのは「目的の必然性」のみである．「手段の必然性」は「蓋然的必然性」であって，なにかの

目的（具体的には幸福）の実現のための「熟達した振舞い」を指示するにすぎない（KgS.2.298/『全集』3.209頁）．このような理解は批判期の「仮言命法」と「定言命法」との区別につながる[7]．カントはこの論文において「責務の規則と原理」，「善なる行為の普遍的規則」を重視しており，1770年代に登場する規則倫理学への方向性を示す．

カントは『負量概念の哲学への導入の試論』（以下『負量概念』と略記）においても，「義務の基本法則」（KgS.2.200/『全集』3.161頁）を「善い行為の積極的根拠」と見なしている．「悪徳はたんなる［徳の］否定ではなく，負の徳である．というのは，悪徳が生じるのは，ある存在者になかに内的法則が存在するかぎりでのみであるからである」．「この内的法則は善い行為の積極的根拠である」（KgS.2.182/3.143頁）．

### (3) 道徳的感情と義務

カントは『自然神学と道徳』において責務の「第一の根拠」を「形式的根拠」と「実質的根拠」とに区別する．ヴォルフは，「完全なことをなせ」を責務と見なしたが，これをカントは受け入れる．そのさいにヴォルフは責務の形式的な第一根拠を「矛盾律」に見出す．これに対して，クルジウスは，形式的な第一根拠だけでは十分でなく，実質的な第一根拠も必要であると見なす（KgS.2.299/『全集』3.209頁以下）．カントはこの点はクルジウスの主張を受け入れながらも，ハチソンの影響のもとに，責務の内容は「道徳的感情〔moralische Gefühl〕」によって与えられると考える．責務の実質的根拠にかんして「ハチソンと他の論者は道徳的感情の名のもとに」「これについてのみごとな所見の端緒を提供している」（KgS.2.300/3.211頁）．

カントによれば，責務の実質的第一根拠は理論的には証明できず，道徳的感情によって直接的に感じとられる（ibid.）．「真なるものを表象する能力が認識であるのに対して，善なるものを表象する能力は感情である．」善なるものは単純であり，「証明不可能」である（KgS.2.229/3.210頁）．ハチソンも評価機能を感情（道徳的感覚）に求め，行為の是認と非難は単純観念に基づくと見なした（II.3.3.参照）．カントはハチソンらの道徳感情学派の影響に

よってヴォルフ学派の理性の評価機能の限界に気づき，その克服に向かうようになった．

『美と崇高の感情の観察〔Beobachtungen über Gefühl des Schönen und Erhabenen〕』（以下『美と崇高』と略記，1763年秋執筆，1764年初め出版）においてはハチソンへの傾斜がいっそう強まる．この論稿はイギリスのバーク〔E. Burke〕の『崇高と美の観念の起源』（1757年）のドイツへの紹介に触発されたものであるが，道徳的内容の点ではハチソンの『美と徳の観念の起源の研究』（初版1725年，1738年の第4版が1762年に独訳）の影響が大きい．

カントは『美と崇高』においてつぎのようにいう．「同情〔Mitleiden〕」や「仁愛（好意）〔Wollwollen〕」は「愛すべき美しい」感情ではあるが，これらをしばしば徳の普遍的規則と矛盾する．同情は身近な他人に対する一時的なものであり，原則を欠くため，盲目的である（KgS.2.215f./『全集』2.333頁）．原則に基づく徳が「正嫡の徳」であるのに対して，同情や仁愛は「養子の徳」にすぎない（KgS.2.217f./336頁）．「人類に対する普遍的仁愛〔allgemeine Wohlgewohnheit〕」が原則になるばあいに，「義務全体に対する真の関係」が可能になる（KgS.2.216/2.334）．ハチソンも「同情〔compassion〕」について語り，また，「仁愛〔benevelonce〕」を身近な人間に対する「特定の部分的な仁愛」から「普遍的な仁愛〔universal benevelonce〕」へ拡張しようとした（本書，II.3.3.参照）．

カントは「人間本性の美と尊厳との感情」を道徳的意識の根本におき，「人間本性の美の感情」が「普遍的仁愛」の根拠をなすのに対して，「人間本性の尊厳の感情」は「普遍的尊敬」の根拠をなすと見なす．そのさいにカントは「人間本性の尊厳」を「人間本性の崇高」と密接に関連させる（KgS.2.212,217,221/2.329頁，335頁，340頁）．これもハチソンの影響によるものであろう．ハチソンは人格の「完全性と尊厳」，「人間本性の尊厳と高貴〔dignity and nobility of human nature〕」について，簡単にではあるが，言及している．人間の尊厳にかんしてルソーの影響のまえにハチソンの影響があった可能性もある[8]．ただし，ハチソンの見解は美的文脈を重視したものである．

### (4) 道徳的感情と意志——ルソーの衝撃

『美と崇高』(1763年秋執筆,1764年初出版)がハチソンらの道徳感情論の影響下にあるのに対して,『「美と崇高の感情の観察」覚書』(1764-65年執筆——以下『美と崇高』覚書と略記)においてはルソーの影響が明瞭になる.周知のように,カントは人間に対する尊敬の点でルソーから大きな衝撃を受けた.カント自身『覚書』においてつぎのように告白している.「私は,なにも知らない民衆を軽蔑した.ルソーが私を正してくれた.」「私は人間を尊敬することを学ぶ」(KgS.20.44/『全集』18.186頁).ニュートンが宇宙のなかに「秩序と規則性」を見出したのに対して,「ルソーは,人間がとる多様な形態のなかに深く秘められた人間性と,隠された法則とをはじめて発見した」(KgS.20.58/18.195頁).しかし,〈ルソー・ショック〉によってカントの思想が突然変化したのではなく,ルソーの思想を受容する下地が,さきに見たように,ハチソンからの影響によって準備されていたとも推察されうる.

ルソーからの影響のなかで重要なのは意志の自発性,自立性についての考察である.意志の問題は最初期の『形而上学的認識』以降は影に隠れていたが,この問題が再び正面から取り上げられるようになり,それ以降の思想展開につながっていく.このことは,人間の尊厳の重視とともに,カントの倫理思想の進展において一つの段階を画するものである.

カントは意志の自立性と自発性とについてつぎのようにいう.「他人の意志に従属している意志は不完全で矛盾している.というのは,人間は自発性をもっているからである.」「内的動因から行なうことができる行為を,ある人間への服従から行なってはならない」(KgS.20.66/18.197頁).「われわれはわれわれの完全性を意識することに喜びを覚えるが,われわれが原因であるばあいは,喜びはさらに大きい.われわれが,自由に作用する原因であるばあいには喜びは最も大きい.自由な選択意思〔Willkür〕にすべてを従属させることが最大の完全性である」(KgS.20.144/18.230頁).

ところで,カントによれば,このばあい人間の意志はたんに個人的,私的なものではない.それは普遍的意志と一致することによって,自由である.「意志が自由の法則に従って,善き意志の根拠であるかぎりで,意志は完全

である」(KgS.20.137/18.227 頁).「最大の内的完全性と,そこから生じる完全性は,全能力と全受容性の自由な選択意思への従属のなかにある」.「この選択意思はたんなる自分の意志とともに,普遍的意志を含むか,あるいは,人間は自分を同時に普遍的意志との合致において自分を観察するかである」(KgS.20.14518./231 頁).「完全性」はヴォルフの用語であるが,「普遍的意志」はルソーの「一般意志〔volonté générale〕」を念頭においたものである.ルソー・ショックに関連して述べられた「人間性」と「隠された法則」はそれぞれ「普遍的意志」,「善き意志」と「自由の法則」と捉え直される.

『『美と崇高』覚書』の直後に執筆された『視霊者の夢』(1765 年執筆,1766 年出版)におけるつぎのような主張にもルソーの意志論の影響が見られる.人間は「普遍的意志の規則」に従って自分の私的意志を制限することによって,他人と結合し,道徳共同体が形成される.「すべての思考する存在者の世界のなかにまったく精神的(霊的)法則に従った道徳的統一と体系的組織が生じる」(KgS.2.335/『全集』3.257 頁).さまざまな精神的存在者は「精神的法則に従って,私的意志と普遍的意志との結合をもたらすであろう」(KgS.2.336/『全集』3.258 頁).この構想は,自然界における万有引力の法則に基づく体系的統一というニュートンの見解と類比される.

カントは『『美と崇高』覚書』においても道徳的感情にしばしば言及しているが,それはもはや独立の機能をもたず,自由の法則に従属すると考えるようになる.『視霊者の夢』においては明確につぎのようにいわれる.「道徳的感情は普遍意志への私的意志の依存性がこのように感じられたものである」(KgS.2.335/3.257 頁).

## 1.3 道徳感情論との対決——1770 年代の立場

### (1) 理性の優位と規則倫理学

カントは『『美と崇高』覚書』と『視霊者の夢』においてはルソーの影響によって,道徳的感情を基礎とする立場から,普遍的意志を基本とする立場へ転換するが,普遍的意志が理性的なものであることはまだ明確にしていな

い．しかし，カントは 1760 年代末には，自由意志は，感性から独立した理性に基づくという見解を確立する．『形而上学遺稿集〔Reflexionen zur Metaphysik〕』に含まれる 1760 年代末の草稿においてはつぎのように主張される．「自由は本来，すべての任意の行為を理性の動機に従わせる能力である」(KgS.17.317)．また，『道徳哲学遺稿集〔Reflexionen zur Moralphilosophie〕』の 1770 年前後の草稿においてはつぎのようにいわれる．「道徳性は，意志を理性の動機に客観的に従属させることである」(KgS.19.107)．

そして，ハチソンの道徳感情論の限界が指摘されるに至る．『可感界と可想界の形式と原理について〔De mundi sensibilis atque intelligibilis forma et principipiis〕』(1770 年) においては，「道徳的判断の第一原理」を「快・不快」に求めるべきではないといわれる (KgS.2.396/『全集』3.348)．『道徳哲学遺稿集』の 1770 年前後の原稿においてはつぎのようにいわれる．「道徳的感情は少しも根源的な感情ではない．それは必然的な内的法則に基づく」(KgS.19.103)．「ハチソンの原理は非哲学的である．というのは，それは［第1に］新しい感情を説明根拠として引き合いに出し，第2に感性の法則のなかに客観的根拠をみるからである」(KgS.19.120)．1770 年代後半のものと推定される『倫理学講義』[9]においては明確につぎのようにいわれる．「道徳法則」は「自然的感情にも道徳的感情にも基づかない」(VE.46/KgS.27.275f./57 頁)．

また，1770 年代には，意志の自由は，普遍的な道徳法則に従うことにあるという見解が明確にされる．1770 年前後の草稿においてつぎのようにいわれる．「自由な行為の定言的必然性は，純粋意志の法則に従った必然性である」(KgS.19.122)．「自由は客観的であり，理性に従っていなければならないとすれば，普遍妥当な規則をもたなければならない」(KgS.19.215)．『倫理学講義』においてもつぎのようにいわれる．実践哲学は「自由な選択意思の客観的法則についての学」，「自由な行為の客観的必然性の当為の学」である (VE.3/KgS.27.245/11 頁以下)．われわれの行為が強制されるのは「自由な選択意思の法則に従って」であるか，「感性の法則に従って」であるかである (VE.318/KgS.27.255/26 頁)．

道徳法則によって強制されることと意志の自由とは矛盾せず，むしろ前者

のなかに自由があるとさえいわれる．「人間は理性的動因に服従すればするほど，自由になる」(VE.35/KgS.27.268/46頁)．人間は「自分自身を強制できればできるほど，自由である」(VE.37/S.27.269/47頁)．自由が客観的法則によって強制されなければ，「野蛮な無秩序」(VE.152/Bd27.344/108頁)，「放縦な自由」(VE.154/KgS.27.346/110頁)になる[10]．意志の自由が無規則で放縦なものではないという見解は，最初期の『形而上学的認識の第一原理』以来の一貫したものである (KgS.19.289)．

　行為者の帰責，責任能力も，理性によって道徳法則を意識することを前提する．1770年代の草稿ではつぎのようにいわれる．「帰責の実践的条件は，自由の法則に従った行為を可能にさせるような条件である」(KgS.20.254)．「自由な選択意思から生じたと見なされうるかぎりで，（結果とともに）行為に責任が帰される」(KgS.20.255)．

　しかし，以上のカントの見解においては，意志は普遍的規則に従うことによって自由であることが強調されているが，それが意志の自発性といかに結合するのかは明確にされていない．このことが明確にされないかぎり，意志の自由は消極的なものにとどまる．意志は，道徳法則に従う「自由の原因性」であることによって，積極的な意味での自由を得る．つぎにみるように，このような理解は1770年代後半に登場する．

### (2) 自由意志と必然性との二律背反

　『純粋理性批判』（初版は1781年）においては自由をめぐる二律背反（第3の二律背反）が宇宙論的意味での絶対的始原との関連で論じられるが，それを準備する考察が1770年代後半に見られる．『道徳哲学遺稿集』においては二律背反という用語は用いられていないが，理性の「懐疑的方法」や「弁証法」が自由と必然性との緊張関係を把握すると見なされている．1770年代後半の草稿においてはつぎのようにいわれる．「必然性，自由，および無限性は理性のつまずきの石である．これらに対しては，理性の懐疑的使用が基づく3つの詭弁的原則がある」(KgS.18.24)．「われわれは自由の最初の始元を端的に把握することはできない．しかし，また同様に自由なしには最初の

始元を把握することはできない．したがって自然の偶然性や必然性（盲目的必然性と盲目的宿命）によってこれを把握することはできない」(KgS.18.31).

『形而上学遺稿集』の1770年代末の草稿においては二律背反という用語が用いられるようになる．自由は，「ある状態を端的に開始する能力」である(KgS.18.251)．「自由をめぐる困難さは，いかにして（端的に）先行のものによって決定されない第1の作用が可能かである」(KgS.18.257)．「英知界においては原因性に従った英知的なものが前提されている．ここで問題なのは，いかになにかが原因でありうるかである．二律背反」(KgS.18.251)．「われわれは絶対的必然性を必要とする．しかし，われわれはけっして遡及して世界に至ることはない．というのは，つねに原因性が開始されなければならず，このような原因は偶然的であるから．」「このような二律背反は不可避的である」(KgS.18.397).

このような二律背反はいかに解消されるのかについて1770年代後半には断片的な記述が残されているにすぎない．しかし，カントはこの時期に，自然的原因性（必然性，法則）は感性界においてのみ支配し，理性界においては自然的原因性とは別の原因性，すなわち自由の原因性が存在するという見解に接近する．「われわれが」「理性原因を現象――また感性の法則（連想，習慣）に従った動機によって媒介されて現象によって作用へと規定されるもの――に属させないばあいに，すべては」「必然的であり，現象の法則に従って説明されうる」(KgS.18.257)．ここでの「連想，習慣」はヒュームを念頭においたものであろう．

カントによれば，意志に基づく行為においては，感性的原因とは別に理性的原因が作用するが，その結果は感性界において生じるのであり，この点では感性界と英知界とが接触する．したがって，感性的原因と結合する自然的必然性と，英知的原因と結合する自由とは両立する．「自然は自由とは対立せず，自由から区別される［にすぎない］．」「自然機構と自由とは対立しない．というのは，原因性は一つの意味では理解されないからである」(KgS.18.250)．このようにして，自然的原因性と自由の原因性とを区別することによって，必然性と自由の関係をめぐる二律背反を解消する方向が示さ

れる．

　『純粋理性批判』においては「先験的自由」（宇宙論的意味での自由）が，「ある状態を自分で開始する能力」であるのに対して，「実践的自由」は，「感性的衝動による強制から独立して，自分を規定する能力」であるといわれるが（KrV.B561/中233頁），すでに『形而上学遺稿集』の1770年代初めの草稿においても，宇宙論的な意味で世界の絶対的始原が「先験的自由」をもつのに対して，行為を絶対的に開始する意志は「実践的自由」をもつといわれている．「先験的自由は」，「作用（行為）する絶対的自発性である」．「実践的自由は，たんなる理性に基づいて行為（作用）する能力である」（KgS. 18.443）．

### (3) 自由の原因性と自己立法

　『形而上学遺稿集』の1770年代の草稿においては「理性の原因性」という概念が登場する．この概念は批判期の「自由の原因性」の概念につながる．「自由は，選択意思を規定するさいの純粋理性の原因性である」（KgS.18.181）．「すべての現象を顧慮するならば，理性は自分自身の原因性にかんして自由である」（KgS.18.252）[11]．

　第3章で見るように，意志の自発性と道徳法則への服従とは意志の自己立法＝自律によって結合されるが，1770年代の草稿においてはすでにつぎのようにいわれる．自由は，「自分に対して与えられた[自己立法された]法則に従って行為するという選択意思の能力である」（KgS.18.182）．

　『道徳形而上学の基礎づけ』（1785年出版）の執筆時期と重なる1783-84年の草稿においては簡単にではあるが，自律について言及されるようになる．「根源的に自分自身に法則を与える［自己立法する］能力は自由である」（KgS.18.412）．「この生きた存在者の原因，すなわちその欲求能力の規定は自律か他律かである」（KgS.18.419）[12]．当時の草稿においては「自由の原因性」が道徳法則および帰責との関係で考察される．「帰責は，自由から生じるその根源にかんして行為（法則に従った自由な行為）の判定である．しかし，この根源は，それが道徳法則のもとになるかぎりでのみ思考されうる．とい

うのは，これは自̊由̊に̊基̊づ̊く̊原̊因̊性̊〔Kausalität aus Freiheit〕であるからである」(KgS.18.317).「帰責は，実践的法則のもとにある行為にかんして自̊由̊の̊原̊因̊性̊の̊規̊定̊である」(KgS.19.305).

# 第2章　自由の原因性と自律

## 2.1　新しい自由観

カントは最初期の論文『形而上学的認識』(1755年) においては柔らかい決定論の立場に立って，意志の自由を批判していたが，このばあいの自由は，いかなる法則からも独立して行為を開始する自由である (本書，I.1.1.(2)).カントはのちに (1760年代末以降) 立場を転換して，意志の自由を擁護するようになるが，このばあいの自由は，もはや法則から独立した自由ではなく，自然法則とは異なる法則 (道徳法則) に従う自由である (I.1.2.(4), I.1.3.(1)).カントはこのような立場の転換にもかかわらず，法則と対立した意志の自由を偶然的なもの，気ままなものとして批判するという点では，首尾一貫している．

しかし，批判期より以前の段階 (1770年代前半) では，いかにして道徳法則が意志の自発性と結合するのかはまだ明らかにされていなかった．意志が道徳法則に従うことによって自由であることの理由は，感性的なものへの依存を脱却するという点に求められたにすぎない (I.1.3.(1)).これに対して，批判期においては，「自然の原因性」から区別された「自由の原因性」という概念に依拠して，自由の新しい見方が示される．このような自由は，行為において「出来事の系列を自ら開始する」という「積極的意味」での自由である．これに対して，意志 (実践的理性) が経験的条件から独立することは「消極的意味」での自由であるにすぎない (KrV.B581f./ 中248頁).

カントは『純粋理性批判』においては行為決定説に対して反論し，意志の自由を擁護するために，「自由の原因性」という概念に決定的な役割を与え

る.「自由の原因性」は,自由(自発性)と必然性(原因性)との関係をめぐる「二律背反」を解決するという文脈で論じられる.行為決定説は,意志の自由は「無法則」で「盲目的なもの」にすぎないと批判する.これに対してカントはつぎのように反論する.意志は「絶対的自発性」をもち,それに先行するいかなる原因によっても規定されず,自分自身が原因になって作用を開始するが,この自己原因は無法則なものではなく,自然法則とは異なる「自由の法則」に従う(KrV.B.475/中162頁以下).このように,「自由に作用する原因」(KrV.B478/中156頁)となることが「自由の原因性」である.これは正確には,「自然に従った原因性〔Kausalität nach der Natur〕」と対比されて,「自由による原因性〔Kausalität durch Freiheit〕」(KrV.B472,566/中159,237頁),あるいは「自由に基く原因性〔Kausalität aus Freiheit〕」(KrV.B.560/中232頁)と呼ばれる.

## 2.2 「自然の原因性」と「自由の原因性」

カントは『純粋理性批判』において「自由の原因性」の概念を4つの「純粋理性の二律背反」のうちの第3のものに関連して使用している.第3の二律背反は,〈世界のなかに「絶対的始元」があるかどうか〉という宇宙論的問題をめぐるものである.

この問題について「定立(正命題)」の側ではつぎのように主張される.「自然の法則に従った原因性は,世界の現象のすべてを導く唯一の原因性ではない.世界を説明するためには,そのほかにさらに自由による原因性を想定する必要がある」(KrV.B472/中159頁).「絶対的始元」が存在しなければ,世界における現象はその原因を求めて無限にさかのぼることになるが,このような原因の無限の連鎖を断ち切り,原因の系列を完結させるのが絶対的始元である.絶対的始元は「絶対的自発性」をもち,それに先行する他の原因によって規定されず,「現象の系列を自分から開始する」(KrV.B474/中161頁)のであり,この点で自由をもつ.ここでは,自然の原因性とは異なる自由の原因性が問題となる.「現象における原因の無条件な原因性は自由と呼

ばれる」(KrV.B447/中136頁).

これに対して,「反定立(反命題)」の側では決定説の立場からつぎのように主張される.「いかなる自由も存在しない」,「世界におけるすべてのものは自然法則によってのみ生じる」(KrV.B473/上159頁以下).絶対的始元,絶対的自発性,自由の原因性は「無法則」,「盲目的な」ものであり,「内容のない空虚な思考物」,「幻影」にすぎない(KrV.B475/中162頁).

ここでカントが擁護する自由は直ちに実践的な自由,意志の自由ではなく,世界における絶対始元にかんする「宇宙論的意味における自由」(KrV.B561/中232頁)であり,それは「先験的(超越論的)自由」として実践的自由の前提をなす.意志の実践的自由を擁護するためには,先験的自由が確定されなければならない.『純粋理性批判』においては意志の自由については簡単に言及されるにとどまる.

一般に原因性は法則と結合する.「いかなる原因も,一定の現象が結果として生じるばあいに従う或る規則を前提する」(KrV.B577/中245頁).そこで,自由の原因性は法則とどのように関係するかが問題になる.決定説が意志の自由を批判する主要な理由は,それが無法則で盲目的なものであるという点にある.二律背反の「反定立」の側においてはつぎのようにいわれる.「自然の法則からの自由[独立]はたしかに強制からの解放(自由化)であるが,しかし,それはまたすべての規則の手引きからの解放でもある.」「というのは,この自由が法則によって規定されるならば,それはもはや自由ではなく,それ自身自然[自然必然性]にほかならないからである.したがって,自然と先験的自由との区別はけっきょく法則性と無法則性との区別に帰着する」(KrV.B475/中161頁).

このような決定説に対抗して,意志の自由を擁護するためには,それが無法則的ではなく,なんらかの種の法則に従うことを明らかにしなければならない.しかし,『純粋理性批判』においてはこの問題の考察は簡単に済まされている.自由意志が従う法則にかんしては,「自然秩序とは全く異なった種の規則および秩序」(KrV.B578/中246頁),すなわち英知界における「規則および秩序」に言及されるにすぎない.のちの箇所(「Ⅱ 先験的方法論,

第 2, 3 章」)においては，自由の原因性が「実践的法則」としての「道徳法則」(KrV.B828/ 中 108 頁)であるといわれるが，その内容は具体的には示されていない．このことは，『純粋理性批判』においては自律の思想がまだ明確でないことにも起因する．

## 2.3 自由の原因性と自己立法

『道徳形而上学の基礎づけ』(1785 年，以下『基礎づけ』と略記)においては，意志は自分で立法した道徳法則に自ら従うこと(自律＝自己立法〔Autonomie〕)が示され，このことによって自由な原因性と法則との関係が明らかにされる．意志の自律は，「意志が自分自身に対して法則となる」ことである (Gr.440,446f./83 頁，91 頁)．「自由はたしかに，自然法則に従う意志の特性ではないが，だからといってけっして無法則ではなく，むしろ不変の，だが独特の法則に従う原因性でなければならない.」「このように，意志の自由とは，自律——すなわち自分自身にとって法則であるという特性——という意志の特性以外のなにでありえようか」(Gr.446/90 頁以下)．カントはここで〈Autonomie〉の語源〈auto-nomia〉(自分が法則あるいは法律であること)を踏まえ，それに独自の道徳的意味を与える．

　自律＝自己立法の思想によってはじめて，自由の原因性と道徳法則との結合が明確にされ，意志の自由が無法則であるという決定説に対して反論することが可能となる．「自己立法〔Selbstgesetzgebung, eigene Gesetzgebung〕」への注目はすでに 1770 年代後半に始まっているが，「自律」の思想が明瞭になるのは『純粋理性批判』)の初版 (1781 年) あとであり，その展開は『基礎づけ』(1785 年) において行なわれる．

　『基礎づけ』においては「自由の原因性」には直接に言及されていない．しかし，自由は「独特の法則に従う原因性」といわれ，それがつぎのように意志の自己立法＝自律と関連づけられて説明されている．すなわち，いかなる原因性も法則を伴い，自由の原因性も「独特の法則」を伴うが，意志が行為を自発的に開始することと，意志が法則に従うこととが対立せずに，結合

するのは，意志が「法則を自分で立法する（法則を自分に与える）〔sich Gesetz geben〕」ばあいである．「原因性の概念は，原因と呼ばれるものによってなにか別のものつまり結果が定立されなければならなくするような法則を伴う．したがって，自由はたしかに，自然法則に従った意志の特性ではないが，だからといってまったく無法則というわけではなく，むしろ不変な，だが独特の法則に従った原因性でなければならない．」これに対して，「自然必然性は原因の他律であった．というのは，なにか他のものが作用原因を原因性へ規定するばあいの法則に従ってのみ，いかなる結果も可能であったからである」(Gr.446/90 頁以下).

『純粋理性批判』においては，意志（実践理性）の感性的原因からの独立が「消極的な意味での自由」であるのに対して，意志が自発的に作用を開始することが「積極的な意味での自由」であるといわれ（KrV.B581f./248）．しかし，意志の自発性の自由がいかにして道徳法則への服従と結合するのかは十分に説明されなかった．『基礎づけ』においては，意志が道徳法則を自分で立法し，これに自分で服従すると見なされることによって，この結合が説明される．したがって，感性的原因からの独立という消極的な自由から区別される積極的な自由は意志のたんなる自発性にではなく，その自律にある．「意志は，理性的であるかぎりでの生物がもつ原因性の一種であり，自由は，この原因性が，それを外部から規定する原因から独立に作用しうるときにもつ特性であろう．」「自由の先述の説明は消極的である．」「しかし，この説明から自由の積極的概念が生じる．」自由は「独特の法則に従った原因性でなければならない．」「意志の自由はいったい自律以外」「のなにであることができるであろうか」(Gr.446/90 頁).

『実践理性批判』(1788 年) においても，自由の原因性の法則は道徳法則であり，これは意志自身によって立法されたものであることが示され，積極的自由は自律＝自己立法にあることが明らかにされる．「意志の自律はすべての道徳法則の唯一の原理である」．「すなわち，道徳の唯一の原理は法則のすべての実質（つまり欲求された対象）からの独立に基づき，それはまた同時に，まったくの普遍的な立法形式による選択意思の規定に基づく．ところ

で，前者の独立は消極的な意味での自由であり，後者の純粋でそれ自体実践的な理性の自己立法が積極的な意味での自由である」(KpV.33/167 頁).

## 2.4 自由の原因性と英知界

自然の原因性は感性界（現象界）に属すが，自由の原因性は英知界に属すと説明される．前者は「感性的原因性」，後者は「英知的原因性」ともいいかえられる．『純粋理性批判』においては，理性的存在者が自由の原因性に基づき，道徳法則に従うばあい，英知界としての「道徳的世界」に属すといわれるが (KrV.B836/ 下 91 頁)，『基礎づけ』においてはこの見解がいっそう深化されて，道徳法則を自己立法する自律的主体として理性的存在者は英知界に属すといわれる．「人間は，理性的な（すなわち英知界に属す）存在者として自分自身の意志の原因を自由の理念のもと以外では考えることはできない．というのは，感性界の規定的原因からの独立が自由であるからである．ところで，自由の理念には自律の概念が不可分に結合している」(Gr.452/99 頁).『実践理性批判』においても，意志は自律をつうじて「英知界」に属すといわれる．理性的存在者は「自律をつうじて意志を行為へと規定する」のであり，「事物の英知的秩序において規定されるような自分の現存を意識している」(KpV.42/183).

自由の原因性は英知的なものである．ところで，自由の原因性，英知的原因性によって規定された行為の結果は感性界において現れる．行為は英知的原因性の現象であり，この意味で英知界は感性界の根拠をなす．「理性的存在者は自分を英知者（知性）として悟性界に含まれると見なし，もっぱらこの世界に属する作用原因としての自分の原因性を意志と呼ぶ．他方では，理性的存在者はやはり自分を感性界の一部であるとも意識しているが，この世界においては理性的存在者の行為はかの原因性［英知的原因性］のたんなる現象として見出される」(Gr.453/100 頁以下).

ところで，行為における自由の原因性が問題になるのはたんに行為の対象一般に対する関係においてではなく，他の行為者との相互人格的関係におい

てであろう[13]．行為の責任が問われるのも人格相互の関係においてであろう．カントは英知界を理性的存在者（英知者）のあいだの共同的世界と見なす[14]．『純粋理性批判』においてはそれは「道徳的世界」と呼ばれ（KrV.B844/下98頁），『基礎づけ』においては「諸目的の国」と呼ばれ（Gr.438/79頁），『実践理性批判』においては「道徳の国」と呼ばれる（KpV.82/243頁）．

## 2.5 必然性と自由との両立——二律背反の解決

行為は感性的原因性（自然的原因性）と英知的原因性（自由の原因性）という「2種の原因性」（KrV.B571/中240）をもち，行為の結果はこれら2種の原因からの複合的帰結である．カントはこのように見なすことによって，必然性と意志の自由の関係をめぐる二律背反を解消しようとする．感性的原因性に着目すれば，「反定立」の側の決定説が正当性をもち，英知的原因性に着目すれば，「定立」の側の自由意志説が正当性をもつ．『純粋理性批判』においてつぎのようにいわれる．「現象における［行為の］いかなる結果もたしかに経験的原因性の法則［因果法則］に従ってこの結果の原因［自然原因］と結合していなければならないとしても，この原因性それ自身は，自然原因との連関を少しも中断せずに，非経験的，英知的原因性の結果でありうるということが可能ではないか」（KrV.B572/中241頁）．「このように，自然［自然必然性］と自由とは」，「まさに同一の行為において，それを英知的原因と比較するか，感性的原因と比較するかにおうじて，同時にかつ，少なくとも矛盾なく見出されるであろう」（KrV.B567/中237頁）．

『実践理性批判』においてもつぎのようにいわれる．「同一の行為における自然の機構と自由のあいだの外見上の矛盾を除去するためには」，「『純粋理性批判』でいわれたことを思い出す必要がある．」「すなわち，主体の自由とは両立できない自然必然性はもっぱら現象としての行為主体の規定にのみ属す」（KpV.97/264頁以下）[15]．

カントは一方で感性界における行為については決定説の立場を容認する．「その存在が時間のなかで規定されている存在者に自由を付与しようとして

も,この存在者を」「その行為におけるすべての出来事の自然必然性の法則から除外することはできない.というのは,そのようなことは,この存在者を盲目的偶然に委ねることと同然になるからである」(KpV.95/261頁).しかし,カントは他方で意志の自由を擁護するために,これを英知者としての行為主体に帰す.「自由をなお救おうとすれば,残された道は,時間のなかで規定可能なかぎりの事物[行為]の現存を,したがってまた自然必然性の法則に従う原因性をもっぱら現象に帰し,自由を[英知界における]物自体としての同一の存在者に帰すほかはない」(ibid).

行為の結果は,①行為者の外部の感性的原因から生じるもの,②行為者の内部の感性的原因(生理的,心理的原因)から生じるもの,③英知的原因から生じるものとを含み,感性的因果関係(原因性)の系列と,英知的原因と結果との関係(これを〈英知的因果関係〉と呼ぼう)の系列とは相互に排除せずに,並存することになる.このことを図示すれば,つぎのようになる.

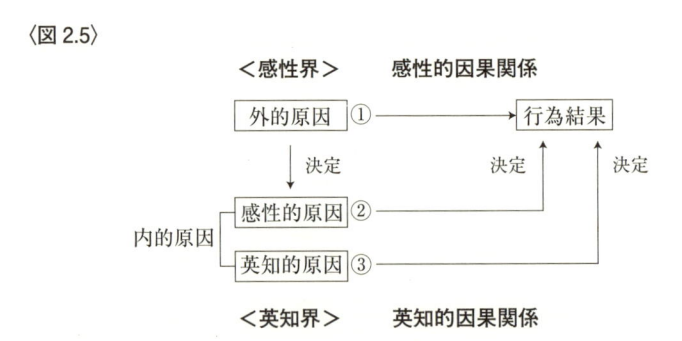

〈図2.5〉

```
           <感性界>    感性的因果関係
          ┌─────┐
          │外的原因 │①─────┐
          └─────┘         │
             │決定    決定↑   決定↑
             ↓               │      │
          ┌─────┐         │      │
     内的原因│感性的原因│②────┘      │
          └─────┘                │
          ┌─────┐                │
          │英知的原因│③──────────┘
          └─────┘
           <英知界>    英知的因果関係
```

## 2.6 自由の原因性と行為の責任

カントによれば,行為は「感性的原因」と「英知的原因」をもち,2種の原因の結果として生じる.英知的原因の作用は自然過程に介入し,感性的原因から生じる結果とは別の結果を生じさせる.しかし,ここに厄介な問題が生じる.英知的原因であっても,その結果はやはり感性界において生じるの

であり，そのさいに英知的原因も自然連関の一環をなし，感性的原因として作用する．「英知的原因性の作用」も「自然の連鎖の一項としてやはりまったく感性界に含めて考えられなければならない」(KrV.B572/ 中 241 頁)．「純粋悟性［英知的原因］のこの思考と作用の結果が現象のなかに見出されるとしても，やはりこの結果は現象における原因性から自然法則に従って完全に説明されなければならない」(KrV.B573f./ 中 242 頁)．したがって，経験による観察だけでは，行為の結果が感性的原因によって生じたものか，英知的原因によって生じたものかを区別することは困難である．

しかし，行為者の英知的原因を感性的原因から明確に区別しなければならない．このことは行為の責任（帰責〔Zurechnung〕）の説明のさいにとくに必要になる．行為がたんに感性的原因の結果であるならば，その責任を問う（それに責任を帰す）ことはできない．行為の責任を問うことができるのは，それが感性的原因とは別の英知的原因の結果と見なされるばあいのみである．

このことについて『純粋理性批判』においてつぎのようにいわれる．「自由の先験的理念」は，「行為の絶対的自発性」としての「無条件的原因性」（英知的原因性）を伴うことによって「行為の帰責〔Imputation〕の本来の根拠」となる (KrV.B476/ 中 244 頁)．たとえば，社会的に有害な行為が行為者のさまざまな素質や環境が原因となって生じたとしても，われわれはこの行為者を非難し，彼がこの行為に対して「全面的に責任〔Schuld〕をもつ」と判断するが，「このような帰責にかんする判断」が可能となるのは，行為者が「理性の原因性」（英知的原因）によって，「先行の状態」から独立して，「作用の系列をまったく自ら開始したかのように見なす」からであり，「あらゆる上述の経験的条件にもかかわらず，人間の振舞いを別なように規定することができるし，またそうすべきである」と見なすからである (KrV.B583/ 中 249 頁)．

また，『実践理性批判』においても，同様の行為が，「英知的原因に基づき自由意志によって採用された悪しき普遍の原則［格率］の結果である」ばあいには，行為者はそれに「責任がある〔antwortlich〕」といわれる (KpV. 100/268 頁)．また，後悔によって，「生じたこと［行なわれたこと］を，生

じなかったこと［行なわれなかった］ことにする」ことができるのも，行為者が理性的存在者として意志の自由をもつことを前提とするからであるとされる（KpV.98/266頁）．

## 2.7 自然的因果関係と規範的因果関係

　英知的原因とその結果との関係は規範的性格をもち，この点で自然的な因果関係から区別されるであろう．行為の責任や処罰の根拠の問題に示されるように，規範的文脈においては，行為がいかに先行の原因によって決定されるとしても，意志がそれから独立して自発的に行為を開始するということが重要になる．英知的原因とその結果との関係（〈英知的因果関係〉）は自然的，感性的因果関係とは異なり，規範的性質をもつ．

　「当為〔Sollen〕」も〈英知的因果関係〉との関係で適切に説明されうるであろう．ある行為の結果が感性的原因によって規定され，自然的必然性に従って不可避的に生じざるを「えなかった〔müßten〕」としても，道徳的評価のさいには，英知的原因から出発して別の結果を生じさせる「べきであった〔sollten〕」と見なされる．「自然経過に従って生じたこと，経験的根拠に従って不可避的に生じざるをえなかったこともすべておそらく生じるべきでなか

・
った〔nicht sollten〕」（KrV.B578/中246頁）．逆にまたつぎのようにもいえる．「たとえなにかが生じなかったとしても，それは生じるべきであったということを実践的自由は前提とする」（KrV.B562/中243頁）．感性的因果関係が〈必然〔Müssen〕の関係〉であるのに対して，〈英知的因果関係〉は〈当為〔Sollen〕の関係〉であるといえるであろう[16]．

　「英知的原因」あるいは「自由の原因性」というカントの概念はたんなる虚構ではない．行為の責任を明らかにするためには，感性的原因と結果との関係とは別の関係を想定しなければならないであろう．カントはそのために英知的原因の概念を導入したと解釈することができる．行為における事実としての因果関係と，規範に関係する因果関係との区別は今日の法哲学においても議論になっている[17]．

カントの説明をつぎのように図示することができる．

〈図 2.7〉

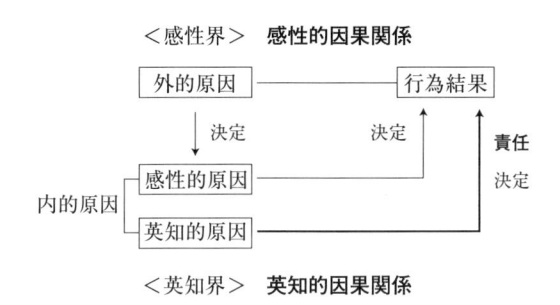

```
              <感性界>  感性的因果関係
              ┌────────┐        ┌────────┐
              │ 外的原因 │────────│ 行為結果 │
              └────────┘        └────────┘
                 │決定       決定  ↑      ↑責任
                 ↓                │      │
              ┌────────┐          │      │決定
        ┌─── │ 感性的原因│──────────┘      │
   内的原因   └────────┘                  │
        └─── ┌────────┐                  │
              │ 英知的原因│──────────────────┘
              └────────┘

              <英知界>  英知的因果関係
```

# 第3章　3戦線におけるヒュームとの対決

## 3.1　ヒューム・ショックの3つの意味

　ヒュームの衝撃がカントの『純粋理性批判』を執筆の機縁となったことは周知のとおりである．しかし，ヒュームのショックは因果関係の認識にかんするものに限定されず，形而上学の考察にも及ぶ．また，従来の研究においては指摘されてこなかったが，ヒュームのショックは行為における意志の自由の問題の扱いにも及ぶ．さらに，ヒュームの道徳哲学はカントの人間学にも影響を与えている．このようにヒュームは4分野でカントに影響を与えたといえる．人間学への第4の影響については第Ⅱ部で検討することにして，以下ではまず，因果性の認識と形而上学に対するヒュームの批判がカントにもたらした衝撃について考察しよう．

　カントは『純粋理性批判』において一方で，理論的理性が経験を越えて概念を拡張するという従来の合理論の越権を批判するとともに，他方で，概念を認識の成立の条件（認識の形式）として擁護する．ヒュームは因果関係の概念を批判するが，批判をその他の諸概念へも向け，さらには形而上学へ向ける．したがって，ヒュームの批判に反論して，因果関係の認識の根拠を明らかにすることは形而上学の擁護につながる．

　カントはこの点について『純粋理性批判』初版の2年後の『プロレゴメナ』（『学として現れうる将来の形而上学への予備論』1783年）においてつぎのように述べている．「率直に告白するが，デーヴィット・ヒュームの警告こそが数年前に私の独断のまどろみを破り，思弁哲学の分野における私の研究にまったく別の方向を与えた」（Pro.260/194頁）．「ヒュームは主として形而上

学のただ1つの，だが重要な概念，すなわち原因と結果の結合という概念から出発し」，「この概念を自分のなかで産出したと称する理性に対して釈明を求めた」(Pro.257/190頁)．ヒュームによれば，「アプリオリに成立するとそれ［理性］が称する諸概念はすべて，ニセのスタンプを押された普遍的経験にすぎないであろう．」このため「形而上学はまったく存在せず，また存在しえないということになる」(Pro.258/191頁)．理性的認識と形而上学に対するこのようなヒューム・ショックがもたらされたのは，『純粋理性批判』執筆準備の時期である1770年代末と想定される[18]．

## 3.2 理性の二律背反とヒューム

『純粋理性批判』においては「理性の二律背反」として4つのものが挙げられる．すなわち，①世界は空間的，時間的に無限であるのか，有限であるのか，②世界は単純な諸部分の合成であるのかどうか，③世界において，作用を自分から開始する自由な存在者が存在するのか，すべての存在者は必然性に従っているのか，④世界において，その原因として絶対的に必然的な存在者が存在するのかどうか，をめぐる二律背反である．

ヒュームとの関係でとくに重要なのは自由と必然性との関係をめぐる第3の二律背反である．カントは第1，第2の二律背反については，合理論の主張を「構成的原理」にではなく，「統制的理念」にかんするものに限定することによって，理論面では経験的領域に踏みとどまるが，第3，第4の二律背反については，超経験的領域へ実践的に足を踏み出す．カントによれば，絶対的自発性をもつ自由な存在者を理論的に説明することは独断的であり，経験論からの批判を受けざるをえない．これに反論して，実践的理性に基づいて自由な意志を擁護し，さらにこれをつうじて形而上学に道を開くことが課題となる．カントはそのためにヒュームとの対決に迫られたと思われる．

ヒュームは因果関係の認識の起源にかんしては相対主義的立場に立つが，自然の運動と人間の行為の認識内容にかんしては決定説をとる．カントが第3の二律背反にかんして反定立の側の決定説として紹介しているものはヒュ

ームの説に酷似している．カントは第3の二律背反の検討のさいにとくにヒュームを論敵と見なしていたと思われる．

このようにして，ヒュームの衝撃は，①自然の因果関係をめぐる認識論的次元，②形而上学をめぐる次元，③自由と必然性との関係をめぐる実践哲学的次元，という3次元をもつ．カントはこれらの3戦線でヒュームと対峙することをつうじて彼独自の思想を展開する．本書が主題とするのは第3の次元であるが，3つの次元は相互に関連しているので，それぞれについて順を追って検討することにしたい．

カントがヒュームの見解に直接に接したのは『人間知性研究〔Enquiries concerning Human Understanding〕』(『人間知性研究』と略記，1751年の第2版)の独訳『人間の認識の試論〔Versuche über die menschliche Erkenntnis〕』(1755年) をつうじてであると想定される．『人間知性研究』は，1739-40年に出版された大著『人間の本性の考察〔Treatises of Human Nature〕』(『人間本性論』と略記) の第1部の簡略版として刊行された．『人間本性論』はドイツではようやく1790年から92年にかけ，しかも抄訳として紹介されたので，カントは批判期にはその内容を知らないか，その一部について間接的情報を得ていたにすぎないと思われる[19]．そこで，以下では『人間知性研究』を中心に，ヒュームの見解を検討する．ヒュームの認識論と行為論についての詳細な検討は第Ⅱ部で行ないたい．

## 3.3 因果関係の認識をめぐる攻防

『純粋理性批判』においては因果関係は3つの「経験の類推（関係の認識）」のうちの1つとして考察されているので (KrV.B.233ff./ 上 289 頁以下)，従属的な位置におかれているにすぎないようにも見える．しかし，全体を見れば，因果関係の概念の擁護は理性的諸概念全体の擁護のための戦略的一環という重要な位置を占める．ヒュームは因果関係の概念に対する批判を突破口にして，他の理性的諸概念をも批判するので，ヒュームに対するカントの反論は，理性に基づく認識全体の擁護につながる．『プロレゴメナ』におい

てはつぎのようにいわれる．「ヒュームはおもに形而上学の唯一の，だが重要な概念である原因と結果の結合の概念から出発し」，「この概念を自分のなかで産出したと称する理性に対して釈明を求めた．」「彼はこのことからつぎのように結論づけた．すなわち，理性はこのような結合をそもそも一般的にさえ考える能力をまったくもたない」(Pro.257/190 頁，Vgl. KpV.51/196 頁)．

　因果関係についてはヒュームはつぎのように主張した．自然における原因と結果のあいだにはたしかに「恒常的結合」が認められるが，このような因果結合は自然のなかに客観的に実在するのではなく，ある出来事に他の出来事が続いて生じるのを繰り返し経験することをつうじて，「想像され」たものであり，「習慣」の産物にすぎない．「相似した事例が反復されたあとで，心は習性によって，或る出来事が出現したばあい，それに随伴する出来事を期待し，それが実在するかのように信じるよう導かれる」(EHU.VII.59/ p.75/67 頁)．カントは『プロレゴメナ』においてヒュームの主張をつぎのように要約している．「理性はこの［因果結合の］概念にかんして完全に欺かれている．」「想像力（構想力）は，経験によって孕まれて，一定の表象を連想の法則のもとにもたらしたうえで，そこから生じる主観的必然性すなわち習慣を，［理性の］洞察から生じる客観的必然性とすりかえる」(Pro.257f./ 191 頁)[20]．

　カントによれば，たしかにヒュームが指摘するように，原因と結果との必然的結合の観念は知覚（経験）からは生じない．しかし，このことを理由に，因果結合が成立しないと見なすのは性急である．因果関係は，知覚から独立した概念（悟性）によって与えられる．「われわれが現象の継起を，したがってすべての変化を原因性の法則（因果律）に従わせることによってのみ，そもそも経験が可能になる」(KrV.B234/ 上 289 頁以下)．カントによれば，このことは因果性の概念についてだけでなく，概念全般にも該当する．一般に経験は，アプリオリな認識形式としての概念（悟性）が，直観（感性）によって与えられた質料を秩序づけることによって成立する．このようなカントの説明は認識の「コペルニクス的転換」として有名なものである[21]．

### 3.4 形而上学をめぐる攻防

　カントがさまざまな概念のなかでとくに原因性の概念を重視するのは，ヒュームがこの概念の批判を突破口にして概念（理性的認識）全体の批判，さらに形而上学の批判へ及ぶからである．したがって，ヒュームの批判に反駁して原因性を擁護することはたんに認識論上の課題であるだけでなく，形而上学の再建につながる．このことについてカントは『プロレゴメナ』においてつぎのようにいう．形而上学にかんしては，「デーヴィッド・ヒュームがこの学に加えた攻撃ほどこの学の運命にかんして決定的となりうる事態は生じなかった．」「ヒュームは主として形而上学のただ１つの，だが重要な概念，すなわち原因と結果の結合という概念から出発し」，「つぎのように結論づけた．すなわち，理性はこのような結合をそもそも一般的にさえ考える能力をまったくもたない．」「このことは，形而上学はどこにも存在せず，また存在できないということに等しい」（Pro.257/190 頁）．

　理論的理性の役割を吟味し，概念の適用範囲を経験的世界に限定したうえで，「形而上学の全面的革新」（KrV.B.XXIII/ 上 38 頁）への道を準備することが『純粋理性批判』の課題である．このことについて『プロレゴメナ』においてはつぎのようにいわれる．「特定の問題［因果結合］においてだけでなく，純粋理性批判の全能力にかんしてヒュームの問題の解決に私は到達したので，純粋理性批判の範囲をその限界およびその内容の点で」「規定するために，つねにゆっくりにすぎないが確かな歩みを私はすることができたのであり，このことは，形而上学が体系を確立するために，必要であった」（Pro.260/195）．

　また，『実践理性批判』においてはつぎのように説明される．「ところで，『純粋理性批判』における私の立ち入った考察にかんしていえば，それはたしかにヒュームの懐疑論によって誘発されたが，それよりもはるかに進んで，純粋な理論的理性を総合的に使用するさいの全領域を，したがってまた，一般に形而上学と呼ばれるものの全領域をも包括するものであった」（KpV.52/

198頁).ここで形而上学の領域といわれるのは,とくにヴォルフ学派によって示された神,自由,魂の不死を含む領域を指す.「彼［ヒューム］は原因の概念における必然性のすべての客観的意義を否定したが」,「このことは,神,自由,不死についてのすべての判断を理性から奪うためであった」(KpV.13/137頁).カントは三者のなかで自由を基本的なものと見なし,これを根拠にして他の二者をも説明しようとする.「自由の概念は,その実在性が実践的理性の必然的法則によって証明されるかぎりで」,「思弁的理性の体系という建築物全体の要石をなす.他の概念(神と不死)は思弁的理性においてはたんなる理念として支えをもたなかったが,今や自由の概念と結びつき,この概念とともに,またこれによって存立する」(KpV.3f./124頁).

　カントによれば,理論的理性が与える原因性(自然の原因性)の概念を超経験的世界へ適用することは許されない.しかし,実践理性が与える自由の原因性の概念は超経験的世界へ適用することができる.『純粋理性批判』においてはヒュームによる形而上学批判に対するカントの応答は,超経験的領域への原因性の概念の理論的適用を制限するという消極的なものであるが,『実践理性批判』においては,実践理性に基づいて「自由の原因性」が超経験的領域へ積極的に適用される.

## 3.5　意志の自由をめぐる攻防

　『実践理性批判』が認識論を主題にしてはいないにもかかわらず,ヒュームに再三言及しているのは(KpV./13,50f.,52f.,54,56/137,195,197,201,203頁)奇妙に思われるかもしれない.しかし,たんに原因性(因果性)の認識を理性(悟性)によって根拠づけるだけでなく,意志の自由を実践的理性によって根拠づけ,このことによって形而上学をも根拠づけることが『実践理性批判』の課題であり,認識論,形而上学,意志論(行為論)の3分野におけるヒュームとの対決はこの著作において相互に連関している.

　カントは『実践理性批判』の課題について「序言」でつぎのようにいう.「実践理性は今や原因性のカテゴリーの超感性的対象すなわち自由に実在性

を与え」,「さきの批判[『純粋理性批判』]においてはたんに思考されえたにすぎないものを事実によって確証する」(KpV.6/127頁).このような構想がヒュームによって触発されたものであることについてはつぎのように説明される.「もし,私がヒュームとともに,事柄それ自体(超感性的なもの)にかんしてだけでなく,感官の対象にかんしても理論的使用のさいに客観的実在性を原因性の概念から奪ったとすれば,この概念はすべての意義を失い,理論的に不可能なものとしてまったく使用できないと宣言されたであろう.」「経験的によって条件づけられない原因性の概念は理論的にはたしかに空虚であるが」,「やはり原因性の概念は[自由の原因性の概念として]つねに可能であり,ある限定されない客観[超感性的対象]に関わる.ところで,原因性の概念はこのこと[この概念の理論的使用]に替わって」「実践的関係において意義を与えられる」(KpV.56/204頁).このように,自由の原因性の概念は意志の自由と形而上学にとって決定的な役割をはたすことが確認される.

ところで,ヒュームは因果関係の認識と形而上学とに対しては懐疑的,相対主義的態度をとるが,自然の作用や人間の行為の認識内容については決定説の立場をとる.彼は,自然における出来事が因果関係に従っていることを疑ってはおらず,人間の行為も因果関係に従うと見なす.「動機と有意的行為との連接は自然のいかなる部分における原因と結果との連接にも劣らず,規則的で斉一的であるばかりでなく,この規則的連接は人類のあいだで普遍的に承認されている」(EHU.VIII.ii.69/p.88/78頁).

ヒュームはこのような行為決定説の立場に立って,意志の自由を否定する.彼によれば,意志の作用は先行の原因(動機,性格)によって決定されており,それ自身では自由ではない.「たとえわれわれが自分の内部に[意志の]自由を感じると思い込むとしても,観察者が通常われわれの行動をわれわれの動機や性格から推理できるということは確実と思われる」(EHU.VIII.i.72.note/p.94/161頁).

カントは形而上学を擁護するために,「自由の原因性」の概念をつうじて意志の自由を実践的に根拠づけようとする.そのさいにヒュームの行為決定説との対決が不可避となったと思われる.ただし,カントは人間の行為にか

んしてはヒュームの見解に直接に言及してはいない．従来の研究においてヒュームの決定説とカント意志論との関係が注目されてこなかったのはこのためでもあろう．しかし，自由の原因性についてのカントの説明のなかには，ヒュームの決定説を念頭においたと思われる箇所が認められる．とくに『純粋理性批判』における自由と必然性をめぐる二律背反についての説明を見ると，「反定立」の側（決定論）に関連する論述はヒュームの見解と酷似しており，その紹介であるといってもよいほどである．次章ではこのことについて詳細に考察しよう．

# 第4章　ヒュームの決定説との対決

## 4.1　行為の斉一性と性格をめぐって

　カントは現象界における行為については決定説（自由と必然性をめぐる二律背反における「反定立」の立場）を受容するが，そのさいにとくにヒュームの説を念頭においている可能性がきわめて高い．このことはまず，行為の「斉一性（一様性）〔Gleichförmigkeit, uniformity〕」（あるいは「規則性〔Regularität, regularity〕」）と「性格〔Charakter, character〕」にかんして顕著に見られる．

　カントは，感性界における行為はその原因としての「性格」の表現であることによって，「斉一性」，「規則性」を示すと見なす．「ここで立ち止まって，理性は現象にかんしてじっさいに原因性をもつことが少なくとも可能であると仮定しよう．そうすれば，理性はやはり或る経験的性格を自ら示さざるをえない．というのは，あらゆる原因は，一定の現象が結果として生じるばあいに従う或る規則〔Regel〕を前提するからであり，また，あらゆる規則は原因の概念」「を根拠づけるような結果の或る斉一性を必要とするからである」（KrV.B577/ 中245頁）．

　性格（経験的性格）は行為の個々の動機（動因）とは異なり，さまざまな行為の持続的な原因である．「この原因の概念はたんなる現象から判明せざるをえないかぎりで，経験的性格と呼ばれうる．このような性格は恒常的〔ständig〕である［これに対して］その結果は，それに随伴する条件，部分的にはそれを制限する条件がさまざまであるのにおうじて，変りやすい形態で現象する」（ibid.）．

　一方では，性格は行為の斉一性の認識をつうじて推測される．「いかなる

人間もやはりその選択意思の経験的性格をもつ．それはつぎのかぎりで人間の理性の或る種の原因性にほかならない．すなわち，この原因性が現象におけるその結果において或る規則を示し，この規則に従って理性根拠とその作用を推測する〔abnehmen〕ことができる」(ibid.)．他方では逆に，行為の原因としての性格が知られるならば，将来の行為結果を予測することが可能となる．「この経験的性格は，それ自身結果としての現象から，また経験が与える現象の規則から引き出されなければならない．したがって，現象における人間のすべての行為はその人間の経験的性格と，これとともに作用する他の原因とによって，自然の秩序に従って規定される．われわれがこの人間の選択意思のすべての原因を根底に至るまで探求することができるとするならば，われわれが確実に予言できないような人間の行為はなにもないであろう」(KrV.B.577f./ 中 245 頁)[22]．

このようなカント見解はヒュームのものに酷似している．ヒュームは自然の作用におけると同様に，人間の行為においても動機と結果とのあいだに因果関係があると見なす．「動機と有意的行為のあいだの連接は自然のいかなる部分における原因と結果の連接とも同様に，規則的で斉一的〔regular and uniform〕であるだけでなく，この規則的連接は人類に広く知られているように思われる」(EHU.VIII.69/p.88/78 頁以下)．そのばあい，行為の恒常的原因となるのは行為者の「性格〔character〕」である．人間の行為が「さまざまに変化しやすく，一時的であり，移ろいやすい」が，行為に現れる性格は「恒常的〔duarable and constant〕」である (EHU.VII.76/p.98/87 頁)．

ヒュームによれば，一方で，行為者の性格は諸行為における斉一性の認識をつうじて推測される．他方で，行為主体の性格が認識されれば，その将来の行為を推測することが可能になる．「われわれが未来にかんしてすべての推理〔inferences〕を引き出すのは過去の経験からである．［これまで］つねに連接していたと認められる対象が，［今後も］つねに連接するであろうと結論づけるのであるから，人間の行為におけるこのような経験的な斉一性〔uniformity〕がこの行為にかんする推理を引き出す源泉である」(EHU.VIII.69/p.88/78 頁以下)．このようにして，「われわれは人々の行為から」「人

間の傾向性や動機についての知に高まり」，「再び人々の傾向性や動機についての知から彼らの行為の解釈に降りていく」(EUH.VIII.i65/p.84f./75 頁).

## 4.2 経験的性格と英知的性格

現象界における行為については，決定説の立場から行為をその原因としての経験的性格の結果と見なすことが必要であるという点で，カントはヒュームに完全に同意する．経験的性格は，それに先立つ諸原因，外部の事情によって規定されるのであり，全体として自然の一部をなし，自然法則に従う．「感性界における主体にはつぎのような経験的性格があることになるであろう．すなわち，このような性格によって主体の諸行為は現象として恒常的な自然法則に従ってどこまでも他の現象との連関におかれるであろう」(KrV. B.567/ 中 237 頁).

しかし，カントによれば，行為はたんに自然的原因によって規定されるだけではなく，「英知的原因」によっても規定される．彼はこのことを，行為は「経験的性格」のほかに「英知的性格」を原因とするとも説明する．カントは「性格」の役割に注目しながらも，ヒュームの行為決定説に対抗するため，経験的性格から区別して，「英知的性格」という概念を導入したと思われる[23]．この概念はカントに独自のものであるが，彼が性格という概念にこだわるのはヒュームの見解を強く意識したためであろう．

カントは，感性界の根底には英知界があり，前者は後者の現象であると見なすが[24]，これに対応して，経験的性格も英知的性格の現象であると見なす．「この経験的性格は英知的性格（志操〔Denksart〕）において規定されている．しかし，われわれは英知的性格を知っているのではなく，本来は性向〔Sinnenart〕（経験的性格）を直接に認識させるにすぎない現象をつうじてそれを示す」(KrV.B579/ 中 246 頁).

このことを図式化すれば，つぎのようになる．

〈図 4.2〉

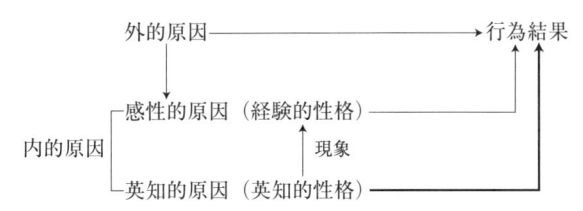

```
外的原因 ─────────────────→ 行為結果
           ↓                      ↑  ↑
         ┌─感性的原因（経験的性格）─────┘  │
内的原因 │            現象                │
         └─英知的原因（英知的性格）──────────┘
```

## 4.3 硬い決定説と柔らかい決定説

　決定説は硬い決定説と柔らかい決定説とを含む．まず，硬い決定説は，人間の行為の動機，意志作用は自然によってすべて決定されていると見なす．内的原因を外的原因から区別する場合でも，内的原因は生理的なものであり，自然的に決定されると見なす．このような生理的，機械論的決定説の典型はホッブズに見出される（本書，V.1.2. を参照）．決定説には合理論のタイプのものもある．スピノザは合理論の立場で決定説を貫徹した（本書，VI.2.2. を参照）．

　ところで，自由意志説と対決するうえで最も手ごわいのは柔らかい決定説である．この種の決定説は，行為の内的原因（動機）を生理的なものに還元せず，その心理的側面を重視することによって，自由と必然性との両立をはかろうとする．柔らかい決定説には合理論に属すものと，経験論に属すものとがある．ライプニッツは合理論の立場から，自然は意志の作用を強制しないが，より強い傾向へと「傾かせる」と見なし，自然による意志の決定をより緩やかなものと理解する．そのさいに彼は，理性に基づき明確な表象を伴う行為を自由なものと見なす（本書，VI.3.3 を参照）．すでにみたように，カントも初期にライプニッツ＝ヴォルフ学派の影響のもとに，「意識された欲求」，「知性的動機」という「内的原理」に基づく行為は自由なものであると見なしていた（I.1.1.(5)）．

　『実践理性批判』におけるつぎの説明はとくにライプニッツ＝ヴォルフ学派の説を念頭においたものであろう．「人間の行為も，たとえそれが，時間のなかで先行する規定根拠によって必然的であるとしても，つぎのような理由

でなお自由であると呼ばれる．すなわち，この規定根拠がやはり，内的で，われわれ自身の力によって生み出された表象であることがその理由である」．行為の原因性が，「理性をもって思考された規定根拠によって必然的である」としても，やはり「自然法則」に従う（KpV.96/262頁以下）．

### 4.4　柔らかい決定説の限界

　柔らかい決定説は意志の自由と自然必然性とを両立させるために，一方で，意志は自然の系列のなかにあって自然必然性によって支配されるが，他方で，意志は外的原因の作用を受けずに，内的原因によって作用する点で，自由であると見なす．しかし，カントによれば，このような試みは失敗である．「逃口〔Ausflug〕を求めて，たんに自然法則に従う彼の原因性の規定根拠のあり方を自由の比較的な概念に適合させるとしても」，「これはみじめな一時しのぎ〔Behelf〕にすぎない」（KpV.95f./262頁）．
　外的原因によって直接に決定されずに内的原因によって運動を開始するという「比較的，相対的自由」は自然物のなかにも見出される．たとえば，投げられた物体が運動するさいに外部から作用を受けないというあり方は「自由な運動状態」と呼ばれる（KpV.96/263頁）．時計の機械的運動も外部から影響されずに，自動的に行なわれるかぎりで，「自由」であると呼ばれる．これらのばあいに，内的原因は，それに先行する外部の原因によって規定されている．したがって，このばあいの運動体は一種の「自動機械〔Automat〕」にすぎない（ibid.）．心理的原因によって引き起こされる行為はたしかに「物理的自動機械」の作用ではないとしても，「精神的自動機械」（KpV.97/260頁）の作用にすぎない．「精神的自動機械」という用語はライプニッツからの借用である（本書，Ⅵ.3.3を参照）．
　カントによれば，行為を規定するのが外的原因であろうと，内的原因であろうと，また，内的原因が「本能」であろうと，「理性的認識」であろうと，さらに行為が「機械的に」規定されようと，「心理的に」規定されようと，行為が自然的必然性に従うことについては基本的な区別はない（KpV.96/263

頁).ライプニッツ＝ヴォルフ学派に向けられたこのような批判は,その影響を受けたかつてのカントの見解の自己批判につながるであろう.

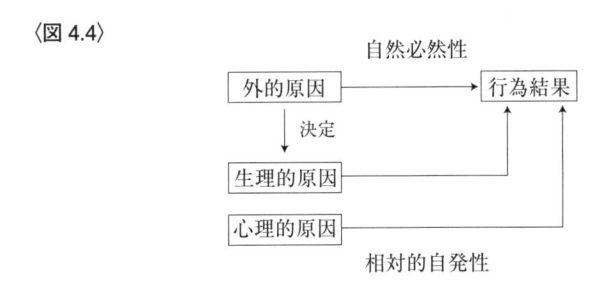

〈図4.4〉

```
                    自然必然性
       ┌──────┐      ┌──────┐
       │外的原因│─────→│行為結果│
       └──────┘      └──────┘
          │決定         ↑  ↑
          ↓             │  │
       ┌──────┐         │  │
       │生理的原因│──────┘  │
       └──────┘            │
       ┌──────┐            │
       │心理的原因│──────────┘
       └──────┘
                    相対的自発性
```

## 4.5　ヒュームの柔らかい決定説の批判

　ヒュームは経験論の立場から柔らかい決定説を採用する.彼は自発性の自由を限定つきで認める.「自発性の自由」は「この言葉の最も普通の意味」であり,「われわれが保存しようとするのはこの種の自由のみである」(THN.II. iii.2/p.407f./三 194 頁).ただし,自発性も原因づけられており,必然性とは対立しない.必然性と対立するのは「強制（束縛）〔consraint〕」である.しかし,しばしば,必然性が「強制」と混同される（THN.II.iii.2/p.407/三 194 頁).意志作用や行為は先行の原因によって決定されていても,強制されなければ,自発的である.必然性と対立すると見なされるような自由は偶然にすぎない.「自由が強制にではなく,必然性に対立させられるばあいには,それは偶然と同じものである」(EHU.VIII.174/p.96/85 頁).

　このようにヒュームは自発性の自由を相対的な意味に理解し,それを必然性と両立すると見なし,〈柔らかい決定論〉の立場に立つ.ヒュームによれば,自由と必然性の関係をめぐるこれまでの論争においては,自由と必然性のそれぞれの用語が不正確に理解されていたため,不毛な対立が生じたが,用語の使用をめぐる対立を度外視すれば,事柄自体の理解についての対立はなかった.（EHU.VIII.i.63/p.81/72 頁, cf. VIII.i.74/p95/84 頁).

カントは柔らかい決定説のなかでもヒュームの説を最も洗練されたものと見なし，それとの対決を迫られたと思われる．『実践理性批判』におけるつぎのような指摘はとくにヒュームを念頭においたものであろう．「多くの人々はこの自由［作用原因の自由］を他のいかなる自然諸力とも同様に経験的原理から出発して解明できると信じ，自由を心理学的な性質として考察し，その解明は心の本性と意志の動機とのより詳細な探究に基づくと見なしている.」「このような幻惑に対抗し，経験論をその浅薄さの全容において示す」ことがカントの課題となる（KpV.94/260頁）．

ライプニッツ＝ヴォルフ学派は外的原因や内部の自然的，生理的原因から，理性に従う明確な表象としての心理的原因を区別するが，ヒュームは心理的原因を経験的なもの（情念，性格）と見なす．しかし，心理的原因によって引き起こされる行為は「心理学的，比較的な自由」をもつにすぎない（KpV.97/264頁）．カントによれば，意志の自由を説明するためには，自然的，生理的原因から心理的原因を区別するだけでなく，さらに心理的原因（経験的性格）から英知的原因（英知的性格）を区別しなければならない．英知的原因は外的原因からも内的原因としての心理的動機からも独立して，作用を自発的に開始し，この点で，「根源的作用」を行なう（KrV.B572/中241頁）．カントに従って，行為の原因をつぎのように分類できる．

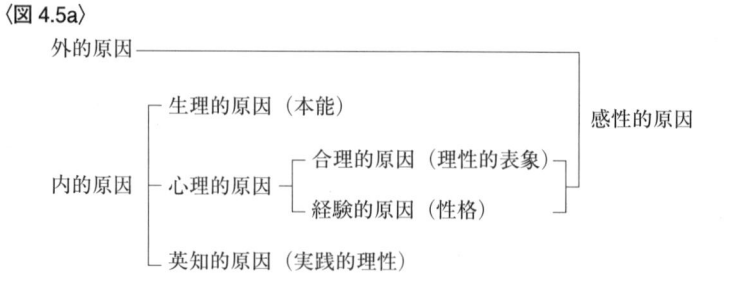

〈図 4.5a〉

```
外的原因 ─────────────────────────┐
                                    │
         ┌─ 生理的原因（本能）      │ 感性的原因
内的原因 ─┤          ┌─ 合理的原因（理性的表象）┐
         ├─ 心理的原因┤                          │
         │          └─ 経験的原因（性格）      ─┘
         └─ 英知的原因（実践的理性）
```

ヒュームの決定説とカントの見解との対比をつぎのように図示できる．

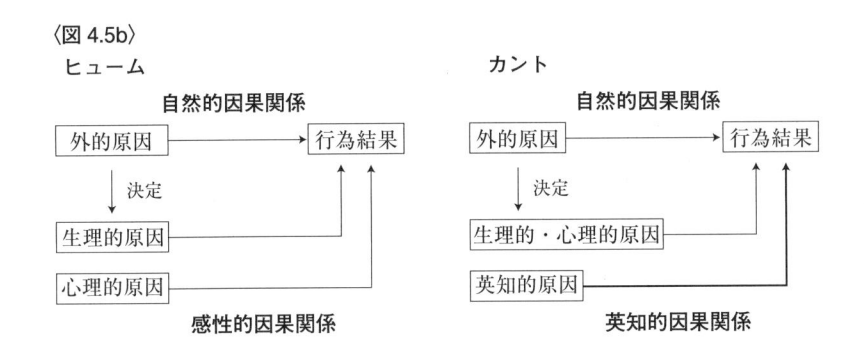

〈図 4.5b〉

ヒューム

自然的因果関係

```
┌──────┐       ┌──────┐
│外的原因│──────→│行為結果│
└──────┘       └──────┘
   │決定           ↑
   ↓               │
┌──────┐           │
│生理的原因│─────────┤
└──────┘           │
┌──────┐           │
│心理的原因│─────────┘
└──────┘
```

感性的因果関係

カント

自然的因果関係

```
┌──────┐       ┌──────┐
│外的原因│──────→│行為結果│
└──────┘       └──────┘
   │決定           ↑
   ↓               │
┌────────────┐     │
│生理的・心理的原因│────┤
└────────────┘     │
┌──────┐           │
│英知的原因│─────────┘
└──────┘
```

英知的因果関係

## 4.6 決定説と責任の問題

ヒュームは行為の責任を問うためにも，行為の「一時的で，移りやすい原因」をではなく，「恒常的原因」としての性格を突きとめなければならないと見なし，性格と行為との因果結合を重視する．評価の対象となるのは，性格を原因とする行為である．諸行為は，「それらを実行した人物の性格や性向におけるなんらかの原因に由来しないばあいには，たとえ善きものであっても，名誉にならず．またたとえ悪しきものであっても，不名誉にならない．」「それらの行為自身は，非難されるべきものであるかもしれない．」「しかし，この人物はそれらに責任がある〔answerble〕のではない」（EHU.VIII. ii.76/p98./87）．

ヒュームは行為の動機を経験的なものと見なし，観察と因果的推論によって知られる範囲に限定しており，そのため，彼は賞罰の程度を，行為の動機がどこまで持続的であるかに求める．ヒュームによれば，行為の処罰の軽重は動機の持続性の度合いによって異なる．同じ悪行であっても，突発的，衝動的な行為，軽率な行為によりも熟慮された行為は強く非難されるが，これは後者がより恒常的な原因に由来するからである（ibid.）．

注目されるのは，行為の賞罰のさいに，行為が強制されずに，自発的に行

なわれたかどうかがポイントになるとヒュームが見なしていることである．「自由は」「道徳にとってもまた本質的である」．「自由が欠けていれば，人間のいかなる行動も道徳的性質を受け入れないし，是認や嫌悪の対象とはなりえない」(EHU.VIII.ii.77／p.99／88頁)．たんなる外的原因や内部の生理的原因から生じる行為は賞罰の対象にはならない．「諸行為は内的な性格，情念，情動の表示であるかぎりでのみ，われわれの道徳的情操の対象となるので，諸行為がこれらの原理から生ぜず，ことごとく外部の強制力に由来するばあいは，賞賛と非難のいずれも生じさせることはできない」(ibid.)．

さらに，後悔や悔悟も行為者の意識性，自発性を前提にする．すでに行なわれた悪行の結果も，それが後悔され，悔い改められるならば，なかったものと見なされる．行為が「罪ある原理の証示である」ために処罰されるが，この原理が変化すれば，行為は「罪あることをやめる」(EHU.VIII.ii.76／p.98／87頁以下)．

しかし，ヒュームが主張するように，行為の賞罰や評価の相違はたんに動機の意識性や持続性の相違に照応するのではない．行為の評価にとって核心的なものは，行為の動機に含まれる規範意識(善悪の判断)であろう．カントは，意志の自由が英知的原因(自由の原因性)に基づくと見なすことによって，賞罰の根拠を示そうとしたといえる．

すでにみたように(I.2.6)，カントによれば，行為の責任が問われるのは，それが英知的原因(英知的性格)の結果であるばあいである．カントは『純粋理性批判』において，悪意ある虚言によって社会を混乱させる行為を行なう人間についてつぎのようにいう．「このような虚言が生じる動因を追及し，それがその結果とともにこの行為に帰するかどうかを判断するとしよう．最初の点については，彼の経験的性格をその根源にまで踏み込んで，それを，劣悪な教育，邪悪な仲間のなかに求め，一部は恥知らずの生まれながらの気性のせいに，一部は軽率や無分別のせいにする．」「しかし，われわれは，彼の行為がこれらの事情によって規定されると考えるにもかかわらず，この行為者を非難する．」「このような行為は行為者の英知的性格に帰せられる」(KrV. B582f.／上269頁以下)．

カントは『実践理性批判』においてもつぎのようにいう．幼少のころから悪行を繰返し，生来の悪人であり，改善に見込みがないと思われるような人間についても，やはり彼に「責任がある〔verantwortlich sein〕」といわなければならない．「このことは，彼の選択意思から生じるものはすべて」，「幼少のころからその現象（行為）において彼の性格を示す自由な原因性に基づくことを前提にしなければ，生じえなかったであろう．このような現象は振舞の斉一性のために，ある自然連関を見てとれるようにするが，この連関は意志の邪悪な性状を必然的とするのではなく，むしろ自由意志によって採用された悪しき不変の原則［格率］の結果であり，このような原則によって意志はますます非難され，処罰されるべきものとなる」(KpV.100/268 頁).

また，カントは「後悔」についてつぎのようにいう．それは「道徳的志操によって引き起こされた苦痛の感覚」であり，「生じたことを生じなくさせることに役立つ」．「理性」が「いかなる時間の区別をも承認せず，出来事が私に行ないとして属すかどうかのみを問う」ことによって，このような後悔が生じる（KpV.98f./266 頁）．後悔も，行為者が英知的性格をもち，現在と過去において「同一の感覚」をもつことに由来する．

さきの〈図 4.5b〉を利用すれば，責任についてヒュームの見解とカントの見解との比較をつぎのように図示することができる．

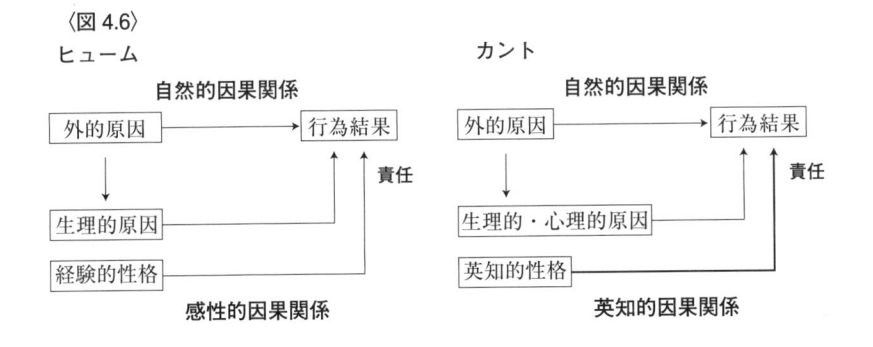

〈図 4.6〉

### 第 I 部注

1)　ヒューム自身は〈causality〉(因果性)という術語をあまり用いず,「原因と結果の関係(因果関係)」という表現を基本とする. なお,〈causality〉は元来「〈cause, causa〉であること」という意味をもつ. カントも〈Kausalität〉を〈Ursachlichkeit〉(原因〔〈Ursache〉〕であること)という原義に従って理解しており, これは「因果性」よりも「原因性」と訳されるのが適切である.
2)　カントはすでに『天界の一般的自然史と理論』(1755 年)においてニュートンの自然学を念頭におき, 機械論的自然観を構想していた.
3)　「均衡無差別」の自由があるように見える場面もあることをカントも認める. たとえば, サイコロのどのような目が出るか, 歩くときに右足から踏み出すか, 左足から踏み出すかというばあいには, 決定根拠はなく, いずれの可能性も等しく選択できるように見える. しかし, カントによれば, このように見えるのは, まだ内的根拠(動因)が特定されず, 意識されないためにすぎない. さらに,「客観的な根拠をまったく欠く」ばあいや,「意識的に表象された動因のあいだに完全な均衡がある」ばあいもある (KgS.2.406/『全集』2.212 頁).
4)　カントは 4 年後の『オプティズム(最善主義)についての若干の考察の試み』(1759 年)においてはつぎのように述べる. 人間は,「最善であると判明にかつ正しく認識したもののみを選択せざるをえない」が, このことは,「自由を否定する必然性」に人間が従うことを意味する (KgS.2.34/『全集』2.283 頁). ここでは意志の自由が否定されているように見えるが, このばあいの自由は, 根拠に基づかない放縦な自由(恣意)であろう. 法則に従うことと意志の自発性とは対立せず, むしろ結合するという『第一原理の形而上学的認識』における見解は 1759 年の時点でも堅持されていると見るべきであろう.『オプティズムについて』もライプニッツの影響下にあるが, ライプニッツは, 神は人間の意志に最善のものを選択させるが, 強制をせず, 意志の自発性を容認すると主張する (本書, VI.3.4, 参照).
5)　木場猛夫氏は, カントが「理性と結びついた法則を決定根拠として意志を決定する自由」を主張しており, この法則はのちの道徳法則につながると指摘している (木場猛夫『カント道徳思想の形成』, 風間書房, 1987 年, 94 頁).
6)　悪の根源を意志の選択の自由に求めることは, 後期の『宗教論』にも継承される (Rlg.31f./41 頁以下). なお,〈futuritio〉はライプニッツの用語である (ライプニッツ『弁神論』, 第 1 部, 第 37 節).
7)　カントのこの主張は, クルジウスが当為を「適法的必然性」と「蓋然的必然性」とに区別したことを踏まえたものである.
8)　ハチソンはつぎのように述べている.「われわれの道徳的情操によって是認された特性」は,「当該の人格のなかに見出され, 完全性と尊厳をなす」(『美と崇

高』，第4版，Org.II.i.8/123頁）．『情念と情動の本性および指導の考察』（1728年，第4版が1760年に独訳）では「人間本性の尊厳と高貴〔dignity and nobility of human nature〕」に言及されている（Passion.15）．Ch・リッターは，ハチソンのこのような見解がカントに影響を与えた可能性を指摘している（Chiristian Ritter, *Der Rechtsgedanke Kants nach den frühen Quellen*, 1971, S.56）．浜田義文『カント倫理学の成立』，77頁も参照．ハチソンのカントに対する影響についてのリッターの指摘はヘンリッヒの指摘（II.注28）と並んで大胆なものである．

9) カントは1770年代に道徳哲学（倫理学）の講義を5回行なったと伝えられる．メンツァー編（Paul Mentzer）の『倫理学講義』は3人の聴講生のノートに基づくが，その内容はアカデミー版『カント全集』第27巻のCollinsのノート（岩波書店『カント全集』，20に『コリンズ道徳哲学』として所収）とほぼ同じであるが，後者には一部欠損がある．本書ではメンツァー編の原書の頁に続けて，アカデミー版『全集』，邦訳『全集』の巻数と頁数を示す．

10) 1770年代末期の草稿においてはつぎのようにいわれる．「自由」は，「本能や一般には自然の導きから独立していると思われている．このばあい自由はそれ自身では無法則である．」「したがって，自由は普遍的な規則という条件のものになければならず，悟性によって理解された自由でなければならない．そうでなければ，それは盲目的で野蛮である」（KgS.19.289）．

11) カントはすでに『形而上学遺稿集』の1760年代後半の原稿において意志の自発性との関連で「自由の原因性」という用語を用いている．「第1の問題は，いかに人が自由の原因性を把握すべきかである」（KgS.17.316）．この文章の執筆時期は1764-68年あるいは1769-70年の幅で想定されている．

12) 拙著『実践と相互人格性』（北海道大学図書刊行会，1997年，54頁）においては，この叙述は1780年代初頭（『基礎づけ』の直前）のものであると書いたが，遺稿の編集者は，これが1780年代のどの段階に属すかを特定していない．

13) 自然界においても因果関係は「現象のあいだの実在的カテゴリー」（KrV.B441/中132頁）である．『実践理性批判』においては行為の原因性にかんして，「原因性の概念はつねに法則，すなわち多様なものの現存を相互関係において規定する法則に関係する」（KpV.89/253頁）といわれる．したがって，原因性はたんに1つの事物の運動における関係ではなく，他の事物に対する関係を含み，同様に，ある人間の行為における原因と結果の関係は他の人間の行為との相互関係におかれるといえるであろう．

14) カント倫理学の相互人格的解釈については，前掲拙著，56頁以下，参照．

15) 『基礎づけ』においては二律背反という術語は用いられないが，自由と自然必然性とのあいだの「外見上の矛盾」がつぎのようにして解消されるといわれる．「このような仕方で自分を英知者と見なす人間は，自分を感性界の現象」「とし

て認め，自分の原因性を自然法則によって外部からの規定に従わせるというばあいとは異なって，自分を事物の別の［英知的］秩序へとおく．」「直ちに気づかれるように，この両者［悟性界への所属と自然法則への服従］は同時に成立することができ，また成立しなければならない．というのは，［一方で］現象における事物［行為主体を含め］がある種の法則［自然法則］に従っているが，［他方で］まさに同じ事物が物自体（それは英知界に属す）あるいは存在者自体としてはこのような法則から独立しているということは，少しも矛盾を含まないからである」（Gr.457/106 頁）．

16) ケルゼンは法実証主義の立場からではあるが，カントの見解を踏まえて，「因果的必然性」と「規範的必然性」とを区別する．ケルゼンによれば，自然法則は「必然〔Müssen〕という規範的必然性」を表現するのに対して，法法則や道徳法則は「当為〔Sollen〕という規範的必然性」を表現する（Hans Kelsen, *Die Philosophischen Grundlagen der Naturrechtslehre und des Rechtspositivismus*, 1929, 長尾龍一・黒田覚訳『自然法論と法実証主義』，木鐸社，1992 年，142 頁以下）．

17) 現代法においては違法な行為にかんして，規範意識（違法性の意識）の有無や程度によって処罰が異なると一般に見なされている．ここでは，行為における事実としての因果関係と，規範意識を含む動機とその結果との関係とのあいだに区別を認めなければならないであろう．しかし，動機における規範意識の位置づけについては見解が分かれ，それを従属的と見なす説においては事実としての因果関係が偏重される．そのさいにヒュームの見解が引き合いに出されることがある．

18) 『プロレゴメナ』（1783 年）においては，ヒューム・ショックの時期は「数年前」といわれているので，それは 1770 年代末と思われる．「自由の原因性」の概念に注目されるのも 1770 年代後半である（本書，I.1.3.(2)）．ただし，原因性の概念を始めとする理性的概念の経験的世界における妥当性にかんするカントの問題意識はそれ以前（遅くとも 1770 年代前半）に生まれていたであろう．ところで，カントは晩年（1798 年）にも「独断のまどろみからの覚醒」についてつぎのように語っている．「理性の二律背反」は「私をはじめて独断のまどろみから目覚めさせ，理性そのものの批判へ向かわせた」（『1798 年 9 月 21 日，カルヴェあての手紙』KgS.18.820）．第 3 の二律背反がヒュームの行為決定説を念頭においていることを考慮するならば，ここでいわれる二律背反の検討をつうじた独断論からの覚醒が，『プロレゴメナ』におけるヒュームからの衝撃と関係する可能性が高まるであろう．山本道雄氏は，二律背反についての考察は 1772 年から 1770 年代末にかけて徐々に進行したと理解するが（『カントとその時代』，晃洋書房，2008 年，347 頁，355 頁以下），『プロレゴメナ』におけるヒュームからの衝

撃を二律背反と関係させることに対しては批判的である（同書，349, 351頁以下）．
19) ベッティ〔J. Beauttie〕はその論文（Essays oh the Nature and Immutability of Truth, 1770）においてヒュームの『人間本性論』を引用しており，カントがその独訳（1772年）をつうじて，『人間知性研究』には含まれないヒュームの見解を知っていた可能性をベックが指摘している（L. W. Beck, *Early German Philosophy*, 1969, p.465）．カント自身も『プロレゴメナ』においてベッティに言及している（Pro. 258f./192頁以下）．
20) 『実践理性批判』においてはヒュームの見解がつぎのように紹介される．「原因という概念は」「つぎのかぎりでなお許されるべき誤りである．すなわち，ある事物やその規定を，しばしばあい並んであい前後し」「いっしょに集まったものとして知覚するという習慣（主観的必然性）が，対象そのもののなかにこのような結合を措定する客観的必然性であるといつのまにか理解され，このようにして原因という概念が密かに不当に獲得された」（KpV.51/196頁）．
21) 『純粋理性批判』第2版においては，「認識（理性あるいは悟性）が対象に従う」のではなく，「対象が認識に従う」という「思考法の転換」が「コペルニクス的転換」になぞらえられるが，前者の転換は自然の認識にかんするだけでなく，形而上学にもかんするものである（KrV.XVII, XXII/上35,38頁）．
22) 『実践理性批判』においてもつぎのようにいわれる．「内的および外的行為によって示される人間の心構え（志操）〔Denkungsart〕への深い洞察をもつことをわれわれができるならば，また，この行為の最も微細な動機〔die mindeste Triebfeder〕をも含めて，これらの行為に作用するすべての誘因をわれわれが知るならば，将来におけるこの人間の振舞いを」「確実に予測する〔ausrechnen〕ことができるであろう」（KpV.99/267頁）．このような主張もヒュームの『人間知性研究』のつぎのような見解と酷似している．「観察者が」「われわれの行為をわれわれの動機と性格から推理〔infer〕できるということは確実と思われる．また，観察者がこのように推理できないばあいでも，一般につぎのように結論づける．すなわち，もしわれわれの状況や気性のすべての事情，およびわれわれの気質や性向の最も内奥の動因〔the most secret spring〕に観察者が完全に精通しているならば，推理できるであろう，と」（EHU.VIII.72.note/p.94/161頁）．
23) 『人間学』においては広義の性格が，①「天性〔Natuelle〕」，②「気質〔Temparament〕」あるいは「性向〔Sinnesart〕」，「志操〔Denkungsart〕」を含むとされる（Ath.285/255頁以下）．また，狭義の性格として，③「確固とした原則〔格率〕に従って行為する」，「意志の特性」が挙げられる（Ath.292/265頁）．『実践理性批判』においては性格は③の意味に限定され，「不変の格率に従う一貫した心術」と呼ばれる（KpV.152/340頁以下）．「経験的性格」と「英知的性格」との区別に従えば，『人間学』における①と②の性格は「経験的性格」であるのに対

して，③は「英知的性格」であるといえる．これに対して，ヒュームにおいては③の性格も経験的性格と見なされ，①や②の性格から区別されない．なお，『宗教論』においては，「不動の格率」に基づく「志操〔Denkungsart, Gesinnung〕」が「英知的性格」と呼ばれ，「性向〔Sinnesart〕」から区別されている（Rlg.47f./63頁）．

24）自然の原因性あるいは経験的原因性は自由の原因性あるいは英知的原因性の結果であるともいわれる．「たとえ，現象におけるあらゆる結果に対してそれらの原因との結合が経験的原因性の法則に従ってたしかに要求されるとしても，それにもかかわらずこの経験的原因性そのものは」「やはり，経験的でなく英知的な原因性の一つの結果でありうるということが可能ではないであろうか」（KrV.B572/ 中241頁）．

# 第Ⅱ部　ヒューム道徳感情論とカント実践哲学

――感情の交流と人間観察をめぐって――

## はじめに

### 0.1 人間の学としての認識論と行為論

　第Ⅰ部では，カントの道徳哲学に対するヒュームの哲学の影響という観点から，ヒュームの意志論，行為論に焦点を当てたが，第Ⅱ部では，ヒュームの道徳哲学と，カントの実践哲学全体（人間学を含め）に対するその影響とについてより広く検討したい．ヒュームの行為論について第Ⅰ部よりも立ち入って考察し，そこでは言及できなかったヒュームの道徳感情論について論じたい．さきには，カントがドイツ語訳で読んだと思われるヒュームの『人間知性研究』を基本に検討したが，今後はヒュームの主著の『人間本性論』をも視野に収める．

　ヒュームは「経験と観察」に基づき「人間の本性の研究」を試みる（THN.Introduction/xvi/一22頁）．『人間本性論』の副題は「推論の実験的方法を精神的（道徳的）主題に導入する試み」である．ヒュームはこのような方法（「実験哲学」としての「新しい自然哲学」）を人間の研究に適用する（*ibid.*）．このような人間研究を行なうのが「道徳哲学（精神哲学）〔moral philosophy〕」あるいは「人間の学〔science of man〕」であり，自然学，数学，論理学はこの学に依存するとされる（THN.Intro./xv/一21頁）．『人間本性論』の第1篇は認識の源泉と能力の吟味を主題とするが，この考察も人間の学に属す．

　主著の『人間本性論』の第1篇「知性について」においては認識論的問題が主題とされるが，自由と必然性との関係にかんして行為と意志の問題についても論じられる．『人間知性研究』は，この部分を簡略化し，独立させて

出版したものである．『人間本性論』の第2篇「情念について」においては，実践的機能をもつのは理性ではなく，情念であることが明らかにされ，さらに第3篇「道徳について」においては，人間の行為の主要な動機が情念にあることが示され，善悪の道徳的判断は道徳的感情に依存することが明らかにされる．第2篇の要約は「情念論」(1757年，『四論文集』第2論文) として，第3篇の要約は『道徳原理研究』(1751年) として出版された．カントは後者の独訳を読むことができたと思われる (Hume. Vermischte Schriften, Teil III, 1756)．

## 0.2 認識と行為の批判的考察

　カントは認識論の面でヒュームをイギリス経験論の代表と見なした．合理論が世界の秩序を理性によって把握しようとすることをヒュームは批判し，この秩序（とくに因果関係）をあくまで経験に基づいて把握することを主張した．カントは一面ではヒュームのこの見解を摂取する．しかし，カントは他面では，ヒュームが世界の秩序を構想力と習慣の産物として相対化したことを批判し，世界の秩序は，悟性（概念）によって世界に与えられると見なした．カントはこのように認識論においてはヒュームに対して二面的な態度をとる．

　ところで，ヒュームは因果関係をその認識の自然にかんしては批判するが，自然の内容の理解にかんしては決定説の立場をとり，この立場をさらに人間の行為の考察へも適用する．本書の第Ⅰ部で示したように，カントは批判期にはヒュームのこの行為決定論との対決に迫られ，「自由の原因性（因果性）」という独自の見解を確立した．行為は感性界においては「自然の原因性」に従うという点で，カントはヒュームの決定説を容認するが，行為者は英知界に属すかぎりは「自由の原因性」に従い，意志の自由をもつと解釈する．このようにカントはヒュームの行為決定説に対しても二面的立場をとる．

　ところで，ヒュームの道徳哲学の基本は道徳感情論にある．ヒュームの道徳感情論に対するカントの立場はどうであろうか．カントは初期にヴォルフ

学派の合理論的倫理学の限界を自覚するうえで，ハチソンらの道徳感情学派から大きな影響を受けた．カントは批判期には一面では実践理性の立場に立ち，道徳的感情を道徳の基礎におくことを批判するが，他面では道徳的感情が行為の重要な動機となることを認め，これを道徳法則に対する尊敬の感情として自分の倫理学のなかに位置づける．カントは道徳においては感情に限定的な役割のみを認めるが，社交においては感情が重要な役割を果たすと見なす．ヒュームの道徳哲学は「人間の観察」を主題とし，そのなかで感情の交流を重視するが，カントも人間学においてやはり「人間の観察」を主題とし，社交における感情の交流に注目する．カントはヒュームの感情交流論に直接には言及していないが，この点で両者の説のあいだには多くの類似性がある．

## 0.3 第Ⅱ部の展望

第1章では，ヒュームが因果的推論を重視し，これを人間の行為にも適用することを明らかにする．彼は因果関係の認識の源泉を批判するが，因果的推論を実践の成功のために必要と見なす．ヒュームによれば，因果関係は想像力によって想定されるが，この想定は習慣上で心理的に必要とされるという意味で，主観的に必然的である．しかし，ヒュームは自然の運動の認識内容については決定論の立場をとり，これをさらに人間の行為にも適用する．

第2章ではヒュームの行為決定説の特徴と問題点について検討する．彼は行為の動機と結果とのあいだの因果関係に注目し，そのさいに，動機に含まれる心理的要素を重視する．ヒュームによれば，人間の行為は自発的であり，自由であるが，この自発性は先行の原因によって決定されている．行為の強制は自由と背反するが，行為が必然性に従うことは自由と両立する．この点でヒュームは柔らかい決定説を採用する．彼は，行為の因果関係の認識は，行為に賞罰を与えるためにも必要であると見なす．しかし，賞罰の根拠を動機の心理的要素に求めるのが適切かどうかが問題になる．

第3章では，ヒュームの道徳感情論の特徴が感情の交流の重視にあること

を明らかにする．彼は共感を重視するが，共感も感情の交流をつうじて成立すると見なし，そのさいに観察者が行為者の感情を因果的推論によって想定するという面に注目する．また，ヒュームは行為の評価のさいに行為の結果が他人や社会に与える効用の面にも目を向け，功利主義的な傾向と結合する．

　第4章では，評価的機能は感情に属すというヒュームの見解が共感論とどのように関係するかを考察する．彼は，感情による評価が普遍的となるために，共感を重視する．〈べき〉と〈ある〉との関係についてのヒュームの主張は後世に大きな影響を与えたが，共感を基礎とすることによって，この関係について新しい視野が開かれないかどうかを検討したい．

　第5章では，ヒュームの感情的交流論がカントの人間学に与えた影響を明らかにしたい．カントはかなり初期からヒュームの人間観察とその描写に強い関心をもち，人間学においては社交と趣味のなかで感情的交流の役割を重視している．ヒュームの道徳感情論はカントの理性中心の道徳哲学とは対照的であるが，カントの人間学とのあいだで注目すべき共通性がある．このような理解によってカントの実践哲学全体について柔軟な解釈の道が開かれるであろう．

# 第1章　行為の因果的推論

## 1.1　因果関係と推論

　ヒュームは学（科学）を，「観念のあいだの関係」を扱う数学（論理学をこれに含めてよいであろう）と，「事実の実質〔matters of fact〕」を扱うその他の学とに大別する（EHU.IV.i.20/p.23/22頁）．前者の学は観念のあいだの形式的関係を「知性〔understanding〕」あるいは「理性〔reason〕」によってアプリオリに論証するのであり，その認識（『人間本性論』においては「確実知〔knowledge〕」と呼ばれる）は厳密に確実である．これに対して，後者の学の認識は経験に基づくので，厳密な意味では確実ではなく，「蓋然知（蓋然性）〔probability〕」である（EHU.IV.iii.30/p.35/32頁．cf. THN.I.iii.1,2/p.69 ff. ,p.73 ff./一120頁以下，126頁以下）．ただし，蓋然知はまったく不確実というのではない．『人間本性論』においては，広義の蓋然知が，不確性を伴う狭義の「蓋然知」と「立証知（証明）〔proofs〕」とを含むともいわれる．「立証知」は因果関係の認識のなかで「不確実性をまったく免れている」ものとされる（THN.I.iii.9/p.124/一198頁以下）．

　経験科学において重要なのは因果関係である．ヒュームは因果関係を「推論〔reasoning〕」あるいは「推理〔inference〕」と密接に連関させる．「事実にかんするすべての推論は原因と結果の関係に基づく」（EHU.IV.1.22/p.26/23頁）．推論は「論証的推論〔demonstrative reasoning〕」と「蓋然的推論〔probable reasoning〕」とに区別されるが（THN.I.iii.9/p.117/一189頁以下），ヒュームは後者を重視する．「蓋然的推論」においては結果から原因を推定されるとともに，原因から結果が予測される．「いかなる事例においてもこのような関

係〔原因と結果の関係〕の知はアプリオリな推論〔reasoning〕によっては到達できず，なにか特定の対象がつねに結合されているのをわれわれが見出すときの経験からまったく生じる」（EHU.IV.i.23/p.27/24頁）．このように〈因果的推論〉は，ある与えられた原因から将来の結果を予測するという点で，発見的機能をもつ．

　原因と結果との恒常的，必然的結合は感覚によっては把握できない．しかし，狭義の理性（確証知）は観念のあいだの必然的結合（数学的関係）を把握するだけであり，対象のあいだの必然的結合を把握することはできない．因果関係の観念は「想像（想像力）〔imagination〕」によって得られる．ある出来事に他の出来事が続いて生じるのを繰り返し経験することをつうじて出来事のあいだの「恒常的な連接〔constant conjunction〕」，「必然的な結合〔connexion〕」についての観念が形成され，これが原因と結果の関係であると想定されるようになる（EUH.VII.ii.59/p.75/67頁）．そのばあいに「想像」が重要な役割を果たす．「ある対象が記憶あるいは感官に現前するばあいにはつねに，その対象は直ちに」「想像力を駆り立て，この対象を通常連接されている対象を心に抱かせる」（EUH.V.i.39/p.48/44頁）．「対象は恒常的随伴から想像における結合を得る」（THN.I.iii.6/p.93/―155頁以下）．

### 1.2　心理的決定と因果関係

　ところで，因果関係は想像力によって任意に生み出されるわけではない．このことについてヒュームは『人間本性論』においてつぎのようなユニークな説明を行なう．「心が，ある対象の観念から別の対象の観念へ移るとき」，「心は，これらの対象の観念を連想させ想像においてこれらを結合するいくつかの原理によって決定されている」（THN.I.iii.6/p.92/―114頁）．因果関係の想定は2つの段階を経る．

　まず，2つの対象の知覚のあいだの恒常的結合が必然的と見なされるのは，連想や想像によって〈そうせざるをえない〉という心理的決定（被決定）による（〈心理的決定→知覚の必然的結合〉）．必然性は，「ある対象の観念から，

それにつねに随伴する［別の］対象の観念へ移行するよう決定されること」である（THN.I.iii.14/p.167/一197頁）．「必然性は」，「われわれの思考を，ある対象から別の対象へ転移するような［心の］決定にほかならない」（THN.I.iii.14/p.165/一255頁）．このような心理的決定は，個々人の心（思考，意志）から独立したものであり，『人間本性論』においては重要な役割をはたす[1]．

つぎに，このような知覚の必然的結合が対象に投射，投影されて，対象そのものの必然的結合と見なされる（〈知覚の必然的結合→対象の必然的結合〉）．「われわれは，思考が決定されたあり方を外的対象へ転移し，この対象のあいだに真の理解可能な結合［必然的結合］を想定する」（THN.I.iii.14/p.168/一198頁）．

このように，心理的決定という意味での必然性が想像力によって対象に投影され，対象自身の必然性であるかのように見なされると説明される．因果関係は対象自体における自然的，実在的必然性ではなく，精神的，心理的必然性の投影である．

このような説明においては人間の認識とその対象の関係が逆転される．因果関係は対象自体に備わる客観的，実在的なものではなく，人間が心理的に想定せざるをえないという意味で，主観的，心理的必然性というべきものである．「必然性は対象のなかにではなく，心のなかにあるなにかである」（THN.I.iii.14/p.165/一257頁）．

ここで注意すべきことは，因果関係がたんに主観的起源をもつだけでなく，客観的起源をももつとヒュームが見なしていることである．彼によれば，因果関係の観念は自然における出来事の「斉一性（一様性）〔uniformity〕」あるいは「規則性〔regularity〕」の観察から生じる．ヒュームは斉一性の基本特徴について説明していないが，それは因果関係よりも根本的な秩序を意味するであろう．自然に斉一性が存在せず，自然の基本的過程が変化すれば，過去の出来事から将来の出来事を予測すること（因果的推論）はそもそも不可能になる（EHU.IV.ii.32/p.38/34頁）．

### 1.3 習慣と実践

　ヒュームは，想像が「習慣〔custom, habit〕」に根ざすことに着目する．心理的決定という主観的必然性の基礎には習慣がある．「ある対象から，それにつねに随伴する対象へ至る想像のこの習慣的移行が」，「必然的結合〔因果関係〕の観念が形成される基礎となる情感や印象である」(EHU.VII.ii.59/p.59/67頁).「われわれが，一方の印象から他方の観念に移行するとき」，「習慣，連想の原理によってそのように決定されている」(THN.I.iii.7/p.97/120頁).このようにして，想像はそのたんなる恣意性を克服して，確実なものに対する「確信（信念）〔belief〕」に転化する．ヒュームは認識における確信の役割を重視する[2]．「類似の事例が反復されたあとで，心は，ある出来事が出現したことに基づいて，それにつねに随伴するものを期待し，それが存在するであろうと信じるよう習慣によって導かれる」(EHU.VII.ii.59/p.75/67頁).

　したがって，斉一性を客観的基礎とし，さらに習慣に従って想像力が主観的に作用することによって，因果関係の観念が生じるといえるであろう．このことについてつぎのようにいわれる．「必然性と原因づけ（因果作用）〔causation〕の観念はまったく，自然の作用のなかに観察されうる斉一性から生じる．そのばあい，相似する対象は恒常的に連接され，心は一方を他方の出現から推理する〔infer〕よう，習慣によって決定される．これらの２つの事情は，われわれが物質に帰属させる必然性〔因果関係〕の全体を形成する」(EHU.VIII.i.64/p.82/73頁).

　習慣の特徴は，反省と思考に先立って瞬間的に作用するという点にある．「習慣は，われわれが反省するいとまもなく，作用する．もろもろの対象が〔相互に〕に不可分に見えるので，われわれは一瞬の遅れもなく，ある対象から他の対象へ移行する」(THN.I.iii.8/p.104/－129頁).また，習慣は１種の慣性あるいは惰性である．習慣の自然性はその慣性的必然性にあるといえるであろう[3]．

　それでは，なぜ習慣が，因果関係を想定するよう心を決定するのであろう

か．この問題を考えるための手がかりは実践にある．習慣も実践のなかで生じる．人間は因果関係の観念に従って，外界の変化を予測し，外界への働きかけを成功させることができる．人間は将来の実践に向けて因果関係を習慣上信頼する．因果関係という必然性は実践上の必要としての必然性に基づくといえるであろう．ヒュームはつぎのように述べている．「習慣は」「人生の偉大な案内人である．われわれの経験をわれわれにとって有益にし，過去において現れた出来事と類似の一連の出来事を未来に対してわれわれに期待させるのはこの原理のみである」(EHU.V.i.36/p.44/40頁)．「すべての学の唯一の直接的な有用性は，いかに未来の出来事をその原因［の認識］によって制御し，規制するかをわれわれに教えてくれることにある」(EHU.VII.ii.60/p.76/68頁)[4]．したがって，因果関係をいかに理解するかはたんに認識論的な問題ではなく，すぐれて実践的な問題でもある．カントは，ヒュームがいう習慣を「主観的必然性」と見なし，これを事物そのものの「客観的必然性」から区別するが (Pro.258/191頁，KpV.13,51/137頁，196頁)，本書の解釈によれば，「主観的必然性」の根本には実践的必然性がある．さらにいえば，習慣はたんに個人的なものではなく，社会的なもの（慣習）であろう．したがって，因果関係を想定させる必然性は社会的，実践的性格をもつであろう．

## 1.4 行為の斉一性と因果関係

ヒュームは決定説を人間の行為にも貫徹する．彼によれば，因果関係の観念は自然における出来事の「恒常的連接」，あるいは「斉一性」あるいは「規則性」の観察から生じる．彼は認識の起源については相対主義的立場に立つが，自然認識の内容にかんしては機械論的決定説の立場に立ち，自然の過程が因果関係によって厳密に決定されていると見なす．「すべての運動の程度と方向は自然の法則によってきわめて正確に規定されている」．「すべての自然的結果はその原因のエネルギーによってきわめて厳密に決定されるので，このような特定の事情においてはおそらく他のいかなる結果もそれから生じることができなかったであろう」(EHU.VIII.i.64/p.82/72頁以下)[5]．

ところで，ヒュームによれば，自然における出来事のばあいと同様に人間の行為のばあいにも斉一性あるいは規則性がある．行為の動機と結果のあいだには恒常的連接，因果関係が認められる．「われわれは，物体の作用においてと同様に，人間の動機と行為においても斉一性をこのように容易にまた普遍的に認める」(EHU.VIII.i.65/p.83/75 頁)．「動機と有意的行為との連接は自然のいかなる部分における原因と結果との連接にも劣らず，規則的で斉一的であるばかりでなく，この規則的連接は人類のあいだで普遍的に承認されている」(EHU.VIII.ii.69/p.88/78 頁，cf. THN.II.iii.2/p.409/ 三 197 頁).

自然および人間における規則性を認識することは実践的意義をももつであろう．われわれは自然にかんして因果関係の認識に基づいて，なんらかの原因から将来の出来事を予測するのと同様に，人間の行為にかんしてもなんらかの原因（動機）からその結果を予測する．「観察者が通常」「われわれの行為をわれわれの動機と性格から推理できることは確実と思われる」(EHU.VIII.i.note/p.94/161 頁，cf. THN.II.iii.2/p.408/ 三 196 頁)．自然の因果関係の認識は，自然の将来の出来事を予測し，それを自然に対する人間の働きかけに利用するために必要である．他人の行為についても同様であり，それを予測することは社会生活において必要である．人間は「行為的〔active〕存在者」，「社交的〔sociable〕存在者」でもある (EHU.I.4/p.9/6 頁)．人々は相互に依存しており，行為を目的や意図に従って遂行するためには，自分と他人の行為における因果関係を認識しなければならない．「他人の行為にかんするこのような実地の（実験的）な〔experimental〕推理や推論は人間生活のなかにひじょうに多く入り込んでいるので，いかなる人間も目を覚ましているあいだはこれを一瞬たりとも使用しないわけにはいかない」(EUH.VIII.i.69/p.89/79 頁).

## 1.5 行為の動機と性格

行為の原因は行為者の外部の原因と内部の原因を含むが，ヒュームはとくに内的原因を重視する．彼はしばしば行為の「事情〔circumstances〕」ある

いは「状況〔situation〕」に言及しているが (EHU.VIII.i.68/p.88/78頁, VIII.i.72/p.94/83頁／, VIII.i.73/p.95/84頁), これはおもに行為の外的原因に関係する. 内的原因は自然的, 生理的原因と心理的, 精神的原因を含むが, 重要なのは後者の原因であり, これが「動機〔motive〕」をなす.

ヒュームが重視するのは, 行為の「恒常的な原因」としての動機である. これは「性格〔character〕」と呼ばれる.「性格」は観察に基づき, 推理を補助として認識される. 性格は「傾向性〔inclination〕」,「性向〔disposition〕」,「気質〔temper〕」ともいいかえられる. 行為は「一時的で, はかない〔temporary and perishing〕」のに対して, 性格は, 行為の背後あるいは根底にある「持続的で恒常的な〔duarable and constant〕」原理である (EHU.VIII.i.76/p.98/87頁).

ヒュームによれば, 行為における「斉一性〔uniformity〕」は性格を根拠とする. 一方で, 行為の斉一性の認識をつうじて, その起源としての性格を推理するが (THN.II.iii.1/p.403/三187頁), 他方で, 性格の認識から出発して, 行為の結果を予測する. 行為の認識にかんしては結果から原因の推理と, 原因からの推理とが相互に連関している.「われわれは人々の行為から」「人間の傾向性や動機についての知識に高まり」,「また再び人々の傾向性や動機の知識から彼らの行為の解釈に降りていく」(EUH.VIII.i.65/84f./75頁). 行為は「動機, 事情, および性格と規則的に連結している」のであり,「われわれは一方から他方へと推理を引き出す」(EHU.VIII.i.72/p.94/83).

## 1.6 情念と意志

ヒュームによれば, 人間の行為の最も根本的な動機は「情念〔passion〕」である. 情念は「根源的存在」であり, 意志に対しても「根源的影響力」をもつ (THN.II.iii.3/p.413/三204以下).

ヒュームは情念をつぎのように定義する.「まずわれわれが情念ということで理解するのは」,「欲求を刺激するために適したなんらかの対象がわれわれの能力の根源的な機構をつうじて現れるばあいの, 強烈で感知される情動〔emotion〕である」(THN.II.iii.8/p.437/三234頁).

情念を生じさせる原因はつぎのように説明される．情念は快苦から出発する．快に向かう情念は「欲求〔appetite〕」であり，苦痛を回避する情念は「嫌忌〔aversion〕」である．情念は，欲求（あるいは嫌忌）を刺激する対象が現れるばあいに生じる．欲求（あるいは嫌忌）は対象（善あるいは害悪）を外的原因とする．したがって，情念は間接的な仕方で欲求の対象によって決定されることになる．

ヒュームは情念と性格との関係に直接に言及していないが，両者の関係をつぎのように理解することができるであろう．性格は，情念が安定化した状態である．情念は一時的でありえ，またそれを外部から認識することは困難である．これに対して，性格は行為における斉一性の認識をつうじて推測されうる．

ヒュームは『人間本性論』において意志と情念の関係についてつぎのようにいう．「快苦の直接的結果のすべてのなかで〈意志〉ほど顕著なものはない．ただし，本来的にいえば，意志は情念には含まれない」(THN.II.iii.1/p.399/三183頁)．意志は情念から生じるのであり，それ自身が情念なのではない．情念は意志に先行し，それに対して「根源的影響」を及ぼす (THN.II.iii.3/p.415/三204頁以下)．

ヒュームは，理性によって補助された穏やかな情念が意志を決定すると見なす．情念は「温和な」ものと「強烈な」ものを含み，いずれかの情念が優位になって意志を決定する．望ましいのは，温和な情念が優位になって意志を決定することであるが (THN.II.iii.3/p.418/三209頁)，そのためには理性が必要となる．理性の役割は，行為の対象，目的について正しい情報を情念に与え，また目的の実現にとって十分な手段を考慮することにあり，これらの2つの点で情念に奉仕する (本論II.3.2.参照)．行為において問題なのは，温和な情念が強烈な情念にうちかつことであって，理性が情念一般を抑制，規制することではない．

性格，情念，および意志の関係についてのヒュームの説明を図示すれば，つぎのようになる．

〈図1.6〉

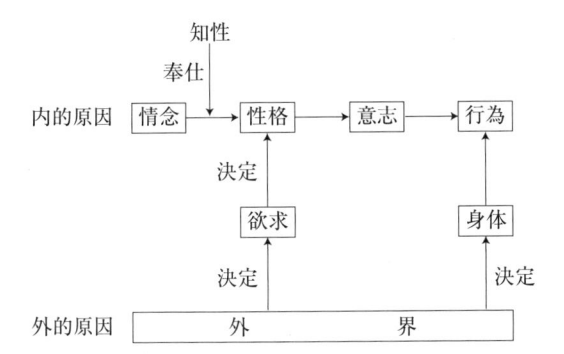

```
                          知性
                          ↓
                          奉仕
内的原因    情念 ──→ 性格 ──→ 意志 ──→ 行為
                    ↑                    ↑
                   決定                    │
                    │                    │
                   欲求                  身体
                    ↑                    ↑
                   決定                  決定
                    │                    │
外的原因    │        外        界        │
```

## 第2章　柔らかい決定説

### 2.1　意志の自由の批判

#### (1) 行為の自由と意志

　ヒュームは自由についてつぎのように説明する．「自由ということで意味できるのは，意志の決定〔determination〕[6]に従って行為し，あるいは行為しない力のみである」（EHU.VIII.i.73/p.95/84頁）．ヒュームはこのような自由を「仮設的な自由」と呼び，この意味での自由は「すべての人間に属すと普遍的に承認されている」と見なし，いちおうこれを受け入れている（ibid.）．ヒュームは自由の基本を，意志に従って行為を実行することに見出すが，これはホッブズとロックの説を継承したものである．

　ヒュームは意志をつぎのように基本的に特徴づける．「われわれの身体の新しい運動，あるいはわれわれの心の新しい知覚を知りつつ，生じさせるばあいに，われわれが感じ，意識する内的印象」（THN.II.ii.2/p.399/（三）183頁）が意志である[7]．経験をつうじて知られるのは，意志の作用に続いて，心身の作用が起きるということにすぎない．「われわれは，身体が心の意志作用のあとに続いて，運動することを観察する」（EHU.VII.ii.58/p.73/66頁）．意志は，心身の作用を開始させる特別の「内的な力」をもたない（EHU.VII.i.51/p.64/58頁）[8]．このようにヒュームは意志の自立的な能力を否定するが，これもホッブズとロックに従ったものである（本書，V.2.2, VI.4.1を参照）．

#### (2) 自発性の自由

　意志の自由をめぐる議論においてしばしば「自発性の自由」と「選択の自

由」とは不可分のものと見なされてきた．これに対して，ヒュームは「自発性の自由」を限定された意味で認めるが，「選択の自由」は認めない．ここに彼の自由論の特徴の一つがある．

　ヒュームは『人間本性論』において「自発性の自由」についてつぎのようにいう．「自発性の自由」は「この言葉［自由］の最も普通の意味」であり，「われわれが保存しようとするのはこの種の自由のみである」（THN.II.iii.2/p.407f./三 194 頁）．ヒュームはこのように「自発性の自由」を認めるが，自発性の自由を無制限なものとは見なさない．そもそも自発的であるとは，強制されずに行為を開始することであり，先行の原因によって決定されないことではない．したがって，先行の原因によって決定されない絶対的意味での自発性は否定され，相対的意味での自発性のみが認められることになる．

　それでは，意志作用は自発性をもち，自由であるといえるであろうか．ヒューム自身はこの問題に直接的に言及していないが，否定的見解をとっているように思われる．彼によれば，意志は自立的な能力によって行為を開始するのではなく，その作用はさまざまな動機に影響される．「すべての意志作用はそれぞれ特有の原因をもつ」（THN.II.iii.2/p.412/三 201 頁）．意志作用にとくに大きな影響を及ぼすのは情念と性格である．「たとえわれわれが自分の内部に［意志の］自由を感じると思い込むとしても，観察者が通常われわれの行為をわれわれの動機や性格から推理できるということは確実と思われる」（EHU.VIII.i.note/p.94/161 頁，cf. THN.II.iii.2/p.406/三 194 頁）．

### (3) 選択の自由

　ヒュームは選択の自由についてつぎのようにいう．自由は，「われわれが静止したままでいることを選択するならば，そうでき，また動くことを選択するならば，そうできるということである」（EHU.VIII.1.73/p.95/84 頁）．意志の自由と必然性の関係をめぐる論争においてはしばしば，意志の自由を擁護する立場から，意志が任意にどの方向をも無差別に選択できるという点に自由があると主張された（「均衡無差別〔indifference of equilibrium〕論」）．このような無差別な選択を自発性と混同することをヒュームは批判する．「学院

（スコラ）において自発性の自由と呼ばれるものと無差別〔indifference〕の自由とを区別できる者はほんどいない」(THN.II.iii.2/p.407/三 194 頁).

ただし，ヒュームは選択の自由をいかなる意味でも否定しているのではないと思われる．彼が批判するのは，意志が行為においてさまざまな方向を無差別に選択できるという見方である．彼自身は明言してはいないが，自発性と同様に，選択も先行の原因によって決定されるが，一定の範囲内で強制されずに，選択する余地は残っているといえる．

### 2.2 自由意志の幻想

「行為は意志に従う」が，「意志それ自体はなにものにも従わない」と自由意志説は見なすが，意志の自由についてこのような誤った見解が生じる背景をヒュームはつぎのように解明する．

第1に，必然性が「強制（拘束）〔constraint〕」と混同されるため，行為が目的に従って実現されるならば，それは必然性（じつは強制）に左右されなかったという見方が生じる．「われわれがなんらかの行為を実現してしまうと，われわれが特殊な目的や道具によって影響されていることをわれわれは認めながらも，われわれが必然性によって支配されていると思い込むことは困難になる．［ここでは］必然性の観念はなんらかの力や暴力や拘束を含むように見える」(THN.II.iii.2/p.407/三 194 頁).

第2に，選択の自由について誤った観念が生じる根拠がつぎのように明らかにされる．ある出来事から別の出来事を推理（推論）することは習慣によって決定されており，このような被決定（必然性）が対象に帰属させられて，因果関係となるが（本書，Ⅱ.1.3)，人びとはいかなる必然性によっても決定されておらず，自由であると思い込む．「事物の作用であろうと，心の作用であろうと，なんらかの作用の必然性は」，なんらかの先行の対象からこの作用の現存を推理するよう彼の思考が決定されることにある．これに対して，必然性と対立させられる自由なるものは「このような決定の欠如にほかならず，一方の観念から他方の観念へ心が移ったり，移らなかったりするさ

いに感じとる，ある種の無拘束〔loosenes〕あるいは無差別〔indifference〕にほかならない」(THN.II.iii.2/p.407/三194頁)．自由と必然性との関係のこのような認識論的説明はヒュームに独自のものである．

人間はすでに行なわれた行為については，いずれの方向をめざすことも可能であり，これらに対して無差別であったとは見なさないが，これから行なう行為は無差別であると思いがちである．「人間の行為を反省するさいには，われわれはこのような無拘束あるいは無差別をほとんど感じないにもかかわらず，行為そのものを実行するさいには，これと似たものを感じとる」(ibid.)．

意志作用は必然性に従っているにもかかわらず，それが必然性から自由であることを示そうとする欲求のために，意志はいかなる方向にも向かうことができると思い込まれる．「われわれは」，「われわれの行為はわれわれの意志に従うと感じるが，意志それ自体はなにものにも従わないと感じるように思う．というのは，それ［意志の自由］が否定され，［意志が自由であるかどうかを］試すよう駆り立てられるばあいに，意志は容易にすべての方向に動き，じっさいにはおかれていない側にさえそれ自身の像を生み出すからである．」「われわれの自由を示そうとする幻影的欲求がわれわれの作用の動機である」(ibid.)．

## 2.3 自由と必然性との両立

自由意志説においては意志の自由と必然性とが対立させられるが，ヒュームによれば，このばあいには必然性が強制（拘束）と混同される．自発性の反対は必然性ではなく，強制である．行為は先行の原因によって決定されていても，強制されなければ，自発的であり，自由でありうる．必然性と対立するのは偶然あるいは無原因である．必然性と対立すると見なされるような自由は偶然にすぎない．「自由が強制にではなく，必然性に対立させられるばあいには，それは偶然と同じものである」(EHU.VIII.1.74/p.96/85頁)．「私の定義によれば，必然性は原因づけ（因果性）〔causation〕の本質的部分で

あり，したがって，必然性，また諸原因を除去すれば，自由は偶然とまさに同一のものとなる」(THN.II.iii.73/p.407/三 193 頁).

ヒュームは〈柔らかい決定論〉の立場から，自由と必然性とは両立すると見なす．自由は強制と対立するが，必然性とは対立しない．人間の有意的行為は他の原因によって決定されていても，外部から強制されなければ，自由である．自由と必然性の関係をめぐる従来の論争においては，自由と必然性の用語がそれぞれ不正確に理解されていたため，不毛な対立が生じた．しかし，用語の使用をめぐる対立を度外視すれば，事柄自体の理解については対立はなかった．「必然性と自由という用語に与えられるふさわしい意味に従えば，必然説においても自由説においても，万人が一致してきたということ，すべての論争はたんに言葉のうえのものにつきる」(EHU.VIII.i.63/p.81/72 頁, cf. VIII.i.73/p95/84 頁).

## 2.4 行為の自然的原因と心理的原因

行為の因果関係の想定が必要なのは，自分の行為と他人の行為を予測するという認識上，技術的上の理由からだけではない．行為の動機を知ることは，行為に賞罰（賞賛や非難）を与え，行為の責任を問うためにも必要である．「人間の行為の必然性」は「宗教あるいは道徳にとってきわめて本質的であり，この必然性がなければ，宗教あるいは道徳も絶対的にくつがえってしまう」(THN.II.iii.2/p.410/三 198 頁).　自由意志説が主張するように，意志作用が原因をもたないとすれば，行為に対して非難や処罰を加えることは不可能となる．「必然性したがって原因を否定する原理によれば」，「人間はきわめて恐ろしい罪を犯したあとでさえ，誕生の最初の瞬間と同様に純粋で無垢であることになる」(EHU.VIII.ii.76/p.98/87 頁, cf. THN.II.iii.2/p.411/三 199 頁).「必然性の理論に基く以外には，それら〔諸行為〕はけっして［内的原理の］証示にならないであろうし，したがってけっして罪あるものとはならないであろう」(EHU.VIII.ii.76/p.99/88 頁, cf. THN.II.iii.2/p.412/三 200 頁以下).

ヒュームは行為の原因について自然的原因（外的原因と内的，生理的原

因）と心理的原因とを区別し，後者を重視する．彼は持続的な心理的原因を性格に求める．行為は賞罰の対象になるのは，それが性格に由来するばあいのみである．諸行為が，「それらを遂行する当人の性格や気質におけるなんらかの原因から出発しないばあいには，たとえそれらが善であったにせよ彼の名誉を高めることにはならず，たとえそれらが悪であっても悪評を強めることにはならない」(EHU.VIII.ii.76/p98./87, cf. THN.II.iii./p.411/ 三 199 頁)．「諸行為は内的な性格，情念，情動の表示であるかぎりでのみ，われわれの道徳的情操の対象となるので，諸行為がこれらの原理から生ぜず，ことごとく外部の強制力〔violance〕に由来するばあいには，賞賛と非難のいずれも生じさせることはできない」(EHU.VIII.ii.77/p.99/88 頁)．

しかし，心理的原因の結果も自然的必然性に従って生じるのであり，この点では自然的原因から区別されない．「自然的証拠〔evidence〕と精神的（道徳的）証拠とは相互に連動する．」「両者は同一の本性のものであり，同一の原理に由来する」(EHU.VIII.i.70/p.90/80 頁)．

ヒュームは行為の賞罰にあたって，その動機の持続性と意識性を重視する．意図せずに生じた結果，偶然的で突発的に行なわれた行為の結果は賞罰の対象にならないか，なるとしても，その程度は低い．また持続的原因から生じる行為については賞罰の程度がより高くなる．「人々が知らずに，たまたま行なう行為は，結果がどうであれ，非難されない．」「人間は，熟慮から生じた行為に対してよりも，性急に，予め考えずに行なった行為に対しての方が非難される度合いが低い．その理由はもっぱらつぎのことにある．」「すなわち，性急な気質は心のなかの恒常的な原因あるいは原理ではあるが，たんに間歇的に作用するにすぎず，性格全体には感染しない」(EHU.VIII.ii.76/p.98f./87 頁，cf. THN.II.iii.2/p.412/ 三 200 頁)．

さらにヒュームによれば，行為の評価の対象となるのは，性格に基づくとともに，強制されずに，自発的に，すなわち自由に行なわれた行為のみである．「自由は」「道徳にとってもまた本質的である」．「自由が欠けていれば，人間のいかなる行為もなんらかの道徳的性質を受け入れず，あるいは是認や嫌悪の対象とはなりえない」(EHU.VIII.ii.77/p99/88 頁)．

しかし，行為の賞罰（評価）の根拠についてのヒュームの説明は曖昧さを含む．彼は行為の動機（心理的原因）を，経験的に観察できる範囲内で理解しようとするため，行為の責任の重さの程度は原因の持続性あるいは意識性の程度に基づくと見なす．しかし，行為の責任は行為の因果関係の推論という認知的アプローチによってのみ説明されるのではないであろう．重要なのは動機の規範的性格であろう．善い動機から生じる行為は善いが，そのさいにこの動機が持続的であればあるほど，行為は善く，悪い動機についてはこの逆になる．

　ヒュームは意志作用に相対的な意味での自発性を認め，このような意志に基づく行為を自由であると見なすが，このばあいの意志作用も善悪についての規範的意識を伴うというべきであろう．ヒュームは，意志決定のさいに賞罰（評価）が事前に考慮されることによって，善行が促進され，悪行が予防されると主張するが（EHU.VIII.ii.75/p.97f./86 頁），賞罰も行為の動機における規範的意識に対して作用する点で，真の効力をもつといわなければならない．

　ここで注目されるのは後悔や悔悟についてのヒュームのつぎのような説明である．「後悔は，生活や行状の改革を伴うならば，すべての罪を拭い去る．」「これらの行為が心における罪ある原理の証示であることによってのみ，それらは当人を罪人にする．これらの原理が変化すれば，諸行為は，ほかならぬこれらの証示であることをやめ，同様に罪あることもやめる」（EHU.VIII.ii.76/p.98/87 頁以下，cf. THN.II.iii.2/p.412/ 三 200 頁）．すでになされた悪行の結果も後悔されることによって，その「罪ある原理」が変化させられ，この行為も罪あることをやめるといわれる．ここで問題になる後悔はたんに行為の失敗（稚拙さによる）に対する技術的なものではなく，行為の悪に対する規範的な意味でのものであろう．「後悔」においても規範的意識が重要な役割を果たす．「悔い改め」によって「変化する原理」も善悪についての価値意識を伴うであろう．

　ヒュームは賞罰を行為の観察と因果的推論の枠内で説明しようとするので，賞罰の根拠が行為の動機の規範的要素のなかにあることを明らかにするには至らない．ただし，ヒュームは別の個所では賞罰の根拠を行為の観察者の感

情に求め，行為における因果関係の認識からは賞罰は直ちに生じないと見なす．この問題については II.4.3 であらためて検討したい．

行為における因果関係についてのヒュームの説明を図示すれば，〈図 2.4a〉となり，これを規範的文脈において捉え直せば，〈図 2.4b〉となる．

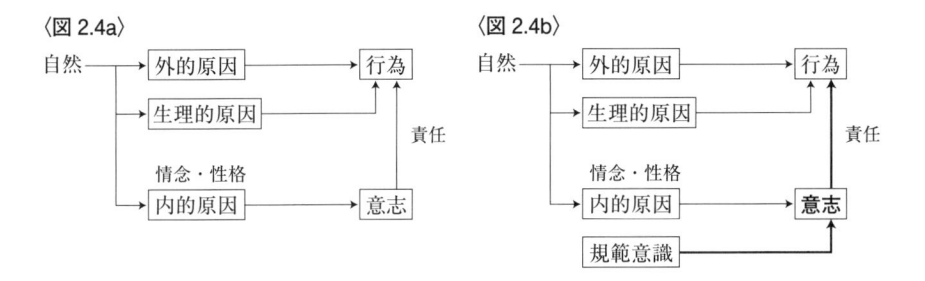

〈図 2.4a〉

```
自然 ──→ 外的原因 ────→ 行為
      └→ 生理的原因 ──┘
                      責任
      情念・性格
      └→ 内的原因 ──→ 意志
```

〈図 2.4b〉

```
自然 ──→ 外的原因 ────→ 行為
      └→ 生理的原因 ──┘
                      責任
      情念・性格
      └→ 内的原因 ──→ 意志
      規範意識 ─────→ ↑
```

# 第 3 章　道徳的感情とコミュニケーション

## 3.1　道徳感情論の展開

　ヒュームの道徳哲学の基本は道徳感情（感覚）論にある．カント倫理学がヒュームの行為決定説から受けた影響については第 1 部，第 4 章で考察したとおりであるが，ヒュームの道徳感情論からの影響はどうであろうか．彼は初期の一時期にハチソンの影響を受けたが，そのあと理性の立場から独自の倫理学の確立に向かった．また，カントはヒュームの道徳感情論には直接に言及してない．カントは一般的に，道徳感情論についてのヒュームの説はハチソンの説と比較して独自性が乏しいと見なしていたように思われる．しかし，つぎの 2 つの点に注目したい．
　第 1 に，カントは 1760 年代中ころハチソンから強い影響を受け，その道徳感覚論の特徴を鋭く捉えており，その要素を摂取するとともに，その限界をも意識していた（本書，I.1.2.(3)，1.3.(1)）．ヒュームはハチソンの見解を継承しつつ，その限界を克服しようとめざしたのであり，カントのこの方向と一致する面がある．当時のカントがヒュームの影響を受けていなかったとすれば，ハチソン批判はカントの独自の洞察力によるものと評価できるであろう．
　第 2 に，カントはすでに 1760 年代前半にハチソンと並んでヒュームに着目していたという情報が残されている．ただし，そこで問題になったのはヒュームの道徳感情論そのものではなく，それに基づく人間観察（カントにおいては人間学の対象）であったと思われる．その影響はその後も持続し，カントは人間学の研究を 1770 年代に開始し，晩年まで継続するが，そこには

ヒュームによる人間観察の影響が認められる．

### 3.2　合理論の批判

ヒュームは「知覚」を「印象」と「観念」とに大別し，印象をさらに本源的印象と第2次的印象とに区別する．本源的印象は感覚と快苦を含み，これらに対応する第2次的印象はそれぞれ観念（認知的部分）と情動（実践的部分）である．情動のなかで強烈なものは「情念」である（本書，II.1.6）．行為者の側からみれば，情念は行為の主要な動機となり，意志と行為に対する「根源的な影響力」をもつ（THN.II.iii.3/p.415/三204頁）．道徳が作用するのも情念に対してである（THN.II.i.1./p.457/四14頁）．また，観察者の側からみれば，行為は観察者に快苦の感情を与える．このことは道徳についても当てはまる．「道徳的感覚〔moal sence〕」は，善に対して「特殊的な快楽」（THN.III.i.2/p.458/四35頁）を感じる能力である．道徳的感覚の対象となるのはとくに行為の動機としての情念，あるいはその持続的状態としての性格である（THN.III.i.2/p.471,475/四35,42頁）．

ヒュームはハチソンの見解を継承し，合理論を批判し，道徳感情論をこれに対置する．ヒュームがとくに念頭においているのはフランスのマールブランシュ，イギリスのカドワース，クラークである（EPM.III.ii.158/p.197/36頁）．ヒュームによれば，理性（知性）は道徳においてつぎの点で限界をもつ．第1に，評価的機能をもつのは道徳的な感情（感覚）であって，理性ではない．「道徳的区別（判別）〔distinction〕は理性から生じず」，「道徳的感覚から生じる」（THN.III.i.1/p.456/四11頁）．第2に，行為の根本的動機は情念であって，理性ではない．情念は実践に関わる点で〈能動的〉であるが，理性は認識に関わる点で「非能動的」である（THN.III.i/p.458/四16頁）．「理性は情念の奴隷である」（THN.II.iii.3/p.415/三205頁）という刺激的な一句はこのことを意味している．すでにみたように，理性はつぎの2つの機能をもつにすぎない（本書，II.1.1）．まず，理性は観念のあいだの関係，すなわち数学的および論理的関係を捉える．つぎに，理性は事物のあいだの関係を捉える．ヒュ

ームがとくに重視するのは因果的結合の推理である（THN.II.iii.3/p.416/三206頁以下）．

これらのことに照応して，理性は情念に対してつぎの2点で補助的役割を果たす．第1に，理性は情念と行為の対象を認識し，その情報を情念に与えることによって，情念を喚起する．理性が欠落して，対象について誤った情報が与えられるならば，情念も不適切になる危険性が生じる．第2に，理性は情念の発動と行為の実現のための手段を示す．ここではとくに因果的推論の発見的機能が重要になる（THN.II.iii.3/p.414/三203頁，THN.II.iii.3/p.416/三205頁以下，THN.III.i.1/p.459/四17頁）．

温和な情念は理性の奉仕を受けて，正しい仮定と十分な手段への配慮を含むので，理性そのものと混同されがちである．行為において問題なのは，温和な情念が強烈な情念にうちかつことであって，理性が情念一般を抑制，規制することではない．望ましいのは，理性が協力する温和な情念が意志を決定することである（THN.II.iii.8/p.437/三234頁）．正しい理性は情念と結合しており，情念とは対立しない（THN.II.iii.3/p.416f./三206頁以下）．

### 3.3　ハチソンの道徳感覚論

ヒュームの道徳感情（感覚）論はハチソンの説の影響を受けたものであるが，ヒュームはこの説の問題点に気づき，これを独自の仕方で発展させる．

ハチソンは『美と徳の観念の起源の研究』（以下『美と徳』［Org.］と略記，初版は1725年，第4版は1738年）においてつぎのように主張する．一般に行為の直接的動機となるのは感情（「情動〔affection〕」，「情念〔passion〕」）である（Org.II.ii/p.101/124頁）．または行為を観察する側から見れば，徳と悪徳とを区別し，行為を是認あるいは非難するのは「高次の感覚」としての「道徳的感覚」である．道徳的感覚は，善悪についての知覚を受け入れる能力である（Org.Introduction/p.88/107頁）．

道徳的感覚による是認あるいは非難は直接的なものである．それは意志作用（意志の決定や選択）に先行し（Org.Intro./p.90/109頁，Org.II.vii./p.180/225

頁），また反省や理性にも先行する（Org.Intro./p.88/107 頁）．道徳的感覚による是認と非難は，ロックの意味での「単純観念」であり，「もはやそれ以上説明されえないもの」である（Org.Intro/p.85/104 頁，cf. Org.II.1/p.22/122 頁）．

　ハチソンはとくにホッブズ，マンデヴィルの快楽説を念頭において，道徳の基礎を快楽や利益に求めることを批判する．「自愛は［道徳的］是認の根拠ではない．」「道徳的観念は利害に由来しない」（Org.II.i.3/p.92/112 頁）．たしかに快楽は利益と結合している．しかし，なんらかの対象に快楽を感じるのは，そのことが利益であるからではない．逆に対象が快楽をもたらすので，利益が生じるのである．この意味で快は「利益に先行し，その基礎をなす」（Org.Intro./p.86/105 頁）．

　また，ハチソンは，道徳の基礎を理性に見出す合理論をも批判する．彼は評価的機能を道徳的感覚のみに認め，理性には認めない．彼は『情念論』(1728 年) において合理論者のクラークを念頭において，行為の道徳性を事物の「諸事物の本性の永遠で不変な諸関係」への「適合あるいは不適合」によって説明することを批判する（Passion.II.ii/p.155ff.）．

　しかし，ハチソンは理性の道徳的役割をまったく否定するわけではない．彼によれば，「公共的善を促進するための正しい手段を発見する」うえで「理性の使用」は不可欠である（Org.II.ii.15/171 頁）．誤った行為は道徳的感覚に由来するのではなく，行為の手段に対する理性による誤った認識に由来する（Org.II.iv.3/80 頁）．

　道徳的感覚は個別的利益や自愛から独立し，「利害を離れた情動」である．ハチソンはこのことを明確にするために，「仁愛（慈愛）〔benevolence〕」を重視する．仁愛は道徳的感覚の「普遍的基礎」である（Org.II.iv/p.136/174 頁）．仁愛は隣人や知己に限定された「部分的な」ものから，人類全体に対する仁愛，すなわち「普遍的仁愛〔general benevolence〕」へ拡大する（Org.II.iii.9/p.127/163 頁）．仁愛は「公共善」を配慮する（Org.II.iv./p.136/174 頁）[9]．

　ハチソンによれば，仁愛は，人間に深く根ざす自然本性的なもの（Org.II.ii.4/p.226/132 頁，II.v.8/p.160/201 頁），本能（Org.II.iii.15/p.133/171 頁）である．ただし，ここでいわれる「自然本性的〔natural〕」は「生得的（本有的）

〔immate〕」という意味ではない（Org.II.1/p.100/122頁）．ハチソンは道徳感覚の本性的特徴を説明するために，それを「神の善性」の結果であり，神によって植えつけられたものと見なす（Org.II.vii.12/p.197/247）．

ハチソンは「同情〔compassion〕」にも注目する．それは，他人の快苦の感情と一体化する感情であるが，けっきょくは仁愛の現象形態である（Org.II.v.8/p.160f./201頁以下）[10]．なお，ハチソンは感情の伝達にも簡単に言及している．「われわれの悲嘆や苦悩は，われわれがそれらを隠そうと努めなければ，直ちにわれわれの表情に現われ，ある種の苦痛をすべての観察者に伝達する．彼らは観察からこれらの暗い様子の意味を普遍的に理解する」（Org.Ed.1/p.215ff./202頁以下）．この見解はヒュームとスミスの見解に先行する．

ところで，ハチソンは，道徳的判断が個別利害から独立した普遍的なものであることを明確にするため，「注視者（観察者）〔observer〕」（Org.II.ii.54/p.224/129頁，II.iii.5/p.122/157頁），「観望者（観察者）〔spectator〕」（Org.II.i.8/p.222/123頁，II.ii.4/p.226/133頁，II.iv.2/p.138/176頁，II.v.6/p.155/196頁，II.vi.3/p.168/210頁），に着目する[11]．このような理解はヒュームやスミスに先行するものである．ハチソンによれば，行為が道徳的に是認されるのは，それが「あらゆる観察者（観望者）」の高次の快（Org.II.i.8/p.222/123頁），「利害に関係しない観察者〔uncocerned spectator〕」の是認（Org.II.iv.2/p.138/176頁）をえることによってである．このような観察者の感情はけっきょく「普遍的仁愛」に由来する（Org.II.ii.4/p.224/129頁）．

### 3.4 道徳的感情の基礎としての共感

#### (1) 感情の伝達と共感

ヒュームはハチソンのように道徳的感覚をたんに自然本性的なものとして前提するのではなく，その作用と成立の構造を経験に基づいて明らかにしようとする．道徳的感覚が「いかなる原因に由来し，いかに人間の心のなかに生ずるか」（THN.III.i.2/p.473/四39頁）の説明がヒュームにとっての新しい課題となった．ヒュームは道徳的感覚を「共感〔sympathy〕」によって発生論

的に説明する．ヒュームのつぎのような主張はハチソンを念頭においたものであろう．「道徳的感覚を人間の心の本源的本能に還元する論者たちは十分な権威をもって徳の原因を拡張するであろう．しかし，彼らは，人類へ拡張された共感によって道徳的感覚を説明する論者がもつ有利さを欠く」(THN. III.iii.6/p.619/ 四 246 頁).

ヒュームによれば，共感は，「他人の傾向や情念を交流（伝達）〔communication〕をつうじて受け取る」「性向〔propensity〕」である（THN.II.i.6/p.316/ 三 69 頁）．共感は自分の感情を他人の感情へ一体化させる作用あるいはその原理を意味する[12]．ヒュームがときおり「共感という原理」という用語を用いるのはこのことを念頭においてであろう（THN.II.ii.7/p.369/ 三 143 頁，II.iii.6/p.427/ 三 220 頁，III.iii.1/p.577/ 四 187 頁，III.iii.1/p.590/ 四 207 頁）．『人間知性研究』においては共感には言及されないが，『道徳原理研究』においてはつぎのようにいわれる．「共感という原理は，われわれのすべての情操に深く入り込み，きわめて強い影響をもっており，これらの情操が最も強力な非難と賞賛を喚起するようにさせるほどであるように思われる」（EPM.V.ii.189/ p.231/82 頁）．

共感は実体的能力としての情念とは異なる．共感は道徳的評価（是認と否認）の「一般的原理」である．ヒュームは道徳的感覚の基礎を「共感」のなかに見出す．共感という「この原理が道徳的情操を生み出す」（THN.III.iii.1/ p.577/ 四 187 頁）．ハチソンは本性的な仁愛を強調し，同情をその現象と見なすが，ヒュームによれば，共感が同情の根本にある（THN.II.ii.9/p.288/ 三 169 頁）[13]．

「道徳的感覚の説明」(THN.III.iii.1/p.588/ 四 203 頁，cf. THN.III.1.2/p.473/ 四 39 頁）という懸案の課題の解決は共感のメカニズムの分析をつうじて可能になる．このような見解はスミスによって継承され，さらに展開される．

## (2) 共感のメカニズム

ヒュームはさらに共感をたんに所与のものとして，前提するのではなく，その成立のメカニズムを心理学的あるいは社会心理学的に分析する．彼は，

感情が他人へ直接に伝播し,「感染する〔affect〕」ことに注目する. 彼が共鳴の比喩によって共感を説明したことはよく知られている.「2本の弦を等しく張ると, 1本の弦の運動は他の弦へ伝達される〔communicate itself〕. これと同様に, すべての情動〔affection〕は直ちに一人の人間から他の人間へ移り,［最後には］すべての人間のなかで, それに対応する運動を生じさせる」(THN.III.iii.1/p.576/ 四186頁). また, つぎのようにもいわれる.「情念はひじょうに伝染しやすく〔contagious〕, 1人の人物から他の人物へきわめて容易に移り, 万人の胸に, 相互に照応する運動を生じさせる」(THN.III.iii.3/p.605/ 四227頁).

　ヒュームはここでは感情の直接的伝達を強調するが, その成立のメカニズムを立ち入って分析している. ①観察者は他人の身振りや表情を感情（原因）の表現（結果）と見なすことによって, ②他人が抱く感情についての観念が生じるが, ③この観念は想像力をつうじて生きた印象に転化され, ④観察者自身の感情となる.「なんらかの情動が共感によって［私の心に］注入されるばあい,［①］それは最初は結果によって, 顔つきや会話における外的な印によって知られるにすぎないのであり,［②］この印が情動についての観念を［私の心に］伝達する.［③］この観念は直ちに印象に転化され, 強い程度の力と活気をえて,［④］まさに［私の］情念そのものとなる」(THN.II.i.11/p.317/ 三70頁).

　このように, 感情の直接的伝達においてさえ想像力が介在している. 共感は「観念が想像の力によって印象に転化することにほかならない」(THN.II.iii.6/p.427/ 三220頁). ヒュームは因果性の認識においても想像力が介在すると見なすが (II.1.2), ここでは想像力はたんなる認知的機能ではなく, 感情と結合する. ただし, ヒュームは共感を,「類似および接近」,「観念連合（連想）」に基づくと見なすこともあり (THN.II.i.11/p.318/ 三70頁), このばあいは想像力の役割はやや後退する[14].

### (3) 共感の成立の2つの過程

　ところで, ヒュームは感情の伝達のさいに, 感情の表現から感情を推理す

るというのとは別の因果推理が行なわれることにも注目する．それは，行為者がおかれた状態（原因）から，そこで抱かれる感情（結果）を推論し，この感情についての観念が生きた印象に転化されて，観察者の感情となるというものである．これはさきの感情の直接的伝達，直接的共感に対して，感情の間接的伝達，間接的共感と呼ばれるべきものであろう．「同様に私がなんらかの情緒〔sensation〕の諸原因を知覚すれば，私の心は諸結果へ伝えられ，同様の情緒によって活気づけられる」(THN.III.iii.1/p.576/四186頁).「われわれは或る人物の将来の可能な蓋然的な状態を考慮するばあいに，これがわれわれ自身の配慮とされるほどに生き生きとした観念をもって，この状態に深く入り込む」(THN.II.ii.7/p.385f./三165頁)[15]．スミスは間接的共感についてのこのようなヒュームの見解を継承し，発展させた．

　このように，ヒュームは共感について2つの種類を区別している．第1のコースは，行為者の身振りからその原因としての感情を推定し，この他人の感情についての観念が自分に伝えられるというものである（〈行為者の表現→行為者の情念→自分の情念〉）．第2のコースは，行為の状況から行為者の感情を推定し，この他人の感情についての観念が自分に伝えられるというものである（〈行為者の状況→行為者の情念→自分の情念〉）．このように両者の共感のあいだには直接的なものと間接的なものという区別があるが，この区別は相対的である．感情の伝播においてさえ，因果的推理と想像力が介在しており，まったくの直接的な（無媒介の）共感はほとんど存在しないであろう．「他人のいかなる情念も直接には［われわれの］心に現われることはない．われわれが見ることができるのは他人の情念の結果あるいは原因のみである．われわれはこれらから他人の情念を推理する．このようにして，この原因や結果がわれわれの共感を生じさせる」(THN.III.iii.1/p.576/四186頁).

## 3.5　共感と「一般的観点」

　ところで，他人に対する共感はどこまで拡大するのであろうか．人間は身近なまた現在出会う他人に対しては共感をもちやすいが，遠く離れた，また

将来出会う他人に対してはそうではない．しかし，ヒュームによれば，共感は見知らぬ人間，将来の他人へも拡大することができる．「その場の直接的な〔immediate and direct〕共感」は，「隔たった間接的な〔remote and indirect〕共感」(III.iii.5/p.616/ 四 243 頁) へ，「拡張された〔extensive〕共感」(THN.II.ii.9/p.386/ 三 166 頁) へ転化される．「共感はつねに現存の瞬間に限定されるわけではない．現在は存在せず想像力によって先取りされるような他人の快苦をもわれわれは伝達によってしばしば感じる」(THN.III.ii.7/p.385/ 三 165 頁).

ヒュームはおそらくハチソンの影響のもとに，「観察者（観望者）〔spectator〕」という述語を用いるが，それの用例は少ない（THN.III.iii.1/p.577/ 四 187 頁，THN.III.iii.1/p.581/ 四 193 頁，THN.III.iii.2/p.592/ 四 208 頁）．ヒュームによれば，「拡張された共感」，「普遍的な共感」は「すべての観察者に同一に現れる快〔あるいは不快〕」である (THN.III.iii.1/p.591/ 四 208 頁)．自分の個別的な利害や自分の現在の特定の状況にとらわれずに，他人に対して普遍的な共感をもつためには，「共通の観点〔common point of view〕」(THN.III.iii.1/p.591/ 四 208 頁，EPM.IX.i.222/p.272/139 頁)，「不動の一般的な観点〔steady and general points of view〕」(THN.III.iii.1/p.581/ 四 194 頁) をとる必要がある．このような観点からのみ行為に対する「公平な〔impartial〕」判断が可能となる (THN.III.iii.1/p.583/ 四 196 頁)．ところで，このような観点がえられるのは，「他人の立場に立つ」ことが必要である．

ヒュームは「他人の立場に立つ」ことの構造を分析しており，この点でスミスに先行する．「他人の立場に立つ」ことは2つの面をもつ．一方で，観察者は行為者の感情を理解し，これと一体化する．「われわれの想念が他人の情念を直ちに考慮し，そのなかに深く入り込むときに，われわれの想念が眺めるすべての情念をわれわれに感じさせる」(THN.II.ii.9/p.381/ 三 158 頁).「われわれは自分自身を，他人に見えるとおりに吟味し，他人が自分で感じるとおりに考えることによって，われわれにはけっして属さず共感によってのみ関与することができるような［他人の］情緒に入り込むようになる」(THN.III.iii.1/p.589/ 四 205 頁).

ところで，行為者の感情が直接的に理解されるとはかぎらない．行為者の

「状態〔conditions〕」を知ることをつうじて，行為者の感情を推理するばあいが少なくない（本書，II.3.4.(3)）．「ある人物の本来の可能な，あるいは蓋然的な状態を考察するさいに，われわれはこの状態に入り込んで，これをわれわれ自身の憂慮するほど生き生きとした想念をもつ」（THN.II.ii.9/p.381/三165頁）．

ここで，観察者が行為者の「立場〔situation〕」に「入り込む〔enter into〕」という論理が用いられていることが注目される．それは二重の意味をもつ．一方では，行為者の感情（動機）を深く理解し，これに共感することを意味し，他方では，観察者が行為者の事情（状態）を詳細に知ることを意味する．前者は情緒的，評価的側面を表現するが，後者は認知的側面を表現する．この用語はスミスにも継承される．

しかし，ヒュームは，「想像上で他人の立場に立つ」ことのメカニズムを掘り下げて分析するには至らなかった．彼は，観察者が行為者の立場に立ち，これに共感するという面を重視するが，行為者が観察者の立場に立ち，他人の共感をえるように行為するという面を軽視する．ハチソンにおいても本来は，他人による行為の是認は自分の行為の自己是認と結合している[16]．スミスは，行為者と観察者と「相互に立場を交換する」ことをつうじて，共感が両者のあいだで成立することを詳細に明らかにする[17]．

### 3.6 効用と共感

ヒュームはハチソンのように（本書，III.3.3），仁愛をあらかじめ自愛に対して優先させはしない．ヒュームによれば，人間の行為においては，自利を求める動機も重要な役割をはたしている（THN.III.ii.1/p.483/四53頁）．この点でヒュームは，ハチソンが拒否したホッブズとマンデヴィルの見解を考慮に入れる．ヒュームによれば，個人の利益や立場から切り離された「人類愛」は存立しない．「公共的仁愛あるいは人類の利益の顧慮」はそれだけでは道徳の「根源的動機」であることはできない（THN.III.ii.1/p.481f./四51頁）．

ヒュームは共感と利益（効用，有用性）との結合を重視する．観察者は，

自分や第三者に利益をもたらす行為（あるいはその動機としての感情）に共感する．「利益に対するわれわれの配慮のみがわれわれに人々の性質あるいは性格を称賛させ，非難させる．」「ところで，われわれが社会に対するこのような広範な配慮を行なうのは共感に基づいてに他ならない．したがって，共感の原理こそは，われわれを外部へはるか遠く連れ出し，あたかも他人の性格がわれわれ自身の得失をもたらす傾向をもつばあいと同じ快あるいは不快を他人の性格のなかで感じさせるまでにする」（THN.III.iii.1/p.577/ 四190頁）．このように共感は内容の面からみれば，「社会の利益への共感」，「人類の利益の共感」となる．ただし，ヒュームによれば，個々人の利益から切り離された社会的利益はそれ自体では道徳的区別（判別）の根拠とならない．「公共善は，共感がわれわれにそれへの関心を引き起こさないかぎりは，われわれには無関与である」（THN.III.iii.6/p.618/ 四245頁）．

　ヒュームは，『人間本性論』の第2部，第3部を簡略化した『道徳的原理の研究』においては功利主義へいっそう傾斜し，その第5章に「なぜ効用（utility）は喜びを与えるか」という表題を与える．彼はつぎのように断言する．「効用という事情が賞賛と是認の源泉である」（EPM.V.ii.188/p.231/81頁）．ただし，このばあいの効用は他人や社会に対するものである．「公共善への傾向は」「われわれの心的な組織〔frame〕の仁愛的諸原理を揺り動かすことによって，つねにわれわれを社会的な徳の側におくように見える．また，人間性と共感の原理はわれわれのすべての性格のなかに深く入り込んでいる」（EPM.V.ii.189/p.231/82頁）．

　このように，ヒュームは共感を（他人や社会に対する）効用に還元するが，他方でつぎのようにもいう．「われわれは，効用を見ることから生じる快を道徳性と共感の情操に還元する」（EPM.IX.vi.226/p.276/144頁）．ここでは利益（効用）と道徳的感情（共感）との関係が未整理なまま併存させられている．この点はスミスによって批判されることになる（本書，III.1.8）[18]．

## 第4章　行為の観察と評価

### 4.1 感情の評価的機能

　ヒュームによれば，道徳的区別（判別）の根源は，道徳的感情から独立した対象（他人の行為）のなかにではなく，観察者の道徳的感情のなかにある．行為が道徳的感情をもつ観察者に快を与えるならば，善であり，それが苦を与えるならば，悪である．善悪は「感情の対象であって，理性の対象ではない．それは諸君のなかにあり，対象［行為者］のなかにはない」(THN.III.i.1/p.469/四32頁)．このような見解は，ロックが第一次性質から第二性質（対象に属すのではなく，知覚に依存する）を区別したことに比肩するとヒュームは見なす (THN.III.i.1/p.469/四32頁)．このような見解は，行為を是認するのは感情（道徳的感覚）であるというハチソンの説を継承したものである（本書，II.3.3）.

　合理論は，「正邪にとって永遠の理性的尺度」が存在し，「徳と悪徳は確実性あるいは論証を許す諸関係のなかにある」(THN.III.i.1/p.463/四24頁)，あるいは，行為の善悪の区別は，理性によって認識される行為の「道徳的諸関係」に基づくと主張する (EPM.Appendix I.239/p.289/158頁以下)．ヒュームはこれに対抗して，つぎのようにいう．「道徳的区別は道徳的感覚から生じる」(THN.III.i.2/p.470/四34頁)．道徳的区別のためには「情操が表出される」必要がある (EMP.Appendix.1.235/p.286/156頁)．「行為の是認あるいは非難は」「理性の判断の仕事ではありえず，心情の仕事の作用である．それを行なうのは思弁的な命題や断言ではなく，能動的な情感あるいは情操である」(EMP.Appendix.1.240/p.289f./161頁)．

価値を評価者の感情の表現と見なすA・エア以来の「情緒主義〔emotionalism, emotivatism〕」にとっては，ヒュームのこのような説明は格好の支援となるかもしれない[19]．しかし，このように道徳的評価を観察者の感情に依存させるばあいには，この感情は個人的，主観的なものとなり，普遍性を失う危険性が生じる．ヒューム自身もハチソンの説にかんしてこのことに懸念を表明していた[20]．ヒュームによれば，性格あるいは行為は「そのすべての観察者に同一に現れる快」（THN.III.iii.1/p.591/四244頁）によって善として判断される．行為に対する感情が普遍性を得るのは，それが共感に基づくばあいである．「道徳的情操を生み出すのは共感である」（THN.III.iii.1/p.577/四187頁）．

## 4.2　行為の評価と共感

『人間本性論』の「道徳」の篇の最後の部分（第3篇，第3部）においてヒュームは「道徳的感覚の説明」という課題を解決するために，共感の生成のメカニズムを詳細に考察する．彼は一方で，善と悪（徳と悪徳）は直接的に感受されるものであり，理性や反省によっては把握されえないと主張する．「徳について感覚をもつことは，ある性格の観察から，ある特殊的な種の満足を感じることにほかならない」（THN.III.iii.2/p.471/四34頁）．ここではヒュームがG・ムーア流の直覚主義の立場（『倫理学原理』1903年）をとっているかのように見える．しかし，ヒュームは他方で，善悪についての道徳的感覚が「いかなる原理に由来するのか」を問う（THN.III.i.2/p.473/四39頁）．彼によれば，「すべての観察者にとって同一に現れる快」によって性格や行為は善として判断されるのであり，そのためには「一般的観点」からの「一般的な考察」が必要になる．「ある性格が，道徳的に善あるいは悪と呼ばれるような感情や情操を引き起こすのは，それがわれわれの特殊的利害とは無関係に，一般的に考察されるばあいである」（THN.III.i.2/p.472/四37頁）．

「一般的観点」をもたらすのは共感である．われわれは公平な道徳的判断の基準として「確固たる立場」を求めるが，「われわれの立場を確固とするための手段としては，われわれが考察する人物〔行為者〕となんらかの交際

を行なう者［他の観察者］に対する共感によるほどふさわしい手段はありえない」（THN.III.i.1/p.583/四197頁）．このようにして，道徳性の基礎をなす「道徳的感覚の説明」（THN.III.iii.1/p.588/四203頁）が果たされる．

ここでは共感は観察者と他の観察者とのあいだで生じると見なされており，観察者と行為者とのあいだで生じるとは見なされていない．しかし，このことは，行為の主要な動機は感情であり，それに基づく行為が観察者の感情による評価の対象となるという説明とは一致しない．ヒュームはつぎのようにも述べている．諸行為は「内的な性格，情念，情動の表示であるかぎりでのみ，われわれの道徳的情操の対象となる」（EHU.VIII.ii.77/p.99/88頁，cf. THN.III.i.2/p.472/四37頁）．「徳と悪徳とを区別するのは，われわれがなんらかの行為，情操あるいは性格を見たり，熟視したりするだけで与えられる快と苦である」（THN.III.i.2/p.475/四42頁）したがって，行為の評価のさいに観察者の感情と行為者との感情との関係が問題となるはずである．しかし，ヒュームは行為は観察者の感情によって評価されると主張するばあいには，観察者の感情と行為者の感情との関係を重視しない．このことは，ヒュームが行為の結果としての効用を共感の対象として重視することと関係するであろう（本書，II.3.6）．

## 4.3 行為の因果関係と評価

一方で，ヒュームは自由と必然性との関係について論じたさいには，行為の因果関係を重視し，行為に賞罰を与えるためにも，行為の原因としての性格と感情を因果推論によってつきとめることが不可欠であると見なす（本書，II.2.4）．ここでは認知的アプローチがとられる．ところが，ヒュームは他方で，行為にかんする評価機能は観察者の感情にあると述べた規範的文脈では，行為の評価の根拠は行為の因果関係にはないと主張する．人間の行為も因果関係によって決定されている点では自然における作用と同一であり，行為の因果関係の認識からこの行為に対する賞罰を説明することはできないとされる[21]．

ヒュームによれば，行為の因果関係の認識は行為の評価の不可欠の条件であるが，行為の因果関係がそれ自身は価値的，規範的性質をもつのではなく，行為は観察者の感情の評価作用によってはじめて価値的性質を得ることになる．
　この問題は，つぎに検討する〈ある〉と〈べき〉との関係の問題にも関連する．さきの〈図2.4a〉と〈図2.4b〉との区別を利用すれば，行為への因果推論的アプローチは〈図4.3a〉のように，行為への感情的，評価的アプローチは〈図4.3b〉のように表現できる．

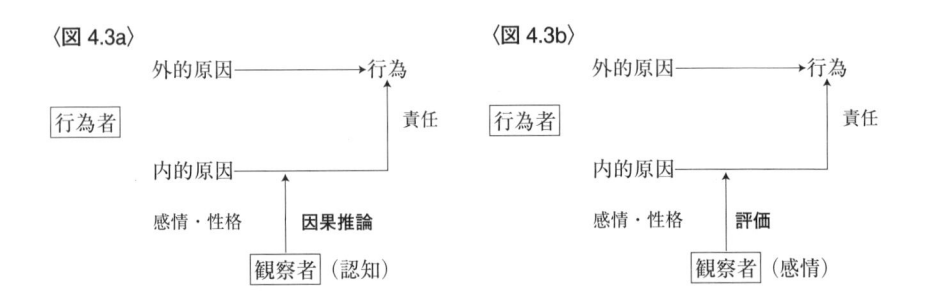

〈図4.3a〉　　　　　　　　　　　〈図4.3b〉

　このようにヒュームにおいては行為の賞罰について認知的アプローチ（行為の因果推論）と規範的アプローチ（観察者の感情による評価）とが分離されている．しかし，観察者の感情と行為者の感情とのあいだの共感に注目するならば，この分離を除去する方向が開かれるであろう．すなわち，共感においては，観察者の感情が行為者の感情と同一化するという情緒的側面と，行為者が観察者が行為者の行為とその状況を認識し，そこから行為者の感情を因果的に推論するという認知的側面とが結合している（本書，Ⅱ.3.5）．行為に対する道徳的評価は，このような共感を基礎とした観察者と行為者とのあいだの感情の一致によってもたらされるであろう．

## 4.4 〈べき〉と〈ある〉の問題

　ヒュームは『人間本性論』において〈べき〉と〈ある〉との関係について注目すべき一節を加えている．その内容はしばしば話題にされ，またカント

による「当為〔Sollen〕」と「存在〔Sein〕」との区別との関連でも重要な意味をもつので、これについて検討したい。

「私がこれまで出会ったすべての道徳体系において私がつねづね気づいたことであるが，論者はしばらくは通常の研究の仕方で進み，神の存在を確認し，あるいは人間の事柄に関するさまざまな考察を行なう．しかし，〈ある〔is〕〉および〈ない〔is not〕〉という命題を結合する普通の連辞の替わりに私が出会うのは，〈べきである〔ought to〕〉あるいは〈べきでない〔not ought to〕〉と結合する命題にほかならず，私はこのことを突然見出して，驚く．この変化は気づかれないがきわめて重大な結論である．というのは，この〈べきである〉あるいは〈べきでない〉という語は関係や断言のなんらかの新しい関係を表現しているからである．したがって，それは当然観察され，説明されなければならない．また同時に，まったく想像不可能な〔unconceivable〕ように見えること，すなわち，いかにこの新しい関係がそれとは全く異なる他の諸関係から導出され〔deduced〕うるかということ，に対して理由が与えられなければならない」(THN.III.i.1/p.469/ 四 33 頁以下)。

この一節は婉曲的で微妙な表現を多く含み，説明もきわめて簡単である．また，他の箇所では〈べき〉について直接には言及されておらず（責務や義務への言及はある），ついでに「付加された」この一節は唐突にも見える．この一節をめぐって，対立した解釈がある．一方には，ヒュームは，「〈べき〉は〈ある〉から導出されない」と見なし，〈べき〉を〈ある〉から分離したという主流の解釈（これを分離説と呼ぼう）がある．他方には，ヒュームは逆に〈べき〉と〈ある〉との分離を批判したという解釈（非分離説）がある[22]．分離説によれば，〈べき〉を〈ある〉から導出することは「想像不可能」であり，じっさいに不可能であるというのがヒュームの見解である．これに対して，非分離説によれば，〈べき〉を〈ある〉から「導出する」ことが「想像不可能」であるといわれるのは，この導出が従来の道徳哲学にとって不可能であるという意味であって，ヒュームにとって不可能という意味ではない[23]．

## 4.5 行為の関係と〈べき〉

ヒュームが〈べき〉と〈ある〉との関係に批判的に言及するさいに，直接に念頭においているのは当時のイギリスの合理論である．このことは前後の文脈から明白である．ヒュームはさきの引用のまえの部分でつぎのように述べていた．「徳は理性〔reason〕への一致〔conformity〕にほかならないとか，諸事物を考察するあらゆる理性的存在者において同一の，［諸事物との］適合あるいは不適合があるとか」「と主張する者があるが，これらの体系はすべて，道徳が真理と同様に諸観念によってのみ，または諸観念のあいだの併存と比較によってのみ識別されると見なす点で，合致している」(THN.III.i.1.p.456/四13頁)．「道徳は論証できるという意見があり，これが一定の哲学者たちによってきわめて熱心に喧伝されてきた．」彼らは，「このような学［道徳論］が幾何学や算術と同等の確実性へもたらされうる」と主張する (THN.III.i.1.p.463/四24頁)[24]．

このような指摘はクラークのつぎの主張と合致する．「さまざまな諸事物のあいだのこれらの異なった関係からなんらかの事物の他の事物に対する一致あるいは不一致が必然的に生じる．異なった事物あるいは異なった相互関係を適用するさいの適合性あるいは不適合性が生じる．このことは幾何学や算術において調和や不調和のようなものが存在するのと同様に，明白である．」[25]

しかし，合理論の見解とそれについてのヒュームの解釈とのあいだにはズレがあるように思われる．合理論は諸事物の関係の説明のさいにたしかに数学をモデルにするが，この関係はヒュームが主張するようなたんなる「観念のあいだの関係」ではない．しかも，この関係はたんに認知的なものではなく，規範性を含むというべきであろう．そのため，事物の理性的関係から直接に〈べき〉が生じると見なされることになる．そうであるとすれば，合理論にとっては，事物の関係から〈べき〉をあらためて「説明」することはそもそも不要であろう．

なお，当該の文脈でヒュームは直接に言及していないが，行為における関係（〈ある〉）は理性的関係だけでなく，経験と推理によって捉えられる関係，因果関係も含むであろう[26]．ヒュームは合理論に対する批判を強調するが，ヒュームの主張のあと議論を呼んだのはむしろ経験的事実としての関係（〈ある〉）と〈べき〉との関係である．

## 4.6 〈べき〉と共感

ヒューム自身はけっきょく〈べき〉という「新しい関係」がどこから生じるかについて述べていない．しかし，彼は，善悪の道徳的区別は観察者の感情から生じると述べているので，このことを敷衍して，〈べき〉も観察者の感情から生じると解釈することも可能となるであろう．〈べき〉と〈ある〉の議論に先立つ部分でヒュームはつぎのように述べている．道徳的区別が感情から生じないとすれば，それは関係に基づかなければならないが，合理論はこのことを明確に指摘していない（THN.III.i.1/p.463/四 24 頁）．

さらに，ヒュームによれば，道徳的感情の基礎に共感があり，「共感は道徳的区別の主要な源泉である」（THN.III.iii.6/p.619/四 244 頁）．このことを踏まえれば，〈べき〉も共感から生じると理解することが可能であろう．〈ある〉と〈べき〉の関係をめぐる論争において多くのばあい分離説も非分離説も共感の役割に注目しない．分離説は情緒主義と結合して，道徳的感情をその経験的基礎から切り離したうえで，〈べき〉をそれに還元するが，このばあいに〈べき〉は主観的なものとされ，その普遍性は明らかにされない．これに対して，非分離説によれば，ヒュームは，行為に対する観察者の感情が生じる因果関係を分析しており，〈べし〉もこのような分析を通じて説明する．しかし，道徳的感情の成立の経験的基礎を分析することから直ちに道徳的感情の普遍性が示されるわけではない．

道徳的感情は共感に基づくことによって普遍的になる．それでは，このように解釈したばあいに，ヒュームは共感の成立のメカニズムを解明することによって，〈べき〉をその経験的基礎（〈ある〉）から説明しているといえる

であろうか．ヒュームは〈べき〉の基礎としての共感の成立の過程を因果的推論を用いて，心理的に分析することに徹しているのであるが，このことによって〈べき〉の規範的性格そのものを示しているのではない．このかぎりでやはり〈べき〉は〈ある〉とは異なった次元に属す[27]．共感の成立過程の説明はいわば経験的事実（〈ある〉）としての評価の説明であって，評価そのものの説明ではない．しかし，〈べき〉を把握するためには，その基礎としての共感の成立を説明することが必要となる．ヒュームが示しているのは，評価機能を生み出す「一般的原理」としての共感（行為における関係の因果的推論を伴う）のメカニズムであって，道徳的感情の評価（〈べき〉，義務）の内容ではない．

『人間本性論』の末尾に示された解剖学者と画家との関係についてのつぎのような比喩的説明は道徳的感情と〈べき〉との関係にも当てはまるであろう．解剖学者は人体についての正確な認識をえるが，その表現は画家によるものほど優雅で魅力的ではない．しかし，解剖学者は画家に助言することはできるし，前者の協力なしに後者の仕事が優れたものとなることはできない（THN.III.iii.4/p.620f./四 248 頁以下）．ヒュームは道徳的感情の成立の考察のさいにいわば「解剖論的立場」から事実（〈ある〉）の分析に徹しており，画家が美を与えるように，行為の規範（〈べき〉）を示しているのではないであろう．

このように〈ある〉と〈べき〉は次元を異にしながら相互に関連しているのであり，両者を分離したままにしておくことも，前者に後者を還元することも，ともに一面的である．

# 第5章　カント人間学に対するヒュームの影響

## 5.1　初期カントに対するヒュームの影響

　ヒュームの道徳哲学についての考察の最後に，彼の道徳感情論のカント実践哲学全体（人間学を含め）に対する影響について考察しよう．第Ⅰ部ではヒュームの行為決定説とカント道徳哲学との関係に焦点をしぼったため，この関係について考察することができなかった．

　すでにみたように（I.1.2.(3), II.3.1），道徳感情学派はカントの倫理学の確立にとって重要な刺激を与えた．カントは1760年代中ころに道徳感情学派の影響によって合理論の限界を意識し，その克服に向かった．カントは『自然神学と道徳の原理』（1764年出版）において，ヴォルフ学派の合理論の理性は理論的，形式的であり，評価的機能をもたないのに対して，道徳的感情は実質的，実践的機能をもつことに注目する．彼はハチソンらの道徳的感情学派についてつぎのようにいう．「真理を表象する能力は認識であるが，善を感じる能力は感情〔Gefühl〕である．」善についての判断は「まったく証明不可能であり，対象の表象と結合した快の感情についての意識から直接的に生じた結果である．」「善についての分解できない感情」は「けっして事物のなかには見出されず，つねに，感覚を備えた存在者との関係のなかに見出される」（KgS.2.299/『全集』3,210頁）．

　カントは『1765-66年冬学期講義計画広告』（1765年）においてはヒュームの名をも挙げてつぎのようにいう．「シャフツベリ，ハチソンおよびヒュームの試みは未完成で欠陥をもつが，すべての道徳の第一根拠の探究の点で最も進んでいる」（Kgs.2.311/3.222頁）．これらの哲学者が示したのは，「行為

における善悪の区別と道徳的正当化についての判断は，端的に，証明の回り道を経ず，人間の心情〔Herz〕によって，情操〔Sentiment〕と呼ばれるものをつうじて容易にかつ正しく認識される」ということである (ibid.)．このような見解はまずハチソンの説を念頭においたものであろう．ハチソンによれば，行為を是認あるいは非難するのは道徳的感覚であり，それは直接的なもの，「もはやそれ以上説明されない」ものである（本書，Ⅱ.3.2.(1)）．このことをより明確にしたのはヒュームである．彼は，「道徳的区別は道徳的感覚から生じる」(THN.III.i.2/p.470/四 34 頁)，「是認あるいは非難は」「情操〔sentiment〕が行なうことである」と述べた (EPM.appendix.1.241/290/161 頁)．

ところで，当時のカントはハチソンらの道徳感情論を無条件で採用していたわけではない．道徳的感情がとらえる内容がそのままで，責務の内容にふさわしい普遍性をもつとはかぎらない．このことは道徳的感情論の重大な問題点であり，ヒュームもこの点を意識していた（本書，Ⅱ.4.1）．カントは道徳的感情の実質的原則を合理論の形式的な原則と結合することによって，この問題の解消をめざす．ただし，当時のカントにおいては認識（理性）と感情（道徳的感情）のあいだの関係はまだ明確ではなかった．「実践的哲学の第一原則を決定する」のは「認識能力か感情か」という問題は未決定である (Kgs.2.212/300 頁) と彼は見なしていた[28]．

カントはその後，理論的理性とは異なり，評価的機能をもつ実践的理性を求めて，思索を深めていく．その過程で大きな転換点となったのは 1765 年ころである．『「美と崇高」の覚書』においてはルソーの影響のもとで意志の役割が重視され，それが普遍的法則に従い，責務の根拠をなすと見なされる．また，道徳的感情は個別的意志の普遍的意志への依存についての感情という位置に引き下げられる．

1770 年代には意志と結合した理性は実践的理性として捉えられようになる．1770 年前後の『道徳哲学遺稿集』においてはつぎのようにいわれる．「理性の客観的（必然的）根拠」は「普遍的に妥当する意志の理念から」生じる（Kgs.19.119）．「道徳は意志を理性の動因へ客観的に従属させることである」（Kgs.19.107）．そしてハチソンが名指しで批判されるに至る．「ハチソン

の原理は非哲学的である. というのは, それは第1に, 新しい感情を説明根拠として引き合いに出し, 第2に, 感性の法則のなかに客観的根拠を見るからである」(KgS.19.129).

1770年代後半には, 道徳感情論に対する評価は批判期におけるものと近い形で確定される. 『倫理学講義』においてはそれまでの道徳論が経験論と合理論とに大別され, さらにそれぞれが外的根拠に基づくものと, 内的根拠に基づくものとに区分されるが, シャフツベリとハチソンは経験論の立場から道徳の内的根拠を道徳的感情に見出したとされる (VE.16/24頁, Vgl. KpV.40/180頁).

## 5.2 カント倫理学における道徳的感情の位置

カントは批判期には実践的理性の自律に注目する. 彼はヴォルフ学派と道徳感情学派を近代の倫理学の代表的な潮流と見なし, これらが他律の原理に基づくと批判しつつも, これらの要素を自分の体系のなかに統合しようとする. 彼は合理論からは「完全性 (完成) 〔Vollkommenheit〕」の概念を受容し, また「道徳的感情〔das moralische Gefühl〕」にも一定の位置を与える (Gr.443f./85頁以下, KpV.40/80頁). 彼は『実践理性批判』においては実践理性による道徳法則 (その順守としての義務) の認識を基礎としながらも, その派生的形態としての感情に注目する. 道徳法則に対する「尊敬〔Achtung〕」が,「本来の意味での道徳的感情」(KpV.80/239頁),「唯一の真正な道徳的感情」(KpV.85/239頁) であり,「唯一の, また同時に疑うことができない動機」(KpV.78/237頁, Vgl. MS.399/266頁) であると見なす.

道徳感情学派からの影響としてつぎに注目すべきなのは「他人の幸福の援助」としての「愛」についてのカントの見解である. 彼は『道徳形而上学』において自分に対する不完全義務の基本を「自分の完成 (完全性)」に見出し, 他人に対する不完全義務の基本を「他人の幸福の援助」に見出すが (MS.385 ff./249頁以下), 後者は道徳感情学派の見解を摂取したものである. カントは他人の幸福の援助の態度を具体的に「仁愛 (好意) 〔Wohlwollen〕」

と呼ぶが，〈Wohlwollen〉に直接に対応する英語は〈benevelonce〉であり，これは道徳感情学派（とくにハチソン）の基本概念である（本書，II.3.3）．カントは他人に対する不完全義務の基本を，「他人の幸福〔Wohl〕の援助」を内容とする仁愛に求める[29]．ただし，カントは仁愛をたんなる「（感受的な）感情〔Gefühl (ästhetisch)〕」としての「好感〔Wohlgefallen〕」にとどめずに，行為を伴なう能動的，実践的な態度としての「好為〔Wohltun, Wohltätigkeit〕」としてとらえ直す（MS.449f, 452/332, 335 頁）．

カントは「同情〔Mitleid, Mitgefühl〕」（〈compassion〉に対応）にも一定の役割を認めるが，これも道徳的感情論を念頭においたものであろう．しかし，カントは同情に高い位置を認めない．彼によれば，「同情（共苦）〔Mitleid〕」は感性的感情の一種であるが，直接的感情ではなく，構想力によって媒介された感情である（Ath.179, 239/100, 187 頁，MS.321/165 頁）．同情にはつぎのような欠陥がある．「同情〔Mitgefühl〕」あるいは「共歓共苦〔Mitfreude und Mitleid〕」は「たんに自然自身が与えた喜びや苦しみという共通の感情」であって，「伝達的（熱や伝染病のばあいのような）」であり，「不自由」である．これに対して，「交感（参与）〔Teilnehmung〕」は「相互に自分の感情を伝えあう能力」に関係し，根本的には「実践的理性」に基づくものであり，「自由な」ものである（MS.456f./342 頁）．カントは，行為を伴わない受動的な交感としての同情から能動的な交感を区別する．前者は「自分の感情を他人の感情に共感的に共鳴させ，それによってたんに受動的に触発されるという，自分の感情の，行為を伴わない交感」（Ath.236/183 頁）にすぎない．たんなる同情においては，「構想力を媒介にして他人と苦悩をともにする」が，「自分が同じ運命に関係していないことを喜ぶ」ということがありうる（Ath.238/187 頁）．後期のカントによれば，仁愛は義務であるが，同情はそれ自身では義務ではなく，仁愛を形成するための手段として「間接的義務」にすぎない（MS.457/343 頁）．

カントは「共感〔sympathy〕」という用語をあまり用いず，これを用いるばあいにも，これを「同情」から基本的に区別せず，消極的な意味に理解する．彼によれば，想像力をつうじた他人の感情と一体化の点では共感も同情

も同一であり，いずれも能動的な交感ではなく，自然的，受動的な交感にすぎない．けっきょくカントは全体として同情や共感に高い道徳的位置を認めておらず，この点でも道徳感情論に対して批判的立場をとる．

同情についてのこのような批判的見解はすでに1760年代中ごろに表明されていた（本書，I.1.2.(3)）．『美と崇高』においては，「仁愛（好意）〔Wohl-wollen〕」，「好感〔Wohlgefallen〕」とともに「同情〔Mitleiden〕」は「原則を欠き」，「盲目的」であると批判されている（KgS.3.215ff./『全集』2.333頁以下）．『『美と崇高』覚書』においても同様な指摘がある．共感は他人の不幸や危険にかんするものであり，「まれに非常に重要な機会に作用をする」（KgS.10.145/『全集』18.231頁）にすぎず，「大部分は幻影である」ともいわれる（KgS.10.135/226頁）．

## 5.3 人間観察に対するヒュームの影響

ヒュームの道徳感情論のカント道徳哲学に対する影響を直接に確認することは困難である．これに対して，人間の経験的観察，人間学的考察のなかにはヒュームの道徳哲学と道徳感情論の影響が認められる．カントの人間観察（人間学的考察）に最も強い影響を及ぼしたのはヒュームであるとさえいえる．

すでに述べたように（本書，I.1.2.(3)），カントは1760年代中ごろに道徳感情学派の強い影響を受けたが，そのさいに人間の本性の観察を重視した．『美と崇高の感情についての観察〔Beobachtung〕[30]』（1764年）は「人間の本性の特殊性の観察」の一環として，高次の感情である美と崇高の感情を扱う（KgS.3.207/『全集』2.323頁）．カントは人間を「哲学者の目」で抽象的に考察するのではなく，「観察者〔Beobachter〕の目」で具体的に考察しようとする（ibid.）．『1765-66年冬学期講義計画』においてはつぎのようにいわれる．「徳論において，行なわれるべきことを示すまえに，行なわれていることをつねに記述的（歴史的），哲学的に考察することによって，人間を研究するために従わなければならない方法を明らかにする．」この点で「最も進んでいる」のは「シャフツベリ，ハチソンおよびヒュームの試み」である（KgS.

3.311/3.222 頁)．

　当時カントがまず注目したのはハチソンの見解であろう．ハチソンは『美と徳の観念の起源』において「人間の本性，そのさまざまな能力と性向の認識」をめざした (Org.intro./p.8/11 頁)．しかし，ハチソンにおいてはけっきょく道徳的感覚の「最終原因」は「神の善性」に求められ，人間の観察をつうじて道徳的感覚の成立のメカニズムを解明するには至らなかった．人間の本性の「観察〔observation〕」を徹底させたのはヒュームである．彼によれば，「人間の学〔science of man〕」は「経験と観察」に基づく (EHN.intro./xvi/8 頁)．それは人間の研究の素材を「人間生活の注意深い観察から収集し，それらが交際や仕事や娯楽における人間の振舞をつうじて日常的に経過するままに，受け取らなければならない」(THN.intro./xix/10 頁)．行為の因果関係についての考察もこのような人間観察の一環として行なわれる．

　カントが 1760 年代中ごろにヒュームの人間観察に注目していたことについてはいくつかの証言がある．カントの有力な弟子の一人のボロウスキーは，彼が学生時代（1755 年入学）に受けた講義においてカントはすでにハチソンとともにヒュームを重視し，ルソーにも言及していたと述べている[31]．1762–64 年にカントの講義を聴講したヘルダーは，カントがヴォルフ学派とならんでヒュームに言及し，さらにルソーについて語ったと述べている[32]．また，カント自身もヘルダーあての手紙で「心のあり方」の点でヒュームを高く評価している[33]．カントは批判期と後期においてもヒュームの人間観察とその表現スタイルを模範と見なしている[34]．ここではカントはヒュームの道徳哲学の著作（『道徳原理研究』）よりも，エッセー集（とくに 1758 年の『道徳・政治・文学論集〔Essays, Moral, Political, and Literary〕』）を念頭においていると思われる[35]．

　『美と崇高の観察』(1764 年) は文体の点でも好評をえたが，これはヒュームにあやかった可能性が高い．カントは『覚書』においてとくに人間の尊厳にかんしてルソーからショックを受けたが，人間のあり方の観察と批判の点ではそれ以前にヒュームの影響があったことを看過してはならない．

　カントは 1770 年代には道徳感情論を批判し，実践理性中心の倫理学の確

立へ向うが，そのさいにも道徳の次元での考察から区別しつつも，人間の経験的観察，人間学的考察を維持している．彼は人間学の講義を1772年に開始し，晩年の1796年まで継続した（『人間学』の出版は1798年）．

## 5.4 実用的人間学と実世界

　結果をみれば，カントの人間学とヒュームの道徳哲学すなわち人間の学とのあいだには多の点で類似性がある．まずカントのばあいに，人間学の目的は「実践的な事柄にかんして観察された人間のあれこれの性質」(Ath.121f./15頁)，「経験をつうじてのみ知られる人間の特殊的な本性」(MS.217/30頁)の体系的叙述にある．ヒュームにおいては「人間の学〔science of man〕」は「経験と観察」に基づく「人間の本性の研究」としての「精神哲学（道徳哲学）〔moral philosophy〕」と等しい（THN.I.intro./p.xvi/－22頁，EHU.intro./xvi/8頁）．

　つぎに，人間の観察の体系構成については，カントの人間学は，①認識能力，②快・不快の感情，③欲求能力，の3部構成をとる．ヒュームの『人間本性論』（カントはこれを読んではいないと思われる）は，①知性，②情動，③道徳から構成されるが，この著作は通俗化，簡略化されて，それぞれの部分は，①『人間知性論』，②『情念論』，③『道徳原理研究』という独立の著作（カントはこれらを独訳で読んだと思われる）となった．

　カントの人間学の特徴は，感情の部を独立させていることである．彼は一般に人間の能力を認識能力（理論哲学の対象）と欲求能力（実践哲学の対象）に二分するが，彼が人間学においてこれとは別に感情を独立に考察しているのはバウムガルテンの影響のほかに道徳感情論の影響によると思われる．また，カントは欲求能力の中心に「情念（情熱）〔Leidenschaft〕」（〈passion〉に対応）をおいているが，ここにも道徳感情論の影響が認められるといえる．

　カントは，理性的倫理学を確立した1770年代以後は倫理学の次元と人間学の次元とを峻別する．その理由は，人間学が扱う規則は経験的，相対的にすぎず，厳密な普遍的妥当性をもたないということにある（Gr.389/8頁，Vgl.

KpV.21,36/149 頁，174 頁，MS.217/30 頁）．道徳的感情論は人間学と道徳論とを同一次元におくが，カントによれば，人間学は道徳論の応用にすぎない（MS.217/31 頁）．

ところで，カントは，人間学は「けっして道徳形而上学に先行してはならず，それと混同されてはならない」といいながら，「それは欠くことができない」とも述べている（ibid.）．カントは1770年代後半の『倫理学講義』においても，倫理学が空虚な思弁に陥らないためには，人間の観察と結合する必要があると述べている[36]．彼が人間学をこのように評価することの背景にはつぎのことがある．人間学が扱うのは，「世間（世界）〔Welt〕」において生活する具体的人間である．この点で「人間知〔Menschenkenntnis〕」は「世間知〔Weltkenntnis〕」と結合するが，両者の知はたんに理論的なものではなく，実践的なものでもある．必要なことはたんに「世間を知る」ことではなく，「世間をもつ」ことである（Ath.120/12 頁）．

ヒュームにおいてはそもそも「人間の学」は「道徳哲学（精神哲学）」と等しい．彼は人間を「行為的存在〔active being〕」，「社交的存在〔sociable being〕」として捉えることを重視し，人間をたんに「理性的存在〔reasonable being〕」として捉える「抽象的」で「晦渋な哲学」を批判する（EHU.I.4.4/p.8/6 頁）．「人間の学」は「交際，仕事，娯楽における人間の振舞い」，「世間の共通のなりゆき」を扱うとされる（THN.intro./p.xix/－6 頁）．

人間学はその限界にもかかわらず，カントの実践哲学的研究において重要な位置を占める．彼が人間学の講義を20数年間も続行したのはたんに大学の職務上の必要からではなく，彼が晩年に『人間学』を出版したのも，たんに通俗的著作に対する読者の期待に答えるためではないであろう．彼が人間学を重視したことはつぎのことに最も明確に示されている．彼は哲学の根本的な問いを，「私はなにを知ることができるか」（認識論的問題），「私はなにをなすべきか」（道徳的問題），「私はなにを望んでよいか」（宗教的問題），「人間はなにであるか」（人間学的問題）という4つの問に整理したうえで，「根本的にはこれらすべての問を人間学に数え入れることができるであろう」と述べている[37]．ここでは人間学は，これらの問いの全体を総括する位置に

おかれる．人間学のこのような位置とヒュームの「人間の学」の位置のあいだには対応関係がある．ヒュームにおいては，人間の本性を観察の主題とする「人間の学」は他のすべての学の基礎であり，数学，自然学，道徳論，文化批評（文芸批評）もこれに依存する（THN.intro./xv/一21頁）．

## 5.5 社交と趣味

出版された人間学の表題は正確には『実用的見地における人間学』である．このような命名の理由は，カントが扱う人間学を自然学的，生理学的人間学から区別するとともに，倫理学から区別する点にある．実用的次元は経験的次元に属すが，厳密には経験的次元は技術的次元と実用的次元を含む．したがって，人間の実践的生活は〈技術的-実用的-道徳的〉という3層から成立する．

技術的素質は，自分の任意の個別的諸目的のために対象を巧みに利用する能力に関わるのに対して，実践的素質は，自分の諸目的（その全体は幸福）のために他人を巧みに利用する能力に関わる．したがって，実用的な能力は世間における人間関係，社会関係において問題になる．カントによれば，自分の幸福のために他人を利用することは道徳的原理にされるべきではないが，社会生活においては必要である．カントは，人間の相互利用の適切な規制は市民社会で行なわれると見なし，この問題を法論で扱う．「社交〔Geselligkeit, Gesellschaft〕」や「交際〔Umgang〕」は，法の次元とも道徳の次元とも異なる固有の次元に属し，これを扱うのが実用的人間学である．カントからみれば，幸福主義的，快楽主義的倫理学と道徳感情論は道徳性の次元と実用性の次元を混同している．

カントによれば，社交あるいは交際においては感情が重要になる．社交は「他人の快に関与する」（Ath.240/190頁）．道徳感情論が他人に対する道徳的関係を他人に対する快の関係に還元することをカントは批判しながらも，社交においては他人に対する快が不可欠と見なす．交際を円滑に行なうためにはセンスを洗練させ，他人に快を与えなければならない．趣味においても自

分の快を他人に伝達することが重要である (Ath.244/195 頁)．センスの洗練は趣味と結合する．「自分自身の人格や技を趣味によって表現することはすべて社会的状態（自分を伝達するための）を前提とする」(ibid.)．ヒュームも「人間の学」において人間を「社交的な〔sociable〕存在」と捉え，「交際〔company〕における人間の振舞い」を観察する（本書，II.5.4).

　カントは善を自然的な善（生命の維持と促進，および種の保存）と道徳的な善とに大別したうえで，両者の中間に「道徳的・自然的な最高善」を位置づける (Ath.277/244 頁)．それは交際における「歓楽生活〔Wohlleben〕と徳との結合」であり，この結合の感情のなかに「人文性〔Humanität〕」[38] がある (Ath.278/245 頁)．このような見解は，社交を道徳に接続し，道徳感情論を倫理学に接合する試みともいえるであろう．社交と趣味との関係についての道徳感情学派の見解にかんしては，第IV部でスミスの説との関係であらためて検討したい（本書，IV.4.1).

### 第Ⅱ部注

1) 『人間知性研究』においては,説明の簡略化のためであろうか,心理的被決定(心理的必然性)の対象への投影という説明は影を潜める.
2) ヒュームによれば,感情は道徳的,実践的意義をもつだけではなく,事物相互の関係(因果関係を含め)の認識においても重要な役割をはたす.人間が事物相互の関係を想定するよう「決定され」,このことに「確信(信念)」をもつが,このことは感情によって受けとめられる(EHU.V.ii./p.48-59/43-50頁).「あらゆる蓋然的推理は一種の感受作用〔sensation〕にほかならない」(THN.I.iii.8/p.103/一170頁).
3) ヒュームはこのことをつぎのような比喩によって説明する.「想像力は一度一連の思考に入ると,その対象が想像力に現れることに失敗するばあいでさえも,その思考を続ける傾向があり,オールによって動き出したガレー船のように,新しい推進力がまったくなくても,進み続ける」(THN.I.4.ii/p.198/二30頁).
4) カントも,ヒュームが因果関係の客観的必然性を習慣の主観的必然性と「すりかえる」ことを批判しながらも,ヒュームが因果関係の認識を実践上有用であると見なしていることを指摘している.「原因の概念が正当で有用なものであるかどうかは」「問題ではなかった」(Pro.258/192/頁).
5) ヒュームの機械的決定論は,彼が偶然性を否定することにも示される.彼によれば,偶然性と呼ばれるものは,原因が正確に認識されないばあいに想定されるものである(EHU.VI/p.56/51頁).偶然的な出来事と呼ばれるものは,確実な原因がないことに由来するのではなく,原因のあいだに対立があり,そこから結果が一律には生じないことに由来する(EHU.IX/p.105/94頁).
6) 「意志の決定」といわれるばあい,それは能動的意味(決定化)と受動的意味(被決定)とに理解されうる.ヒュームが再三強調しているのは,意志や心が習慣によって決定されること,また因果性の観念が習慣によって決定されることである.本文での用法は能動的意味のものであろうが,これはヒュームにおいてはめずらしい用法である.
7) 神野慧一郎氏は,ヒュームが説明する意志は「意図〔intension〕」のようなものを意味すると解釈する(『モラル・サイエンスの形成』,名古屋大学出版会,1996年,64頁以下).
8) ヒュームは「意志の発動」,「意志の命令」によって心身の作用が開始されるともいうが(EHU.VI.i/p.64/58頁,THN.II.iii.9/p.439/三237頁),このことは,意志が自立的能力をもつことを意味しない.
9) ただし,自愛が仁愛とつねに対立するのではなく,両者が協力することがありうることをハチソンは承認している.両者が両立するのは,個人が全体の利益に寄与することによって,自分も利益を得るばあいである(Org.II.ii.3/

p.103/128 頁).

10) ハチソンは『美と徳』および『情念論』においては「共感〔sympathy〕」に言及することはまれであり，これに言及するばあいも，「同情〔compassion〕」とほぼ同義なものとして用いる（Orig.II.ii.12/p.114/148 頁，II.v.8/p.162/204 頁，Passion.p.23）．なお，ハチソンは『美と徳』においては「同情〔compassion〕」を「憐憫〔pity〕」から区別しているように思われる．前者は他人の快と苦のいずれにも関わるが（Org.II.v.8/p.160/202 頁)，後者は他人の苦痛にのみ関わる（Org.II.v.5/p227/134 頁）．ただし，『情念論』では，同情は憐憫と同義に用いられる（Passion.56）．

11) 浜田義文氏は〈obeserver〉（ドイツ語では〈Beobachter〉）と〈spectator〉（ドイツ語では〈Zuschauer〉）とを区別し，前者に「観察者」，後者に「注視者」という訳を当てる（『カント倫理学の成立』35 頁）．しかし，語源的にも日常的用法からいっても〈obeserver〉の方が「注視者」という意味に近い．〈spectator〉は〈bystander〉（傍観者）に類似しており（「見物人」という意味ももつ），「観望者」という訳の方がふさわしいと思われる．しかし，本書では両者のニュアンスの相違を度外視して，いずれにも「観察者」という訳を当てることにする．なお，浜田氏も指摘するように，〈spectate〉は批判的，評価的機能をももつ．〈*Spectator*〉という文芸・文明批評誌も刊行され（1771-72 年），カントも『人間学』においてこの雑誌に言及している（Ath.174/92 頁）．

12) 神野慧一郎氏はつぎのようにいう．「ヒュームが言う共感は一つの原理であって，情念ではない」（神野慧一郎『モラル・サイエンスの形成』89 頁）．ホーコーセンも共感を情念ではなく，「意志伝達の原理」と見なす（Kund Haakonsen, *The Science of a Legislator*, 1981/ 永井義雄・鈴木信雄・市岡義章訳『立法者の科学』，ミネルヴァ書房，2001 年，21 頁）．

13) ヒュームも「同情〔compassion〕」に言及するばあいでも，それを「憐憫〔piety〕」と同様に，他人の苦痛への一体化という意味で用いているようである（II.ii.7/p.369/ 三 141 頁以下，EPM.Appendix I/p.260/121 頁）．

14) ヒュームは，共感は動物においても生じる（イヌの遠吠えなど）と見なすが，動物においては想像力とその感情は明確でないことも認めている（THN.II.ii.12/p.397/ 三 181 頁）．したがって，動物において作用するのは共感よりも連想であろう．

15) ヒュームはつぎのような例を挙げる．「立派な人物が，世俗的には大きな不運と見なされる状況に陥るばあい，われわれは彼の状態についての観念〔notion〕を形成する．われわれの想念〔fancy〕をその原因［状態］から日常的な結果へと至らせることによって，まずこの人物の悲嘆についての生気ある観念を抱き，つぎに悲痛の印象を感じる」（THN.II.ii.7/p.370/ 三 144 頁）．また，つぎのように

もいわれる．手術に立ち会った人間が，手術の器具や準備状況をみて，恐怖心を抱き，患者も同様な恐怖心を抱いているであろうと推定し，これに共感する (THN.III.iii.1/p.576/ 四 187 頁)．

16) ハチソンは，いかに「他人の行為を是認する」とともに，自分の「行為に対する是認を獲得する」かを問題とする (Org.Ed.4. II.Intro/p.88/107 頁)．この自己是認に伴なう快は「感覚的な快」ではない．「道徳的感覚の自己是認」は「仁愛の情動」をもつ動機となる (Org.Ed.4. II.ii.p.229f. /133 頁)．なお，ヒュームも，「行為あるいは情操あるいは性格」が道徳的感情による評価の対象となると見なすばあいもある (THN.II.i.7/p.296/ 三 40 頁，THN. III .i.2/p.472, p.475/ 四 37,42 頁)．「ある人物が，彼を賞賛する者に現れるばあいと同一の観点で自分自身を考察するならば，彼は自負とは別個の快をえて，そののちに自負あるいは自己満足をえる」．そのさいに共感と，他人の判断に対する推論とが重要な役割をはたす (THN.II.i.11/p.320 三 75 頁)．

17) 田中正司氏はヒュームの共感論のこのような問題点を強調している．ヒュームにおける同感（共感）は「個々の同感主体の想像上の意識的な立場の交換に媒介されたものではなく，観察者が対象をみるときに感じる観察者の同感」にすぎない（田中正司『市民社会理論と現代』，御茶の水書房，1994 年，219 頁．215 頁，223 頁以下も参照）．

18) ヒュームのこのような見解は正義についての彼の理解とも関連する．彼によれば，正義は「黙約〔convention〕」（あるいは「同意〔agreement〕」）に基づくが，これは「共通利益への一般的感覚」を意味する (THN.III.ii.2/p.490/ 四 63 頁)．このばあいの「共通利益」はまだ個人的利益を越える公共的利益ではなく，各人の利益のあいだで共通なものにすぎない．この黙約が明確にされ，「約定〔promise〕」に基づいて規則が作られる．そして，規則の遵守が公共的利益（効用）をもたらすことへの共感によって，それが義務として感じとられるようになる (THN.III.ii.5/p.523/ 四 110 頁)．このように，正義についての徳の感覚が生じる (THN.III.ii.2/p.490/ 四 63 頁)．したがって，ヒュームにおいては共感は共通利益と社会的効用に従属する (THN.III.ii.2/p.499f./ 四 77 頁)．このことについては田中正司氏の研究（田中正司『アダム・スミスの自然法学』，御茶の水書房，1988 年，173-178 頁，田中正司『市民社会理論と現代』，230-235 頁）を参照．

19) エアは 1936 年の『言語・真理・論理』で情緒説を提唱しているが，1980 年の『ヒューム』ではこの説のためにヒュームを援用している（篠原久訳，岩波書店，1994 年，170 頁）．

20) ヒュームは，道徳的な区別（判別）が道徳的感情から生じるという見解をハチソンから継承するが，ハチソンあての手紙（1740 年 3 月 16 日づけ）のなかで，ハチソンの見解についてつぎのような「難点」を指摘し，この見解に従ったそ

れまでの自分の見解を変更せざるをえなくなったと述べている．「道徳性が理性によって決定されるならば，それはあらゆる理性的存在者にとって同一である．しかし，情緒が同一であることをわれわれが説明することができるのは経験によってにほかならない」．すなわち，感情に基づく評価が普遍的となるためには，感情が万人のあいだで「同一」でなければならない．しかし，そのことはいかに「経験によって」「説明」されうるかをヒュームは問う．ハチソンのように，道徳的感覚が「至高の存在者の善性」によって与えられたものと見なすことに対してヒュームは疑問を呈している．ヒュームは『人間本性論』第1篇，第1部で，徳と悪徳との区別の根拠は観察者の道徳的感情のなかにあり，対象（行為者）のなかにはないことに言及した箇所（THN.III.i.1/p.469/四32頁）をそのまま引用したあとで，このような懸念を表明している．

21) このことはたとえばつぎのようなヒュームの例示においても示されている．親木の種子から発芽した木が親木よりも高く成長し，親木を太陽からさえぎって，親木を枯らしてしまうことと，人間のばあい子どもが親を殺害することとは，同一の因果関係に基づいており，このかぎりでは後者のみを罪があると見なすことはできない．ヒュームによれば，賞罰や避難の根拠は殺人における因果関係にあるのではなく，この行為を観察する者の感情にある．（THN.III.i.1/p.466f./四29頁以下，cf. EPM.Appendix.1.IV/p.293/165頁）．

22) 「分離説」と「非分離説」という命名は本書の著者によるものである．分離説の先駆はプリチャードとノウェル・スミスである（H .A. Prichard. *Moral Obligation*, 1949. P. H. Nowell-Smith. Ethics, 1954）．ヘアはエアの説を継承しながら，ヒュームの言明を，〈べき〉は〈ある〉から導出できないという意味に理解し，これを「ヒュームの法則」と呼ぶ．（A. J .Ayer. *Logical Positivism*, 1959, R. M. Hare. *Freedom and Reason*, 1963/ 山内友三郎訳『自由と理性』，1982年，勁草書房）．マッキンタイアーは分離説を「標準的解釈」と見なし，これを批判する（A. C. MacInTyer. "Hume on 'Is' and 'Ought' ", *The Philosophical Review*, Vol. 118, 1959）．1960年代までの分離説と非分離説とのあいだの論争については塚崎智氏と植木幹雄氏の論文が詳しい．塚崎智「ヒュームの 'Is-Ought' Passage について」（大阪大学『待兼山論叢』，第8号，1975年），植木幹雄「ヒューム『ある』と『すべきである』とについて」（一）（二）（北海学園大学『学園論集』，第31号，1977年，38号，1978年）．

23) ハンターはマッキンタイアーの説を継承して，このように解釈する．（G. Hunter. "Hume on is and ought", *Philosophy*, Vol.37, 1962.)

24) 『道徳原理研究』においてはつぎのようにいわれる．「罪」は「幾何学あるいは代数学の真理が理性によって発見されるのと同一の仕方で，理性によって発見されるような，ある種の道徳的諸関係のなかにある」と述べる論者があるが，

「道徳を関係のうえに基礎づけることはけっしてできない」(EPM.Appendix I/p.288/158頁以下). ヒュームは同書において,「抽象的な道徳論」の主張者としてカドワース,クラークらの名を挙げている (III.ii/p.197/36頁). なお,ヒュームに先行する経験論者のロックも,「道徳は論証できる」と述べている (ロック『人間知性論』,岩波文庫,四49頁).

25)「異なった諸事物が相互に担う同一の必然的で永遠な異なった諸関係は,また,異なった諸事物あるいは[それらの]異なった相互諸関係を適用するさいの同一の首尾一貫した適合性あるいは不適合性は」,「正義,公正,善および真理」にかんして「神の意志がつねに必然的に行為を自己決定する」のと同様に,「すべての従属的な理性的存在者の意志を恒常的に決定すべきである」. (Samuel Clarke, *Discourse upon Natural Religion*. Ed. by Selby-Bigge. Vol.II. p.3f..)

26)『道徳原理研究』においてはつぎのようにいわれる. 自分の行為を道徳的に決定するばあいも,他人の行為を道徳的に是認あるいは非難するばあいにも,行為の「事情や諸関係」を詳細に認識しなければならないが,このような認識は道徳的な決定や評価の前提にすぎず,道徳的な決定や評価を行なうのは感情である (EMP.Appendix.1.240/p.289/160頁以下). ヒュームは道徳的配慮のさいには未知のものを推理する必要はないかのように主張するが,行為の諸関係の認識にとって因果的推理はやはり必要であろう.

27) 杖下隆英氏は「あるーべき」をめぐる分析哲学のメタ倫理学的解釈についてつぎのようにいう.「先行する脈絡から切断したかぎりでは,この箇所に,事実から当為の論理的導出の不可能性という現代的解釈を読み込める玉虫色の性格があることは否定できない. だが,……ヒューム自身には論理的導出関係に積極的断定を与える意図は希薄というべきである.」「である」の関係とは異なる「べきである」の関係を「観察し解明する必要があり」,とくに理性論者は前者からの後者の「導出とその理由を示す必要がある」が,「『べきである』等の道徳性を情念に託し,それが心理的性格において事実とは出所,性格が異なるとみるヒューム自身にはしょせん不可能なこの種の詮索を行う必要もなく,また理性論者にもそれは本来は不可能な企てである」(杖下隆英『ヒューム』,勁草書房,1982年,144頁,149頁). 杖下氏によれば,情念はその心理的性格によって事実とは異なるのであるから,事実から当為を導出することはヒュームにとっても不可能であり,またそうする必要はないということになる. この点で,氏は弱い意味での分離説の立場をとるといえる.

28) カントがハチソンによって影響されるまえに,すでに独力でヴォルフ学派の限界を克服し始めていたかどうかをめぐっては論争がある. 一方で,シルプスはカントの独自性を強調し,カントは道徳的感情について語るばあいでも,それはハチソンのものとは同一ではないと見なす (P.A.Schlipp, *Kant's Pre-Critical*

*Ethics*, 1938, p.39)．この解釈についてはシュムッカーの批判的コメントがある (Josef Schmucker, *Die Ursprunge der Ethik Kants*, 1961, S.77f.)．他方で，ヘンリッヒはカントに対するハチソンの影響を強調し，「ハチソンはカント倫理学にとってのヒュームである」(カントの理論哲学にヒュームが与えた決定的影響との類比で) と主張する (Dieter Henrich: "Hutcheson und Kant", *Kant-Studien*, Bd.46, 1957-58, S.69)．しかし，このような見解は誇張を含むように思われる．また，ヒュームの名を出すのであれば，ハチソンの道徳感情論はヒュームによって鮮明にされたことを考慮すべきであろう．浜田義文氏はヘンリッヒに基本的に賛同しているが(『カント倫理学の成立』，50頁)，川島秀一氏はヘンリッヒに対して半ば批判的である．川島氏によれば，カントはハチソンの道徳感情論の強い影響を受けながらも，その受容には「留保」がつけられていた．カントは感情と悟性と結合を念頭においていた．「実践的判断がそれ自体によって善であると見なされる行為を命じるものであるか否かを感情に即しつつ検討することは悟性の職能である」(川島秀一『カント批判的倫理学』，晃洋書房，1998年，129頁)．しかし，問題となったのは悟性（理性）の職能の内容であろう．道徳における判断はたんなる理論的判断ではなく，実践的な価値判断がある．理性がどのように実践的判断を行なうことができるかについて当時のカントはまだ独自の見解をもつにいたっておらず，理性と感情との関係の問題は未決と見なしていた．

29) カントは〈Wohlwollen〉（仁愛，好意）と〈Wohltun〉（好為）を〈Wohl〉（幸福）と密接に連関させて，理解する．

30) 〈beobachten〉は〈observe〉に対応するものであり，〈betrachten (consider)〉から区別されるので，前者を「考察」と訳すことは適切ではない．

31) 「私がまだ学生のころ，彼［カント］はハチソンとヒュームを，前者は道徳の領域で，後者はその深い哲学的研究の点でとくに重視した．」「彼は私たちに対して，これら二人の著作を最も綿密に研究するよう奨励した．」(ボロフスキー『カントの生涯と性格』／芝烝訳『カントその人と生涯』，創元社，1967年，94頁)．

32) 1762-64年にカントの講義を聴講したヘルダーはのちに，カントはライプニッツ，ヴォルフ，バウムガルテン，ヒューム，ルソーを取り上げたと回顧している (『人間性の位置についての書簡』第79書簡，1793-97年)．ここでは，道徳感情学派の思想家としてはヒュームの名のみが挙げられている．カント自身は『1765-66年冬学期講義計画広告』においてシャフツベリ，ハチソンとならんでヒュームの名を挙げている．「シャフツベリ，ハチソンおよびヒュームの試みは不完全で，欠陥をもつにもかかわらず，やはりすべての道徳性の第1の根拠の探求の点で最も進んでいる」(KgS.2.311／『全集』3.222頁)．

33) カントはヘルダー宛の手紙 (1768年5月9日) のなかで，「実り豊かな精神」と「穏やかだが感情を豊かな落ち着き」が結合した「心の在り方」をもつ哲学

者としてヒュームが「最高」であるのに対して，モンテーニュは「最低」であると述べている．この見解はとくに人間観察の文脈におけるものであろう．モンテーニュについては『エセー』が念頭におかれていると思われるが，「エセー〔essais〕」は，試論，随想という意味のほかに批評という意味も含む．カントによる2名のコメントは各自の人柄に関係するだけでなく，むしろ人間や文明についての彼らの批評のスタイルと内容に関係するであろう．カントはヒュームを高く評価するが，そのさいにヒュームのどの著作を念頭においているのかは明らかではない．カントは，「道徳形而上学」にかんする研究を進めていると述べているので，ヒュームの道徳哲学的著作（『道徳原理研究』）も想定されるが，より可能性が高いのは道徳哲学プロパーではないエセーである．注35参照．

34) 批判期の『プロレゴメナ』においては，ヒュームのように「綿密でかつ魅力的に書く」「才能」はまれであるといわれる（Pro.262/197頁）．また，1770年代の人間学遺稿においては，ヒュームが，無味乾燥になりがちな哲学的テーマを「知性と深い洞察力をもって，かつ美しく」論じていると述べられる（KgS.15.592/15.411頁）．

35) そのドイツ語訳は，›Hume, *Vermischte Schriften* I, IV, (1754, 1756)‹であり，カントはこれを読んだと推定される．

36) 1770年代後半の『倫理学講義』においても同様の主張が見られる．「たしかに道徳哲学は人間学がなくても十分に考えられるが，そのばあい実践哲学は思弁的（観照的）であり，理念にすぎない．したがって，やはり少なくとも人間が研究されなければならない．なにがなされるべきかについてはつねに説教されるが，それがなされうるかどうかについてはだれも考えない」（VE.3/S.244/11頁）．

37) 第1の問に答えるのは形而上学（理論哲学），第2の問に答えるのは道徳（実践哲学），第3の問に答えるのは宗教である（『イェッシュ論理学』9.24/『カント全集』17.35頁）．『1793年5月4日のシュトイリン宛の手紙』でも同趣旨のことが述べられている（KgS.12.429）．

38) ここでの〈Humanität〉は実用的次元のものであり，道徳における〈Menschheit〉から区別される．

# 第Ⅲ部　スミスの道徳哲学

―― 共感と「立場の交換」の思想 ――

# はじめに

## 0.1 スミス道徳哲学の固有性

　スミスの道徳哲学として有名なのは「共感〔sympathy〕」および「公平な観察者〔impartial spectator〕」の理論である．スミスによれば，人間の行為の主要な動機は感情にあるが，また，行為に対する評価も観察者の感情に基づき，行為者と観察者との感情の一致をもたらすのは共感である．共感は，自他のあいだの感情の一致の結果としてもたらされるものではなく，むしろこの一致をもたらす原理である．人間の行為は最終的には「公平な観察者」の共感を得ることによって是認される．ところで，厳密にいえば，スミス道徳哲学の特徴は，「共感」や「公平な観察者」の根底に「立場の交換」を見出すことにある．

　「共感」や「公平な観察者」の概念への着目は必ずしもスミスに固有ではない．すでに述べたように，ハチソンは「同情」に留意し，「観察者」，「観望者」にも言及している（本書，II.3.3.）．また，ヒュームは「共感」を感情の交流をつうじて成立すると説明した（II.3.4.（1），（2））．彼は「観察者」の「一般的観点」にも注目している（II.3.5）．これらの見解はスミスに重要な影響を及ぼした（II.3.5）．ハチソンとヒュームと比較して，スミスにおいて特徴なことは，共感が「立場の交換」をつうじて形成されると見なしたことにある．ある人間は「他人の立場に立ち」，行為者の感情を理解するとともに，他人の立場から自分自身の感情を評価し，また同様のことを自分に対しても他人も行なう．このような「立場の相互交換」をつうじて「公平な観察者」の立場が成立するメカニズムをスミスは詳細に解明した．

## 0.2 「立場の交換」論の射程

本書では，スミスの道徳哲学がカントの実践哲学に与えた影響を検討する（第Ⅳ部）のに先立って，スミスの道徳哲学の基礎としての「立場の交換」の基本特徴を考察する．カントは，スミスの『道徳感情（情操）論』（初版は1759年）のドイツ語訳（1770年）の直後からこれに注目した．ただし，彼はスミスの道徳的感情論や共感論を摂取したのでなく，実践的理性の見地からスミスの「立場の交換」論の枠組を受容した．本書では，スミスの道徳哲学の核心が「立場の交換」論にあると解釈するが，カントは早くもこの点に着目したといえる．

スミスにおいては「立場の交換」は共感と結合している．感情はしばしば個人的，主観的であるので，それが他人の感情と一致し，普遍性を得るためには，自他のあいだの「立場の交換」が重要となる．しかし，スミスの思想について「立場の交換」論を道徳感情論や共感論から独立に評価することは可能である．カントも道徳感情論を批判しつつ，「立場の交換」論を摂取した．

スミスの「立場の交換」論は現代において再び脚光を浴びつつある．ヒュームとスミスは道徳感情論を展開することによって，倫理学において寄与しただけでなく，感情の交流のメカニズムを経験と観察に基づいて解明したことによって，社会心理学の基礎を与えたとも評価できる．近年の社会心理学においてはスミスのシンパシー論がエンパシー〔empathy〕論の先駆として評価されている．また，これとは別に，社会心理学や発達心理学においてスミスの「立場の交換」論が「役割取得」論（ミードとピアジェ）の先取りとして注目されている．ただし，このばあい「役割取得」は感情と必ずしも結合されていない．

## 0.3 第Ⅲ部の展望

第1章では，スミスの哲学において共感が「立場の交換」に基づくことを

明らかにする．スミスによれば，行為が是認されるのは，行為者の感情が観察者の感情と一致するばあいである．しかし，行為者の感情が知られるのは多くのばあい，行為の状況の認識から出発して，そこにおける行為者の感情が想定することをつうじてである．スミスはこのことを「想像上の立場の交換」と呼ぶ．

　第2章では，行為者と観察者との立場の相互交換をつうじて共感が成立する過程をスミスがどのように理解しているかを考察する．スミスは行為者の立場を行為の状況と，そこで生じる感情と観点という意味とに理解する．スミスが最終的に問題とするのは，行為者が観察者の立場から自分の行為を評価することである．しかし，立場の交換は想像上のものであるために，そこでの共感には限界があるという批判がある．スミスがこの点をどのように考えているかを検討する．最後にスミスの共感論の意義を現代の社会心理学におけるエンパシー論との関係で検討したい．

　第3章では，「公平な観察者」が行為者と観察者との立場の交換をつうじて成立するとスミスが見なしていることについて考察する．スミスによれば，行為者は公平な観察者の共感を得ることによって是認されるのであり，行為者は公平な観察者の立場から自分の行為を評価しなければならない．行為者と観察者との立場の交換のさいに，立場は客観的な状況と主観的な観点，感情とを含むが，公平な観察者も行為者の状況をよく知り，そこでの観点や感情を配慮しなければならない．この点でスミスが「公平かつ事情に精通した観察者」について語っていることに注目したい．

　第4章では，公平な観察者が内面化されて良心と捉え直され，それがさらに超越化されて，神と見なされることについて検討する．観察者は世間へ拡大するが，世間も偏るばあいがあり，公平な観察者は行為者の良心へ内面化される．世論を評価の基準とするならば，他律的となる．世論と良心が対立するさいに，良心がどこまで自律性を貫徹できるかをスミスは問う．しかし，良心には限界があり，公平な観察者の理想はさらに神に求められる．事情に精通した公平な観察者は究極的には神であり，神の共感をえられる行為が善であるという結論にスミスは到達することを明らかにしたい．

# 第1章 「他人の立場に立つ」ことと共感

## 1.1 共感の喜びと是認

　道徳的に重要なのは，行為やその動機としての感情をどのように「是認し〔approve〕」，あるいは「否認する〔disapprove〕」かである．スミスはハチソンやヒュームと同様に，道徳感情説の見地に立って，行為に対する是認と否認はそれぞれ「快」と「苦」という感情に基づくと見なす．すなわち，ある行為（感情）が快楽を与えれば，それは是認されるが，また他人による是認は行為者に快をもたらす（行為が他に不快を与えるばあいは，これとは逆になる）．
　一方で，ある行為の観察者は，その感情が行為者の感情に共感するばあいには，快楽を感じ，他方で，行為者は観察者の共感を得ることによって快楽を感じる．「なんらかの出来事におもに関心をもつ人物〔行為者〕はわれわれの共感によって喜び，この共感が欠けているばあいには傷つくが，同様に，われわれはこの人物に共感できるばあいは喜び，そうでないばあいには傷つけられるように思われる」（TMS.I.i.2.6/p.15/上41頁）．このようにして，観察者が他人の行為と感情に共感するばあいには，それを是認するのであり，是認の基礎には共感がある（TMS.I.i.3.1/p.16/上43頁）．
　ところで，共感は，他人と喜びをともにすることだけでなく，悲しみをともにすることをも意味する．苦痛や悲しみをともにするという意味での共感は快を伴なわないのでないかという疑問が生じるかもしれない[1]．スミスはこのような疑問に対してつぎのように応答する．ある人間は，自分の悲痛に他人が共感してくれるならば，安心し，快を感じる．また，他人もこの人間

の悲痛に共感するばあいには，悲痛を上回って快を感じる．すなわち，共感の内容の相異にかかわらず，共感を得ること自体が快なのである．「不運な人々は，彼らの悲しみの原因を伝達できる人物を見出したばあいには，いかに安心することか」(TMS.I.i.2.4/p.15/ 上 39 頁以下)．「心の情念全体にかんして完全に共感できる者とわれわれが交際するさいに見出す快は，この者の状態を見てとることによって感じさせられる悲しみの苦痛を償ってあまりあるように思われる」(TMS.I.i.2.6/p.16f./ 上 42 頁)．

### 1.2　行為の動機と感情

　スミスは行為について，①動機（意図，感情），②身体の運動，③行為の結果，を区別したうえで (TMS.II.iii.introduction.1/p.92/ 上 241)，①の動機を重視する．後者の 2 つは「行為者にではなく，偶然性に依存する」ので，是認や否認の本来の対象とはなりえないとされる (TMS.II.iii.intro.2/p.92/ 上 241)．行為によって同一の結果が生じても，それが意図されたものであるかどうかによって，それに対する評価は異なる．行為者が自分の行為に責任をもつのは，自分が意図から生じた部分に対してである (TMS.II.iii.intro.3/p.93/ 上 242 頁)．

　しかし，スミスは，行為の結果を軽視することを戒めてもいる．彼は行為の評価を動機の対象に対する関係と，結果の他人に対する関係との 2 面に大別する．前者の関係においては，行為の動機がその対象にふさわしく，「適宜的〔proper〕」であるかどうかが問題となり，後者の関係においては結果が他人に対して肯定的影響を与えれば，「功績〔merit〕」をもつと見なされ，否定的影響を与えれば，「罪過〔demerit〕」をもつと見なされる．『道徳感情論』の第 1 部においては「行為の適宜性〔propriety〕」が，第 2 部では「行為の功績と罪過」が主題とされるが，そのばあい行為の適宜性が行為の功績と罪過の基礎におかれる（本書，Ⅲ.1.7, 参照）．このことをまとめると，つぎのように図示できる．

〈図1.2〉

```
                  ┌─ 対対象 ………… 動機の適宜性・不適宜性
        行為の評価 ┤
                  └─ 対他人 ………… 結果の功績・罪過
```

### 1.3　感情と状況

　それでは，行為者の動機としての感情はいかに知られるであろうか．行為者の感情は直接的には知られないとしても，その「外見」，「表現」（「顔つき」，「身振り」など）をつうじて間接的に知られると思われるかもしれない．しかし，このばあいは他人の感情に対する共感は不十分にとどまる．「若干のばあいは，共感は，他人の一定の情動〔affections〕を見るだけから生じるように見えるかもしれない．」「たとえば，だれかの外見や身振りのなかに強く表現された悲嘆や歓喜は直ちに観察者に，ある程度の類似の苦痛な情動や快適な情動を掻き立てる」（TMS.I.i.1.6/p.11/上29頁）．「しかし，このことは一般に，あるいはどのような情念についても，あてはまるわけではない」（TMS.I.i.1.7/p.11/上29頁）．
　スミスによれば，他人の感情を直接に知ることは困難であり，この感情を引き起こす客観的原因（あるいは状況）からこの感情を推測せざるをえない．スミスは，行為の動機としての感情を表現から推測することよりも，原因（状況）の認識から感情を推測することを重視する．
　感情について評価するためにはその原因を知らなければならない．感情はどのような対象に対して，どのような状況や事情において生じたのかが問題となる．しかし，これまで感情の原因は軽視されてきた．「近年の哲学者たちは主に情動の傾向を考察してきたが，それらと，それらを引き起こす原因との関係についてはほとんど注意してこなかった」（TMS.I.i.3.8/p.18/上49頁）．

## 1.4 「立場の交換」と想像力

スミスによれば，けっきょく観察者の行為者に対する共感はつぎのようにして生じる．「他人たちが感じることをわれわれは少しも直接には経験しないのであるから，他人たちがどのように情動を掻き立てられるか〔be affected〕かについてわれわれが観念を形成することができるのは，われわれが同様の状況においてなにを感じるはずであるかを構想することによってにほかならない．」「われわれが他人の情緒〔sensations〕がどのようなものであるかについて概念を形成できるのは想像によってのみである」（TMS.I.i.1.2/p.9/上24頁）．ここでは想像力が重要な役割を果たす．

行為者に対する観察者の共感はつぎのような過程をへて，形成される．①観察者は，行為者の「状況（立場）〔situation〕」を知ることから出発し，②自分が同様の立場において抱く感情を想像し（自分の状況→自分の感情），③他人がこの立場において同様の感情を抱くであろうと想像する（自分の感情→他人の感情）．このことを図示すると，つぎのようになる．

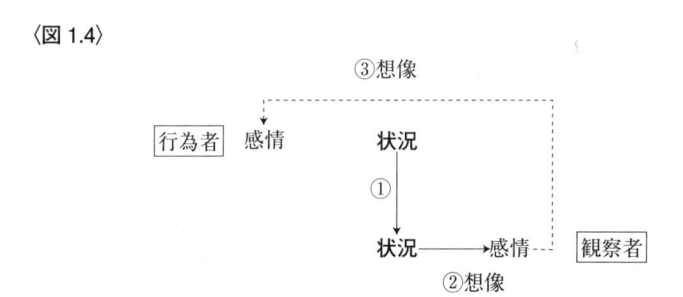

〈図1.4〉

```
                    ③想像
          ┌ ─ ─ ─ ─ ─ ─ ─ ─ ┐
          ↓                  ┊
  行為者  感情       状況
                      │①
                      ↓
                    状況 ────→感情   観察者
                        ②想像
```

「他人の立場に立つ〔put oneself in the situation of another〕」ことは他人と「立場を交換すること〔exchange of situation〕」であるが（TMS.I.i.1.3/p.10/上26頁），いずれも「想像上」のことである．共感も「想像上の立場の交換〔imaginary exchange of situation〕」に基づく（TMS.I.i.4./p.21/上56頁）．共感の成立において他人の立場（状態）の認識と想像とは不可欠の役割を果たす．共感

はそれ自身は感情的なものであるが，状況の認識という認知的要素と結合する．「悲嘆と歓喜のまさに外見がわれわれにある程度の情動を喚起するとすれば，その理由は，われわれが観察する人物に振りかかったなんらかの幸運あるいは不運についての一般的観念をそれらの外観がわれわれに示唆することにある」(TMS.I.i.1.8/p.11/ 上 30 頁).「他人の悲歎や歓喜に対するわれわれの共感さえが，われわれがそのいずれかの原因を知らされるまでは，つねにきわめて不完全である」(TMS.I.i.19/p.11/ 上 31 頁).「共感は他人の情念を見ることからよりも，この情念を掻き立てる状況を見ることから生じる」(TMS.I.i.1.10/p.12/ 上 31 頁).

## 1.5 ヒュームの共感論の問題

　スミスの共感論の特徴は，それをヒュームの共感論と比較することによって明確になる．ハチソンは「同情〔compassion〕」を自然本性的なものとして前提する (本書, II.3.3) が，これに対してヒュームは,「共感」が人間相互の感情の交流をつうじて生じると見なす．すでに見たように，彼はこの過程を 2 つに区別する (II.3.4. (3))．第 1 の過程は，他人の感情の表現（声や身振り）からその原因としての感情を推定し，この他人の感情についての観念が自分の情念に転化されるというものである（〈他人の表現→他人の情念→自分の情念〉）．第 2 の過程は，他人の情念をその原因としての状況から推定するというものである．すなわち，ある状況において他人が抱く感情を推定し，それを自分の感情に転化する（〈他人の状況→他人の情念→自分の情念〉）．

　スミスは第 2 の過程についてのヒュームの分析を継承したといえる．ただし，スミスは，他人の感情を状況の認識から出発して想定することを因果的推論によるとは説明していない．また，彼は他人の感情についての観念が生気ある印象に転化する過程を簡略化している．これに対して，ヒュームは生気ある印象を重視するが，スミスほどは想像を強調せず，これを連想（とくに類似と近接の関係）に近づけて理解しているように思われる (II.3.4. (2))[2]．

　スミスは，ヒュームが重視する第 1 の過程から生じる直接的共感に対して

は批判的である．つぎのような文章はヒュームの見解を念頭においたものであろう．「若干のばあいには，共感は，たんに他人の一定の情動を見ることから生じるように思われるかもしれない．情念が或る人間から他の人間へ直ちに，また主要当事者のなかにそれらを掻き立てたものについて知るよりまえに，浸透するように思われるかもしれない．たとえば，だれかの外見と身振りによって強く表現された悲嘆と歓喜は直ちに観察者に，ある程度の類似の苦痛あるいは快適な情動を引き起こす」(TMS/I.i.1.6/p.11/ 上 29 頁)．「しかし，このことはどのような情念にも一般的にあてはまるわけではない」(TMS/I.i.1.7/p.11/ 上 29 頁)．

なお，スミスは，「同情〔compassion〕」(TMS.I.i.1.1/p.23/ 上 24 頁)，「同胞感情〔fellow-feeling〕」に言及するが，それらは共感を源泉とすると述べている (TMS.I.i.1.3/p.10/ 上 26 頁)．また，彼は「慣行的共感」にも言及しているが，道徳的感情に対するその影響は小さいと見なす (TMS.V.ii.1/p.220/ 下 64 頁)[3]．

## 1.6　自己愛と理性の位置

スミスは共感に基づく自分の道徳哲学の優位性を示すために，それまでの道徳哲学を，①自愛を基礎とする体系，②理性を基礎とする体系，③道徳的感覚を基礎とする体系に大別し，それらを批判する (TMS.VII.iii.intro.2/p.315/ 下 334 頁)．

①自愛を基礎とする快楽説の典型はホッブズとマンデヴィルであるが，スミスはとくにマンデヴィルの説を問題とする．マンデヴィルはつぎのように主張する．行為は自愛なしには，生ぜず，他人や社会に寄与する行為も利己的動機に基づく．この結果，「私的な悪徳は公共的な利益となる」という逆説が生まれる（『蜂の寓話』1714 年）．スミスによれば，マンデヴィルのこのような主張が可能になるのはつぎのような社会的背景のためである．商業社会においては，利己的動機に基づく行為が「見えざる手に導かれて」社会的な利益を生み出す (TMS.IV.i.10/p.184/ 下 24 頁)．「自然はたしかにわれわれの明確な是認と否認の情操をひじょうにうまく個人と社会との両者の便益に適

合させておいたように思われる」(TMS.IV.ii.3/p.188/下33頁以下)[4]．したがって，自愛を目指す行為が一律に否定されるべきではない．ハチソンのように，自愛を仁愛と対立させ，否定的に扱うことをスミスは批判する．「自愛がけっして有徳な行為の動機でありない」というわけではない (TMS.VII.ii.3.13/p.305/下306頁)．

②スミスは合理論をつぎのように批判する．たしかに道徳的判断においては理性が必要であるが，その役割は「帰納」をつうじて道徳の一般的規則を経験から取り出すことにある．しかし，道徳的是認の最終的な源泉は理性ではなく，感情である．「正邪についての最初の知覚は理性の対象ではありえず，直接的な感覚と気持ちの対象である」(TMS.VII.iii.2.7/p.320/下347頁)．しかし，スミスによれば，感情は価値評価の基本ではあるが，変化しやすい．感情による評価は，理性によって引き出された諸規則によって確固としたものとなるのであり，このかぎりで，「徳が理性との一致にある」といわれる (ibid.)．

合理論は，理性と規則に従って欲求と感情を規制することを重視する．スミスも感情を基本としながら，理性に自己規制の機能を認める．つぎに見るように，感情には，その対象や状況にふさわしい「適宜性〔propriety〕」があり，この適宜性に従って感情を調整しなければならず，感情の規制のさいに理性はしかるべき役割を果たす．歴史的にはプラトン，アリストテレス，ストア派は理性による欲求の規制を主張するが，スミスによれば，それは適宜性を基礎とする (TMS.VII.ii.1.1/p.267/225頁)[5]．スミスは同時代のイギリス思想としてはクラークの合理論を，適宜性に基づく立場とみなす (TMS.VII.ii.1.48/p.293/下280頁)．クラークは，行為が「事物の諸関係」へ「適合する」ように理性によって行為を規制することを主張する．このことに対してはハチソンとヒュームも批判していた（本書Ⅱ.3.2, 3.3参照)．

③スミスはハチソンの道徳感覚説を摂取しながらも，その問題点にも目を向ける．ハチソンが自愛を仁愛と機械的に対立させる点のほかに，さらにつぎの点をスミスは指摘する．ハチソンがいう「道徳的感覚」は，行為や情念の道徳性を直接的に知覚する能力である．しかし，スミスによれば，道徳に

おいて感情はさまざまな形態や機能をもっており，これらを一つの「特殊的能力」に還元することはできない（TMS.IV.iii/p.326/下362頁）．スミスはハチソンの道徳的感覚の実体化を問題にするといえる．スミスは道徳的感覚を共感と捉え直すが，共感は道徳的感覚のような特殊的能力ではなく，一つの作用原理であり，作用構造をもつ．ヒュームも同様の指摘を行なっていた（本書，II.3.4 (1)）．スミスのつぎのような文章はとくにヒュームを念頭においたものであろう．「他の［ハチソンとは別の］人びとによれば，是認を説明するために，なにか新しい知覚力〔道徳的感覚〕を想定する必要はない」（TMS.VII.iii.3.3/p.321/下350頁）．

## 1.7 感情の適宜性と共感

　スミスによれば，感情は状況にふさわしく，「適宜〔proper〕」であることによって，是認される．同一の状況においても個人によって，抱く感情に差異がありうる．スミスがとくに問題にするのは感情の強さである．なんらかの対象（事柄，人物）に対して，なんらかの状況において抱くにふさわしい適宜な感情がある．だれかがある対象に対して，ある状況においてなんらかの感情（たとえば憤り）を抱くばあい，それが度を越しているならば，観察者はそれを是認することはできない．過度な感情はむしろ否認の対象となる．逆に感情が弱すぎるばあいにも，このような感情は強すぎる感情ほどではないとしても，是認されないであろう．

　他人の感情に共感することは，この感情を対象（状況）に適った適宜的なものとして是認することを伴なう．「主要当事者の本源的な情念〔original passions〕が観察者の共感的情念〔sympathetic passions〕と完全に一致しているばあいには，これらの本源的情念は必然的にこの観察者にとって正当で適宜的であり，情念の対象に適ったものと思われる．」「したがって，他人の諸情念をそれらの対象に適合したものとして是認することは，われわれがそれらに完全に共感すると認めることと同一のことである」（TMS.I.i.3.1/p.16/上43頁以下）．

行為者（主要当事者）の感情（動機）が観察者の共感を得るためには，行為者は自分の感情を，観察者が「ついていける」程度に調整しなければならない．「われわれ自身に特別に関係する対象によって掻き立てられるあらゆる情念の適宜性，すなわち，観察者がついていける〔go along with〕程度〔pitch〕が，ある種の中庸であることは明らかである．もし，情念が高すぎ，あるいは低くすぎるばあいには，観察者はそのなかに入り込む〔enter into〕ことはできない」（TMS.I.ii.intro.1/p.27/上69頁）．

行為者がその感情を調整すること（観察者が「ついていける」程度に「引き下げる」こと）と，観察者が行為者の感情を理解すること（行為者の感情へ「入り込む」こと）とは，観察者による是認のメダルの表裏をなす．「これら2つの異なった努力，すなわち，[一方で]主要当事者の情操に入り込もうとする観察者の努力と，[他方で]自分の情動を観察者がついていけるものにまでに引き下げようとする主要当事者の努力に，2つの異なった組の徳〔人間愛の徳と自己規制の徳〕が基づく」（TMS.I.i.5.1/p.23/上61頁）．

ここで注意しなければならないのは，スミスは行為の是認の根拠を行為者の感情と観察者の感情との一致にのみ求めているのではなく，行為の動機としての感情と行為の状況に対する関係にも求めているということである[6]．

## 1.8　行為の効用と共感

スミスは行為の是認のさいにその動機としての感情を重視するが，結果を無視しているわけではない．行為が他人（観察者とも異なる第三者）に肯定的な影響（有用性）をもたらせば，観察者によって「功績（利点）〔merit〕」をもつと評価され，否定的な影響をもたらせば，「罪過（欠陥）〔demerit〕」をもつと評価される（TMS.II.iii.intro.5/p.92/上243頁）．ただし，観察者は行為の結果に対して直接に共感をもつのではなく，共感はつぎのように間接的に生じる．

行為が第三者に「恩恵」を与えれば，第三者の「感謝〔gratitude〕」の念を引き起こし，第三者に有害な影響を与えれば，第三者の「憤り〔resentment〕」

を引き起こし，このような第三者の感情に観察者の共感を寄せる（TMS. II.i.2.4/p.70/ 上 183 頁）．したがって，行為の結果に対する観察者の共感は，第三者に対する観察者の共感によって媒介された「間接的共感」である（TMS.II.i.5.2/p.74f./ 上 193 頁）[7]．

ところで，スミスによれば，行為の動機に対する観察者の共感と行為の結果に対する観察者の間接的共感とは，前者が後者の基礎をなすという関係にある．観察者が行為者の感情に共感するのは，それを対象に適った適宜的なものと認めるばあいであるから（本書，III.1.7），観察者が行為者の感情を適宜的とみなさず，これに共感しないばあいは，たとえ，第三者がその有益な結果に対して感謝する（あるいは有害な結果に対して憤慨する）としても，観察者は第三者のこのような感情に共感することはできない（TMS.II.i.1.1/p.78/ 上 205 頁）．

以上のことをまとめると，つぎのように図示できる．

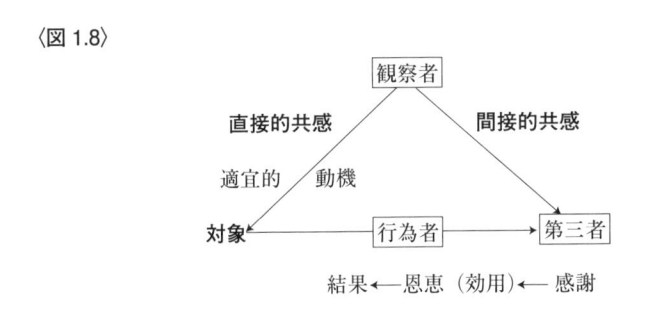

〈図 1.8〉

```
                        観察者
          直接的共感           間接的共感
         適宜的  動機
     対象 ←――― 行為者 ―――→ 第三者
              結果 ← 恩恵（効用）← 感謝
```

スミスのこのような説明は，行為の結果に対する観察者の直接的共感を重視するヒュームに対する批判を含む．スミスのつぎのような指摘はヒュームを念頭においたものであろう．「なぜ効用が喜びを与えるのかを最初に説明した独創的で気持ちがいい著者たちは物事のこのような見方に魅了され，徳に対するわれわれの是認の全体を，効用という外見から生じるこの種の美の知覚へ解消した」（TMS.IV.ii.3/p.188/ 下 33 頁）．「〔道徳的感情についての〕もう一つの体系があり，それはわれわれの道徳的感情を，私が確立しようと努力してきたものとは異なる共感から説明しようと試みる．それは徳を効用のな

かにおき,観察者がなにかの資質の効用を調べるばあいの喜びを,それによって感情作用を受ける人々の幸福への共感から説明する」(TMS.VII.iii.3.17/ p.327/ 下 363 頁以下)[8].

# 第2章　行為者と観察者との「立場の交換」

## 2.1　「立場」の二重性──事情と観点

　スミスによれば，行為の評価にさいして，観察者が行為者の立場に立って，行為者を理解するだけでなく，行為者も観察者の立場に立って，自分の行為を評価することも必要である．スミスは，行為者と観察者のあいだの立場の相互的交換をつうじて共感が成立することを詳細に明らかにする．彼はつぎのようにいう．「このような〔観察者たちと主要当事者との〕一致を生み出すために，自然は観察者に対して，主要当事者の事情〔circumstances〕を想定するよう教えるが，それと同様に，主要当事者たちに対しては，観察者たちの事情をある程度想定するよう教える．観察者たちはたえず自分を主要当事者の立場（状況）〔situation〕におき，そこから出発して，主要当事者が感じるのと類似の情緒〔emotion〕を抱いているが，それと同様に，主要当事者もつねに自分を観察者の立場におき，そこから出発して，彼自身の運を観察者たちが眺めようとするばあいに感じる冷静さをある程度想定する．」「観察者が自分の共感によって主要当事者の運を，ある程度主要当事者の目で見るようにさせられるのと同様に」，「主要当事者はその共感によってこの運を，ある程度観察者の目で見るようにされる」（TMS.I.i.4.8/p.22/ 上58頁以下）．

　行為者が観察者の立場に立つことについてはつぎのようにいわれる．「われわれは，われわれが自分自身を自然に見るばあいの見方〔light〕によってではなく，他人たちがわれわれを自然に見るばあいの見方によって，自分を眺めなければならない」（TMS.II.ii.2.1/p.83/ 上216頁）．「われわれは，自分を行為者であると想像するのではなく，自分自身の性格と行為の観察者である

と想像しなければならず，これらの性格と行為がこの新しい位置〔station〕から眺められるばあいに，どのようにわれわれに情動を搔き立てるかを考察しなければならない」(TMS.Ed.1/p.111 margin/ 上 296 頁).

『道徳感情論』第 2 版以降の版においてはつぎのようにいわれる．私は観察者に対して，「私が彼の立場〔situation〕に立つことによって，また，彼の特殊な観点〔point of view〕から見たときに，私の行為がどのように見えるかを考察することによって，私自身の行為についての彼の情操に入り込もうと努力する」(TMS.Ed.2-6.III.i.6/p.113/ 上 302 頁).

スミスが「他人の立場に立つ」というばあい，「立場〔situation〕」を二重の意味に用いている．それは「事情〔circumstance(s)〕」を意味するとともに，「位置〔station〕」や「観点〔point of view〕」をも意味する．スミスは「～の目で〔with of...〕」，「見方〔light, view〕」という表現を用いるが，これらは「視点」に関わる．視覚のばあい同一の事物についても，位置が異なれば，その見え方が異なるが，これと同様に，行為（感情）の評価も，位置が異なれば，異なる．「事情」は認識の対象であるが，「観点」は認知的意味のほかに評価的意味を含むであろう．

「立場」が二重の意味をもつのに対応して，「他人の立場に立つ」ことも二重の意味をもち，他人の事情を理解することと，他人の観点を理解することを意味するであろう．ところで，観察者が行為者の立場に立つばあいと，観察者が行為者の立場に立つばあいとでは，立場が含む事情と観点の比重が異なる．一方で，観察者に求められるのは，行為者の具体的な事情を客観的によく知り，そこから生じる主観的感情を想像し，これを配慮することである．「観察者と主要当事者の感情のあいだになんらかの照応があるばあいに，観察者は」「他人の立場に立ち，受難者に起こると想定される苦難のどのような細かい事情も自分自身のものと見なさなければならない．観察者は仲間のあらゆる実情〔case〕をその最も細かい付随物のすべてとともに受け入れなければならない」(TMS.I.i.4.6/p.21/ 上 56 頁).

他方で，行為者に求められるのは，観察者の観点（感情を伴なう）から自分の感情と行為を客観的に評価することである．「われわれが他人を判断す

るのと同様の仕方でわれわれ自身を判断することは」「公正性と公平性の最大の行使である．このことを行なうためには，われわれは，他人を眺めるのと同じ目でわれわれ自身を眺めなければならない．われわれは自分を行為者ではなく，自分自身の性格と行為の観察者であると想像しなければならず，これらの性格と行為がこの新しい位置から見たばあいに，どのようにわれわれに情動［観察者の］を生じさせるかを考察しなければならない」(TMS. Ed.1/p.111margin／上 296 頁).

以上をまとめれば，つぎのように図示できる．

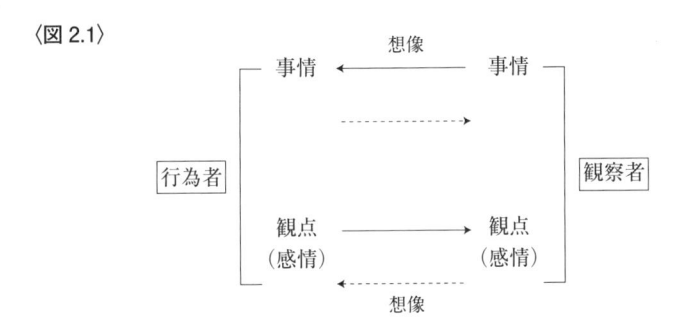

〈図 2.1〉

```
              想像
      事情 ←──────── 事情
       ┌ ─ ─ ─ ─ ─ ─ → ┐
 行為者│                │観察者
       │                │
      観点 ────────→ 観点
     (感情)              (感情)
       └ ← ─ ─ ─ ─ ─ ─ ┘
              想像
```

## 2.2 「立場の交換」と自己評価

「他人の立場に立つ」ことは逆向きの2つの運動を含む．それは一方で，自分を他人の立場におき入れ，他人の事情の認識をつうじて他人の感情や動機を想像し，理解すること（自分→他人）を意味するが，他方で，他人の視点を想像し，そこから自分の感情と行為を反省すること（他人→自分）を意味する．「観察者たちがたえず主要当事者の立場に立ち，そこから，当事者が感じるものと類似の情緒を想像するが，同様に主要当事者もつねに観察者の立場に立ち，そこから，自分自身の運・不運について観察者が抱く冷静さをある程度想像する」(TMS.I.i.4.8/p.22/ 上 58 頁).

このように，「他人の立場に立つ」というばあい，そこでは他者理解（他

者の配慮）と自己反省（自己評価）とが結合している。「他人の立場に立つ」ことは、〈自分→他人〉の方向と〈他人→自分〉の方向とを結合とした円環運動である。ところで、スミスの最終目標は、行為者が、他者が自分を評価するさいの視点から自分を評価することである。「われわれが他人の立場に立ち、いわば彼の目で、彼の位置から自分の行為を眺めるときに、このような行為に影響した感情や動機にわれわれが完全に入り込み、共感できるか、できないかに応じて、われわれは自分の行為を是認あるいは否認する」(TMS.Ed.6/1.2/p.109f./上282頁)。

このことをつぎのように図示することができる。

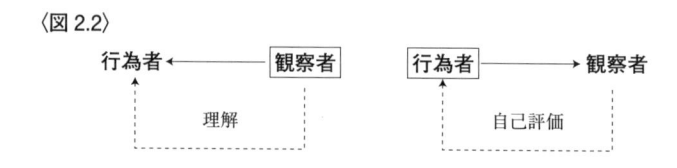

〈図2.2〉

行為者 ←——— 観察者　　　行為者 ———→ 観察者
　　　　　理解　　　　　　　　　自己評価

ヒュームはすでに「他人の立場に立つ」ことの構造を分析しており、この点でもスミスに先行する。ヒュームはつぎのようにいう。「われわれの想念は容易にその立場〔situation〕を変える。われわれは自分自身を、他人に見えるとおりに見渡し、他人が自分で感じるとおりに考えることによって、われわれにはけっして属さずに共感によってのみ関与することができるような〔他人の〕感情に入り込むようになる」(THN.III.iii.1/p.589/四205頁)。また、ヒュームは、観察者が行為者の立場を知り、そこで抱かれる感情を自分のものとして受けとめることを、そこへ「入り込む〔enter into〕」と表現しており（本書、II.3.5)、スミスはこれによって影響されたと考えられる。

しかし、ヒュームは、行為者と観察者とが〈相互に立場を交換する〉ことをつうじて、共感が両者のあいだで成立するということを掘り下げて分析するには至らなかった。彼は、観察者が行為者の立場に立つという面については立ち入った考察を行なっていない。彼が強調するのは、行為者が観察者の立場に立つという面、とくに世間が行為や感情を評価し、これらに共感するという面である。

## 2.3 「立場の交換」の限界をめぐって

　スミスは行為者と観察者のあいだの「立場の交換」のメカニズムをこのように解明するが，この「立場の交換」は「想像上」のものである．これに対しては，スミスの見解は，観察者が行為者の感情を一方的に想定するにすぎず，そこには立場の交換や共感は実際には成立しない，あるいは，そこで生じるのは間接的共感にすぎない，という批判が出されるであろう[9]．たしかにスミスにおいては，「他人の立場に立つ」ことが一方的になる危険性がある．彼自身も，自説が「自己中心的（利己的）〔selfish〕」と理解される可能性を警戒し，つぎのようにいう．「私があなたの悲しみと憤りに共感するばあい，たしかに，私の情動はつぎの理由によって自愛心に基づくと主張されるかもしれない．すなわち，私の情動が生じるのは，あなたのケースを私のものと見なすことからであり，自分自身をあなたの位置におき，つぎに私が同様の事情においてどのように感じるかを考えることからであるという理由によってである．しかし，共感は主要当事者との想像上の立場の交換から生じるといわれるのがひじょうに適切であるとはいえ，この想像上の立場の交換は私自身の身柄と性格のなかで私に対して起こると想定されるのではなく，私の共感の相手である人物自身のなかで私に対して起こると想定される．」「したがって，それは少しも自己中心的ではない」(TMS.VII.iii.1.4/p.317/下339頁以下)．

　他方で，スミスは，「われわれの想像が写し取るのはわれわれ自身の感覚の印象だけであり，他人のそれではない」(ibid.)とも述べる．したがって，行為者自身の立場や感情（「本源的情念」）と観察者の立場や感情（「共感的情念」）とのあいだにズレが生じる危険性が存在する．しかし，スミスによれば，このズレはつぎのようにして解消されていく．ある人物は行為者として観察者の立場から自分を反省するとともに，観察者として他人の行為を理解し，評価する．他人もまたこの人物に対して観察者として振舞うと同時に，行為者として振舞う．しかも，この二重の振舞はこの人物と他人とにおいて

別々に行なわれるのではない．この人物と他人とは行為者および観察者という二重のあり方において，相互に働きかけあい，他者理解と，これを媒介にした自己反省とを相互に検証していくといえるであろう．このことを図示すれば，つぎのようになる．

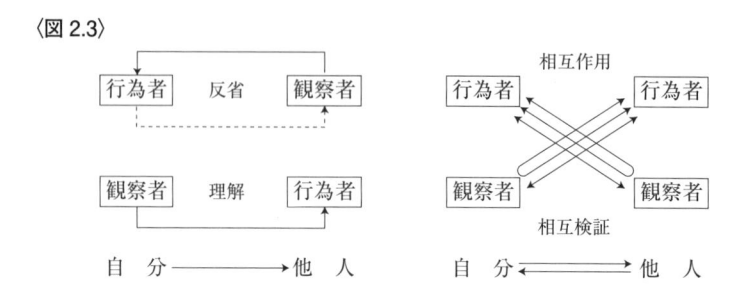

〈図 2.3〉

```
行為者 ─ 反省 ─ 観察者          相互作用
                            行為者 ⇄ 行為者
観察者 ─ 理解 ─ 行為者        観察者 ⇄ 観察者
                              相互検証
自 分 ───→ 他 人         自 分 ⇄ 他 人
```

## 2.4 シンパシーとエンパシー

　感情のコミュニケーションはさまざまな形態をもつが，その基本は，スミスがいう想像上の立場の交換にある．感情の直接的な伝達は，限られた範囲で成立するにすぎない．たしかに想像上の立場の交換は不確かさをもち，このためスミスの説に対する疑問がスミス研究者のあいだでも出されてきた．しかし，想像上の立場の交換は日常の共同生活において持続的に行なわれており，これをつうじて，他人の感情を想定するさいの一方性，主観性は除去されていく．他人の感情の理解の深化は観察者の経験の拡大と想像力の豊富化に依存する．このことは現代の社会心理学において広く確認されるようになった．

　今日他者理解にとっての感情的交流の意義が注目され，〈empathy〉が重視されるなかで，スミスの〈sympathy〉に対する関心が高まっている．ただし，〈empathy〉の理解が論者によってさまざまであり，またスミスの〈sympathy〉の解釈も一面的になりがちなため，混乱も生じているように思われる．一方では，スミスの〈sympathy〉論が〈empathy〉論の先駆とし

て高く評価されるが，他方では，スミスの共感概念に対するつぎのような正反対の批判的評価も出されている．スミスの〈sympathy〉は想像力や因果的推論を媒介にした間接的なものであり，他人の感情との真の一体化ではないと批判されるが，逆に，〈empathy〉は，他人の感情に入り込むという能動的作用であるのに対して，スミスの〈sympathy〉は他人の感情への受動的，直接的一体化にすぎないとも批判される．

　もともと〈empathy〉は，ドイツのリップス〔Th. Lipps〕の〈Einfühlung〉（感情移入）をイギリスのティチェナー〔E. B. Titchener〕が英訳したものである[10]．リップスはヒュームの『人間本性論』のドイツ語訳者であり（1904, 1906年の訳は現在も版を重ねている），〈Einfühlung〉論はヒュームの〈sympathy〉論から示唆を得たと思われる．リップスは，他人を推論によって間接的に知ることができるという見解を批判し，他人は感情移入という本能によって直接的に「体験される」と主張する．感情は身振りのなかで表現され，他人の身振りを見るときに，他人の感情を自分のものとして追体験する．リップスはこのことを，他人の身振りのなかに自分を「投げ入れて考えること〔hineindenken〕」であるとも説明する．それは推論に基づくものではなく，「生の表現の本能」と「模倣の本能」とに基づくとされる．

　リップスの感情移入論はヒュームの刺激によるものと思われるが，スミスの共感論とのあいだに結果としてどのような関係があるであろうか．スミスによれば，他人の事情についての認識から出発し，想像力とによって他人の感情を想定することをつうじて，共感が成立する．これに対して，リップスにおいては，他人の感情の推論は否定され，他人の感情の追体験が直接的に行なわれるとされる．しかし，リップスがいう感情移入はスミスの共感のばあいと同様に，他人の感情との直接的一体化ではない．

　〈empathy〉は1960年代に入ってあらためて社会心理学において注目されるようになったが，リップスの元来の理解とはかなり異なったものとして理解されている．〈empathy〉は，他人の状態の知覚によって生じる「代理的感情反応」であり，他人の立場（事情）に自分がおかれたと想定することをつうじて，他人の感情を推論し，他人の感情を共有する作用である[11]．この

ように定義された〈empathy〉はスミスの〈sympathy〉により近い[12]．

　現代の社会心理学においては，他人の認知や理解は一般に他人の立場（役割や視点）を受け入れることをつうじて行なわれるという見解が有力になっている．G・H・ミードは，他人の態度や視点，とくに社会的に「一般化された」態度や視点を自分へ取り込むことによって自我が形成されると見なした．このような説はその後「役割取得〔role-taking〕」説として展開された．また，ピアジェは発達心理学の分野で「役割取得〔role-taking〕」と関連して「視点取得〔perspective-taking〕」にも注目した．（ただし，これらの理論においては感情の交流は強調されない．）スミスの「立場の交換」論はこれらの役割取得論や視点取得論に先行するといえる．

# 第3章　公平な観察者と「立場の交換」

## 3.1　第三者としての公平な観察者

　行為者に対して観察者は快楽（あるいは苦痛）の感情を抱き，これを是認（あるいは否認）する．しかし，観察者によるこの是認は不適切でありうる．それでは，是認が適切か不適切かはどのように区別されうるのか．ハチソンの道徳感覚論においてはこの点が不明確であるとスミスは批判する（TMS. VII.iii.3/p.325/下360頁）．

　行為者の自己評価は自分の個別的な事情や利害に拘束され，偏った〔partial〕ものとなりがちであるが，観察者の評価も個別的利害に拘束されて，偏ったものとなりがちである．そこで，スミスは「公平な（不偏な，中立的な）観察者（観望者）〔impartial spectator〕」を想定する．

　スミスはつぎのようにいう．他人や世間による判断が一方的なことがあるため，「われわれは，われわれと，われわれとともに生活する人間とのあいだの裁判官をわれわれ自身の心のなかに設けることを学ぶ．われわれは，ひじょうに公平な人物の目の前で」「自分が行為していると考える．このような人物は」「つぎのような公平な観察者である．すなわち，われわれが他人の行為を見るように，利害を離れてわれわれの行為を考察するような観察者である」（TMS/Ed.2-5/p.129.margin/上307頁）．われわれの利害と他人の利害とが対立するときには，「われわれは自分自身の場所〔place〕からでも，彼の位置〔station〕からでもなく，われわれの目ででもなく，彼の目ででもなく，第三者の位置から第三者の目で両者の利害を眺めなければならない．第三者とは，一方と特別なつながりをもたず，われわれ［と彼］のあいだで公

平に判断する者である」(TMS.Ed.2-6.III.iii.3/p.135/ 上 311 頁).

スミスはしばしば「公平な〔impartial〕」という用語を,「利害を離れた〔indifferent, disinterested〕」という用語におきかえている.ただし,公平さは,事情や利害を全く無視することを意味しない.それは,異なった事情,利害を配慮しながら,それらのあいだの「均衡」をはかること含む.すなわち,公平な判断のためには「対立する利害の適切な比較」(TMS.Ed.2-6. III.3.3/p.134/ 上 311 頁) を行なう必要がある[13].

行為者 A に対して観察者 B の評価は偏りがちであるので,さらに観察者 C が第三者として参与することが必要になる.ここに A・B・C のあいだの三者関係が生じる.C は A の行為を是認するが,これを B による A の是認と比較し,これが C による是認と一致するばあいに,B による是認を適切なものとして是認する(是認の是認).特定の観察者(B)による行為者(A)の是認をさらに是認する第三者(C)はさらに普遍化されて,「公平な観察者」(X)へと高められていく.行為はたんに個々の観察者によってではなく,公平な観察者によって是認されなければならない.このことを図示するとつぎのようになる.

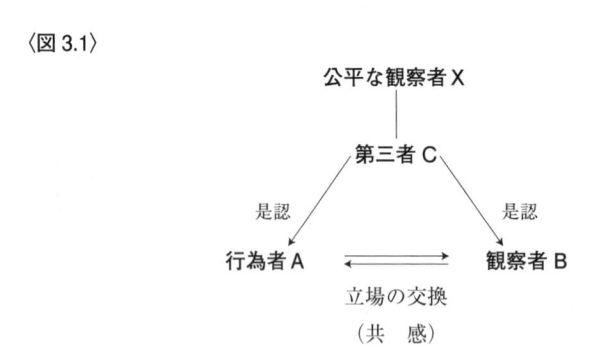

〈図 3.1〉

```
        公平な観察者 X
              │
           第三者 C
          ╱        ╲
       是認          是認
        ╱            ╲
   行為者 A  ⇄  観察者 B
           立場の交換
           （共　感）
```

## 3.2 公平な観察者の共感

行為者 A と個別的観察者 B とのあいだには立場の交換があり,それに基

づいて共感が生じるが，公平な観察者Xと行為者Aのあいだ，および公平な観察者Xと個別的観察者Bとのあいだにも相互に共感が成立する．まず，行為者Aと個別的観察者Bとの水平的関係において共感が生じる．観察者は行為者の立場（とくに事情）を理解し，これに共感するが，行為者も観察者の立場（とくに視点）を理解する．そして，行為者は観察者の立場から自分の行為を考察し，評価する．

　これと同様に，行為者Aと公平な観察者Xとのあいだの垂直的関係においても相互に共感が生じる．一方で，行為者の感情や動機は公平な観察者の共感を呼ぶばあいに，是認される．「これら［行為の動機としての諸情念］が」「是認されるのは，あらゆる公平な観察者の心が完全にこれらに共感するばあいである」(TMS.II.i.2.2/p.69/上181頁以下)．「われわれはそれ［自分の行為］を，なんらかの他の公明で公平な〔fair and impartial〕観察者が行なうであろうとわれわれが想定するとおりに検討する．われわれがこの観察者の立場に立つばあい」，「われわれは，この想定された公正な裁判官による是認を伴なった共感によってそれ［自分の行為］を是認する」(TMS.III.i.2/p.110/上292頁以下)．他方で，行為者もまた公平な観察者の是認に対して共感する．「彼［行為者］は，自分の行為を引き起こした動機を振り返り，利害を離れた観察者が検査するばあいの見方で動機を検査するとき，やはりこの動機に入り込み続けるのであり，この想定された公平な裁判官の是認への共感によって自分自身に対して喝采する」(TMS.II.ii.2.4/p.85/上221頁以下)．

　以上のことをつぎのように図示できる．

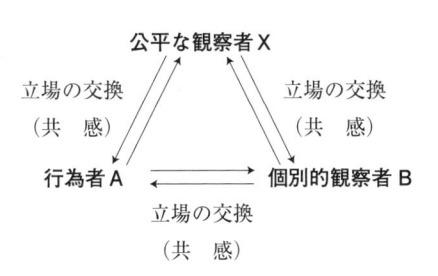

〈図3.2〉

```
                公平な観察者X
           ↗↙              ↖↘
      立場の交換           立場の交換
       （共　感）          （共　感）
     ↙↗                      ↘↖
   行為者A  ⇄  個別的観察者B
              立場の交換
              （共　感）
```

「公平な観察者」という用語はスミス独自のものであるが，彼は，「利害を離れた観察者〔spectator, observer〕」という観念をハチソンから受容するとともに，ヒュームにおける「一般的視点」という観念を摂取することによって，このような用語を確定したといえる．

ハチソンは「利害に関係しない観察者（観望者）〔unconcerned spectator〕」に言及しており（本書，II.3.3），これはスミスの「公平な観察者」の概念に示唆を与えたと思われる．ヒュームも若干の箇所で「観察者〔spectator〕」という用語を用いている（II.3.5）．また，彼は「特殊的利害と関係しない」「一般的観点〔general point of view〕」にも言及し，さらに，「共通の観点」を「すべての観察者」の観点と見なしてもいる．「すべての観察者」の「一般的観点」の概念はスミスの「公平な観察者」の概念に先行する．

### 3.3 事情に精通した観察者と公平な観察者

行為の評価にとって重要なことは，それが万人に妥当する普遍的なものであると同時に，行為の事情を配慮した現実的なものであることである．しかし，普遍性と現実性とが結合された評価は容易ではない．スミスによれば，一方で，観察者が行為者と近く，行為者と利害関係をもつばあいは，評価は「甘く，偏った〔indulgent and partial〕」もの（TMS.Ed.6.III.3.41/p.154/上 444 頁）となる．また他方で，利害を離れた観察者の評価はたしかに冷厳で，客観的ではあるが，事情を軽視しがちになる．しかし，このような評価は現実的ではなく，行為者に対して説得力をもたないであろう．この問題にかんしてスミスが『道徳感情論』第 6 版において「公平でかつ事情に精通した観察者〔impartial and well-informed spectator〕」（TMS.III.2.32/p.30/上 406 頁，TMS.VII.ii.49/p.294/下 281）を重視していることが注目される．

〈well-informed〉は，たんに一般的に「物事に通じていること」を意味するのではなく，「行為の事情をよく理解していること」を意味する．観察者は行為を評価するばあいに，行為者の主観的感情とともに，それを引き起こす客観的事情とを考慮しなければならない．「観察者と主要当事者［行為者］

の感情のあいだになんらかの一致があるすべての場合〔case〕においては，観察者は」「他人の立場に立ち，受難者に起こると想定される苦難のどのような細かい事情〔circumstance〕をも自分自身のものと見なそうと努力しなければならない．観察者は仲間の実情の全体をその最も細かい付随物のすべてとともに受け入れなければならない」(TMS.I.i.4.6/p.21/上56頁)．

「公平で事情に精通した観察者」という用語が登場するのは『道徳感情論』第6版においてであるが(TMS.Ed.6.II.ii.2.4/p.85/上221頁以下)，さきの引用から判明するように，実質的内容はすでに初版にも示されている[14]．「公平」はもともと「事情に精通する」(事情を詳細に知る)ことを含むが(本書III.3.1)，第6版ではこのことを明確にするために，2つの用語を重ねているといえるであろう[15]．

すでに述べたように(III.2.1)，「立場の交換」における「立場」は「事情」と「観点」の二重の意味をもつ．行為の評価は，視点が偏らず，「公平」であることとともに，個別的事情を配慮し，「事情に精通して」いることを求められる．行為が「適宜的〔proper〕」かどうかの判定も事情に照らして行なわれる．このことを図示するとつぎのようになる．

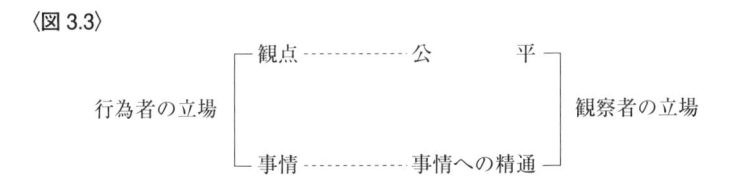

〈図3.3〉

```
                ┌─ 観点 ········ 公    平 ─┐
   行為者の立場 ┤                          ├ 観察者の立場
                └─ 事情 ········ 事情への精通 ─┘
```

## 3.4 共感と道徳的規則

スミスは『道徳感情論』第2〜5版の第3部の「われわれ自身の判断はどのようにして他人の判断であるべきものを参照するのか，及び普遍的規則の起源について」と題される篇において，道徳的な諸規則や諸義務は「立場の交換」をつうじ，共感に基づいて形成されると見なす．一般的規則の起源は

結局，感情と行為の適宜性を判定する「公平な観察者」にある「われわれは本来特殊な諸行為を吟味し，それらが特定の普遍的規則に合致あるいは一致しないように見えるという理由で，これらの行為を是認あるいは否認するのではない．そうではなく，普遍的規則は，ある種のあるいは特定の事情におかれたすべての行為が是認あるいは否認されることを，経験から出発して，見出すことをつうじて形成される」(TMS.III.iv.8/p.159/上 330 頁以下).

普遍的規則がこのようにいったん確立すれば，あたかもそれが一方的に行為のケースへ適用されうるかのように見なされるようになる．「たしかにこれらの普遍的規則が形成されるなかで，それらが人類の一致した情操によって普遍的に承認され，確立されているならば，われわれはしばしばこの批判に判定の基準として依拠する．」これらの事情のために，「法廷の判決のようにまず第 1 に普遍的規則を考察し，つぎに第 2 に，問題となっている特定の行為がそれに包摂されるかどうかを考察することによって，人類の本源的判断が形成されると想定するように，若干の著名な論者は誤って導かれた」(TMS.III.iv.11/p.160/上 332 頁).

# 第4章　良心と「立場の交換」

## 4.1　公平な観察者の理想的性格

「公平な観察者」が想定されるようになるメカニズムについてスミスの説明を整理すると，つぎのようになるであろう．

①身近な他者による評価は「偏った」もの（TMS.Ed.6.III.3.42/p.154/上445）となりがちである．「われわれの道徳的情操の適宜性は，甘く偏った観察者が近くにいて，利害を離れた公平な観察者がきわめて遠くにいるときほど，腐敗しがちなことはない」（TMS.Ed.6.III.3.41/p.154/444頁）．ところで，他人は身近な人間から，より遠くの人間へ（家族→友人→知人），さらには，特定の他人から「見知らぬ人間」へと拡張される．行為者は，観察者がより遠いものとなるにつれて，いっそう冷静に振舞うようになる．「われわれはふつうの知人からは友人からよりも少ない共感を期待する．」「われわれは見知らぬ人間の集団からはさらに少ない共感を期待する．したがって，われわれは彼らの前ではいっそう多くの平静さを装う」（TMS.I.i.4.6/p.23/上59頁以下）．

②「見知らぬ人々」を拡大すれば，それは不特定多数の他人，すなわち「世間〔world〕」となる．行為に対するより公平な評価は「世間の目」（TMS.I.iii.1.15/p.49/上127頁，II.iii.3.2/p.105/上273頁）によって与えられる[16]．世間は，行為者と個別的観察者に対して第三者の位置を占めることができる．このことをつぎのように図示できる．

〈図 4.1a〉

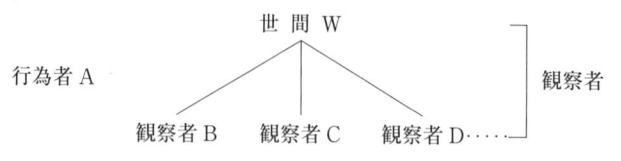

```
                    世 間 W
行為者 A            ┌───┼───┐         ┐
                   観察者B 観察者C 観察者D……│ 観察者
                                        ┘
```

　スミスはさしあたり，「世間」を大半の一般人と見なし，そこに必ずしも「完全な適宜性」の水準を求めてはいない．「多くのばあい，最も完全な適宜性を伴なった行為を行なうためにでさえ，人類のなかで最も通俗的な人びとでさえ所有する普通で通常の感受性以上のものは必要ではない」(TMS.I.i.5.7/p.25/ 上 65 頁)．したがって，まず求められるのは，世論によって是認される程度の行為であり，これによっても個人の偏りはかなり抑制される (ibid.)．

　③しかし，世間の平均的，標準的評価も事情に無知で，偏ったものでありうる．この意味では世間はまだ厳密に公平な観察者の位置を占めることはできない (TMS.III.2.4/p.114/ 上 283 頁)．「無知で無根拠な賞賛はなにも確固とした喜びを［われわれに］与えることはできない．反対に，賞賛が実際には少しも与えられていないであろうとしても，われわれの行為が賞賛に値するということをわれわれが反省するばあい」，「しばしばわれわれにほんとうの快適さが与えられる」(TMS.III.2.5/p.115f./ 上 286 頁)．

　他人や世間によって実際に「賞賛される」ことと，「賞賛に値する」〔praiseworthy〕こととは異なる．「賞賛に値する」ことは，世間から区別された公平な観察者によって賞賛されうるということを意味する．ここでは公平な観察者は理想化される．『道徳的感情論』第 6 版においては「現実の観察者」から「抽象的な理想的観察者」が用語上も明確に区別され (TMS.Ed.6.III.3.38/p.153/ 上 443 頁)，後者が，「想定された〔supposed〕公平な観察者」(TMS.Ed.6.III.2.32/p.131/ 上 480 頁) と見なされるに至る[17]．以上を図示すれば，つぎのようになる．

第 4 章　良心と「立場の交換」　159

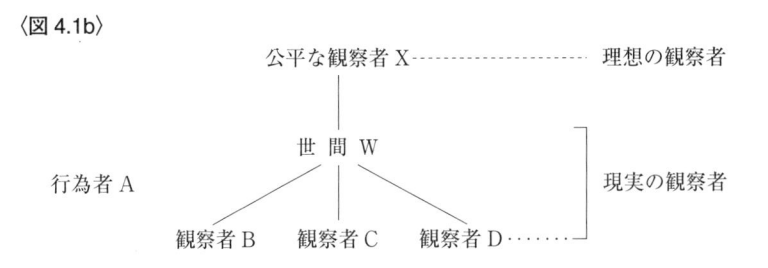

〈図 4.1b〉

```
              公平な観察者 X ------------------ 理想の観察者
                    │
                  世 間 W
                  ╱   │   ╲
  行為者 A      ╱     │     ╲            現実の観察者
            観察者 B  観察者 C  観察者 D ········
```

④さらに，行為者は「理想的な公平な観察者」を自分の心のなかに求め，ここに良心が成立する．良心の基盤は世間にあるが，良心は公平な観察者を理想化し，内面化することによって，世間に対して距離をとるようになる．『道徳的感情論』第 2 版以降の版においてはつぎのようにいわれる．「われわれと，われわれがともに生活する人間とのあいだの裁判官をわれわれの心のなかに設けることをわれわれはすぐに学ぶ．われわれは，まったく公正で公平な人物の目の前で……自分が行為していると考える．このような人物は」「公平な観察者にほかならない」(TMS.Ed.2-5/p.129.margin/ 上 307 頁)．他人や世間による現実の評価がどうであっても，行為者は自分の良心（内的裁判官）に照らして自分自身を評価する．「われわれがこのような人物［公平な裁判官］の立場に立つばあいに，われわれ自身の行為がわれわれにとって快適な外観に見えるならば」，「世間の判断がどのようなものであっても，われわれはやはり自分自身の振舞に満足するにちがいない」(TMS.Ed.2-5/p.129f.margin/ 上 307 頁以下)．以上のことをつぎのようにまとめられる．

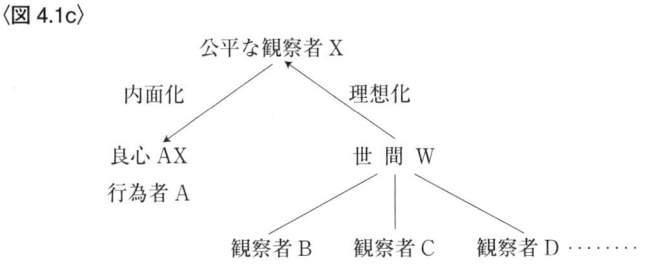

〈図 4.1c〉

```
                  公平な観察者 X
              内面化 ↑    ↑ 理想化
            良心 AX      世 間 W
           行為者 A      ╱   │   ╲
                    観察者 B  観察者 C  観察者 D ········
```

### 4.2 公平な観察者と世間

　スミスは,行為者が他者の立場(観点)から自分の行為(動機としての感情)を評価することを重視する.彼は,人間は鏡をつうじて自分の姿を眺めるのと同様に,「他人の目で」自分の行為を評価するのであり,ここに「道徳的な鏡」があると説明する(TMS.III.i.5/p.112/下300頁).それでは,他人による実際の評価がそのまま「道徳的な鏡」なのであろうか.もしそうならば,そのばあい自己評価が他人(世論)による実際の評価に依存し,他律的にならないかという問題が生じる[18].

　ここで,スミスがつぎのように述べていることに注意する必要がある.「われわれは,自分たちをわれわれ自身の振舞の観察者であると想定する」.「これは,われわれが,ある程度他人たちの目でわれわれ自身の行為の適宜性を吟味することができるための唯一の鏡である」.「もし,このように見て,それがわれわれに気に入るならば,われわれはかなり満足する.われわれは［他人たちの］喝采にいっそう無関心でいることができ,他人たちの非難をある程度軽蔑することができる」(TMS.III.1.5/p.112/上299頁以下).この引用から明らかなように,「道徳的な鏡」が意味するのは他人や世間の実際の評価なのではない.「道徳的な鏡」に映して見ることは,「他人の立場に立つ」というメカニズムを意味しており,ここには想像力をつうじた一種の思考実験がある.

### 4.3 世間と良心

　スミスは『道徳感情論』初版においては世論と公平な観察者とをいちおう区別しながら,世論にかなり高い信頼を寄せていた.「社交と交際は,精神がなんらかのときに不幸にも平静さを失うとしても,それを取り戻すための最も強力な手段である」.「悲嘆についての憤激についても,家庭で座って考え込みがちな隠居と思索の人はしばしばより優れた人間愛,より優れた寛

容」「をもつかもしれないとしても，世間的な人びとのあいだのあのように普通の気持ちの冷静さをめったにもたない」(TMS.I.i.4.10/p.23/ 上60頁)．スミスのこのような見解は，世論を行為の判定・評価の基準とする道徳的，社会的順応論であるかのように受け取られる余地があった．

これに対して，『道徳感情論』第2版においてはつぎのようにいわれる．「最も公明で最も公正な行為でさえしばしば特定の人びとの利益を妨げたり，彼らの意向をくじいたりせざるをえない．これらの人びとはわれわれの動機の適宜性に入り込むに十分な公平さを」「めったにもたない．このような偏った判断から自分自身を防衛するために，われわれはすぐに，われわれと，われわれがともに生活する人間とのあいだの裁判官をわれわれの心のなかに設けることを学ぶ」(TMS.Ed.2-5/p.129.margin/ 上307頁)．

「内なる裁判官」，「胸中の同居人」(TMS.Ed.2-5/p.130.margin/308頁) は良心を意味する．私が「私の行為に判決を下し，それを是認あるいは否認しようと努力するとき，明らかなことは，このばあい私は自分自身をいわば2人の人格に分割するということである．すなわち，尋問官であり裁判官である私は，行為を尋問（吟味）され裁かれる人格である私とは別の性格を表現する．前者は観察者であり，私は自分を彼の立場におくことによって」，「自分自身の行為についての彼の感情に入り込もうと努力する．後者は行為者であり，私が私自身と呼ぶのが適切な人格である」．「前者は裁判官であり，後者は被告である」(TMS.Ed.2-6.III.1.6/p.113/ 上301頁以下)．

スミスは，「自然の創造者」は人間を人類についての「直接的な裁判官」，「地上における自分の代理者」とし，人間の行為に対する裁きを人間自身に委ねたと述べる (TMS.Ed.2/p.128.margin/ 上304頁)．そのばあい2つの審級が区別される．一方は，「人々の前のまえにある下級の法廷〔inferior tribunal〕」，すなわち世間という法廷であり，他方は，「胸中に確立される上級の法廷〔superior tribunal〕」，すなわち良心という法廷である (TMS.Ed.2-5/p.128.margin/ 上304頁)[19]．

### 4.4　良心の自律

　スミスは『道徳感情論』第2〜5版において，良心による評価は世間による評価に優越すると見なす．世間による評価がどのようなものであっても，行為者は良心に従って自分を評価しなければならない．「われわれ自身の良心がわれわれを非難するならば，世間全体の喝采はわずかしかわれわれの助けにならないであろう．また，われわれが自分自身の内部の法廷によって放免されるばあいは，全人類の否認はわれわれを圧迫することはできない．」「内部の人〔良心〕がわれわれを非難するならば，人類の最も高い歓呼も無知と愚かさの雑音としか受け取られない．われわれがこの公平な観察者の性格を自分のものとするならば，つねにこの裁判官の不機嫌と不満をもって自分自身の行為を見ざるをえない」（TMS.Ed.2-5/p.128.margin/ 上 306 頁以下）．

　スミスは，世間に追随する他律に対して，良心における道徳的自律を重視する．しかし，人々は多くのばあい世間の評価に満足し，あえて良心にまで訴えようとはしない．「彼らは下級の法廷の決定に満足している．」「彼らは上級の法廷に控訴することをけっして考えない．」「したがって，世間が彼らを侵害するばあい，彼らは自分たちを正当に扱うことはできず，その結果として世間の奴隷とならざるをえない」（TMS.Ed.2-5/p.130.margin/ 上 308 頁以下）．

　『道徳感情論』第6版においては，第3部に「良心の影響と権威について」という章がつけ加えられ，良心の考察が深化され，世論とのその対立が正面から論じられる．この版においては，真に公平な観察者は「想定された公平な観察者」，「抽象的で理想的な観察者」（TMS.Ed.6.III.3.38/p.153/ 上 443 頁）と特徴づけられ，「現実の観察者」としての世論から明確に区別される（TMS.Ed.6.III.2.32/p.131/ 上 408 頁）．さらに，この理想的観察者は内面化され，「内部の理想的人間」（TMS.Ed.6.III.3.26/p.147/ 上 428 頁），すなわち良心が生じると説明される．「人間による判決に対しては，より高い法廷への，人類の良心の法廷への，想定された公平で，事情に精通した観察者への」，「内部の人

という観察者への控訴が成立する．これら2つの司法権が基づく原理は」「実際には異なっており，区別される．外部の人間の司法権はことごとく現実の賞賛への欲求に基づくが」，「内部の人間の司法権はことごとく，賞賛に値することへの欲求に基づく」(TMS.Ed.6.III.2.32/p.130f./上406頁以下)．

ここでは，「現実の賞賛」は「世間」から得られるが，良心において問題になるのは「賞賛（是認）に値すること」であるといわれる．世間による実際の「賞賛」と，「賞賛に値すること」との区別はすでに『道徳感情論』初版でも示されていたが（TMS.III.2.5/p.115/上286頁），第6版においては「賞賛への愛好と賞賛に値することへの愛好」という章が追加され，この区別が良心との関係でより明瞭にされる．「賞賛への欲求」は，「社会に適合していると見られたいという願望」と結合しているが，「賞賛に値することへの欲求」は「徳への真の愛好」を意味する（TMS.Ed.6.III.2.7/p.117/上382頁）．世論による現実の賞賛を求めることは，世論に順応し，追随することである．そこに想像力が入り込むと，「虚栄」となる．「いかなる賞賛もふさわしくないばあいに賞賛を求めること，あるいはそれを受け入れることでさえ最も軽蔑すべき虚栄の効果でしかありえない」(TMS.Ed.6.III.2.8/p.117/上382頁)．

このように，『道徳的感情論』第6版においては，世論への追随という他律に対して，良心に従う自律が強調される[20]．第三者としての公平な観察者という観念は行為者と個別的観察者とのあいだの「想像上での立場の交換」をつうじて形成されるが，これがさらに普遍化，理想化されて，「想定された公平な観察者」，「抽象的で理想的な観察者」に高められる．このような観察者のみが世論に対して距離をとり，行為を公平に評価することができる．

なお，『道徳的感情論』第6版においてこのように行為の自律が強調されることと関連して，理性が「適宜な」ものへの行為の自己規制を導くことがより重視されるようになる．スミスは公平な観察者の理想化と内面化をつうじて，ある意味で合理論に接近するともいえるであろう[21]．

### 4.5 良心の限界と神

　良心がどこまで世論から独立し，自律性を貫けるかをめぐって，『道徳的感情論』の第2～5版と第6版とのあいだには変化がある．スミスは前者の諸版においては良心に着目するが，良心はそれらの起源を世間にもつと見なしている．「このような内部の法廷［良心］がこのようにわれわれのすべての行為の最高の裁決者であるとしても，」「われわれがその設立の起源を尋ねれば，その司法権は大部分まさにあの法廷［世間］の権威に由来することをわれわれは見出すであろう」(TMS.Ed.2-5/p.129.margin/ 上306頁). このため，良心が，その現実的基盤である世論から独立できないばあいがありうる[22]. 『道徳的感情論』第6版においてはつぎのことが指摘される．「内部の人［良心］はときどき外部の人［世論］の激しさとやかましさによっていわば驚かされ，狼狽させられるように思われる」(TMS.Ed.6.III.2.32/p.131/ 上407頁以下)[23]. そして，良心の力が弱く，動揺しがちであることが指摘されることと連関して，「いっそう高い法廷〔much higher tribunal〕」としての良心の法廷（第2審）のほかに，「さらになお高い法廷〔still higher tribunal〕」として神的法廷（第3審？）というべきものが想定される．「すべての現実の観察者の意見が」，「一致して激しくわれわれに反対しているばあいには，われわれの行為についての想定された公平な観察者はわれわれに有利な意見を出すことを恐れ，ためらうように思われる」(TMS.Ed.6.III.2.32/p.131/ 上408頁).「このようなばあい，卑しめられ苦悩におちいった人間の唯一の効果的な慰めは，さらになお高い裁判所への，すなわち，すべてを見ているこの世の裁判官への控訴にある」(TMS.III.2.33/p.131/ 上409頁). ここでは，公平な観察者は超越化され，神に高められる．

　このように，『道徳感情論』第6版においては一方で世論に対して良心の自律性が強調されるが，他方で良心の弱さも指摘され，それを越えるものとして宗教が求められる．けっきょく「神聖な存在者〔devine being〕」，「神的存在者〔deity〕」，すなわち神が最高の審判者と見なされる．良心による評価

が世間に屈服するとしても,「すべてを見ているこの世の裁判官」としての神的存在者のまえでは正当に評価されるであろうと期待することができるというのである.「このような場合,くじかれ苦悩におちいった人間の唯一の効果的な慰めは,さらになお高い法廷——すべてを見ているこの世の裁判官の法廷,その目がけっして騙されえず,その判断がけっして邪道にそれえないような裁判官の法廷——への控訴のなかにある」(TMS.Ed.6.III.ii.33/p.132/上409頁).

このように,公平な観察者は世論,良心,神という3つの審級に区別される.

〈図4.5〉

```
              ┌─ 神的存在者（第3審?）------ 宗教
公平な観察者 ─┼─ 良    心（第2審）  ------ 道徳的自律
              └─ 世    間（第1審）  ------ 社会・慣習
                  個別的観察者
```

## 4.6 公平で事情に精通した観察者と神

良心は「神の代理人」と呼ばれるが(TMS.Ed.6.III.2.31/p.130/上406頁),神こそが真の「公平な観察者」にふさわしいであろう.神は一方で,世間が見逃すような不正な行為をも見逃さずに,処罰する.「われわれがいかに人間の観察を逃れることができるとしても,あるいは人間による処罰が及ばない高みに立つことができるとしても,われわれはつねに,不正に対する偉大な復讐者である神の目のもとで行為しているのであり,彼の処罰にさらされている——このような観念は,最も頑固な情念さえも抑制できる動機である」(TMS.Ed.6.III.5.12/p.170/上357頁).

ところで,スミスは直接に述べてはいないが,神は「公平な観察者」であるだけでなく,「事情に精通した観察者」でもあろう.「すべてを見ている裁判官」という表現のなかには,「すべての事情に精通した」という意味も含

まれるであろう．神は，世間には理解されにくい行為の事情をよく理解し，それを考慮して行為を裁く．あるいは，世間から正当な評価を受けず，報いも与えられない善き行為に対して神は正当な評価を与え，来世においてしかるべき報いを与える．「不正が勝ち誇ることを阻止できる地上のいかなる力をもわれわれが見出すことに失望するばあい，われわれは自然に天上に訴え，つぎのことを希望する．すなわち，われわれは，われわれの本性の偉大な創造者が」，「来るべき生活において各人に，彼がこの世で遂行してきた仕事にふさわしいものを与えるであろうことを希望する」（TMS.Ed.6.III.5.10/p.169/上354頁）．

このように，神は人間の行為の事情を斟酌したうえで，それを公平に裁き，それにふさわしい賞罰を与える．この点で神は最高の意味で「公平で事情につうじた観察者」であろう．神がこのような観察者という性格をもつとすれば，行為者としての人間と観察者としての神とのあいだに立場の相互交換，相互の共感が成立するであろう．スミスはストア派の主張を批判的に紹介しながら，つぎのようにいう．ストア派によれば，一方で，人間は神の立場から自分の行為を客観的に評価すると考えられている．「ストア派の賢人は宇宙の偉大な総監督の見解に入り込み，物事を，その神聖な存在者が見るのと同じ見方でみようと努力した」（TMS.VII.ii.1.39/p.290/下268頁）．他方で，ストア派は，観察者による行為への共感〔sympahty〕を不適切と見なす．「ストア主義者たちは，観察者の共感をいくらかでも求めるあらゆる情念を」「不適切と見なしているように見える」（TMS.Ed.1-5/p.273 margin／下240頁）．ストア学派は，「完全な脱感情〔apathy〕によって」，「公平な観察者の共感的な軽減された情念をさえ感じないままにしておくことによって」，「われわれの生活の適切な事業と業務として規定したあらゆることにわれわれが成功あるいは失敗しても，これに対してわれわれが無関心，無関与であるようわれわれをし向けようと努力する」（TMS.VII.ii.1.46/p.292f./下273頁以下）．

これに対して，スミスは，神が公平な観察者の立場から行為の事情を考慮すると見なす．自然の運命を受容せよというストア派の主張にスミスはつぎのように反論する．「われわれのもっとも誠実な尽力にもかかわらず，この

小部分に直接に作用しうるすべての出来事が最も不運で悲惨なものとなるとしても，自然はけっしてわれわれをなんの慰めもないままに放置することはなかった．その慰めは内部の人の完全な是認から引き出されうるだけではない．さらに，それは，もし可能ならば，さらに高貴でより寛容な原理からも，人間生活のすべての出来事を指導するあの仁愛に満ちた英知者への確固とした信頼と敬虔な服従からも引き出されうる」(TMS.Ed.6.VI.ii.1.45/p.292/下273頁).

　ストア派によれば，人間は，その行為の事情におうじて神が「仁愛」を与えることを期待すべきではないということになるであろう．ストア派は，人間が神の客観的な立場に立つことを主張するが，神が人間の立場に立って，これに共感することは求めない．これに対して，スミスにおいては，神の仁愛は，事情におうじた人間に利益に対する配慮を含んでいる．

　神は「報酬と処罰の配分」(TMS.Ed.6.III.2.33/p.132/上409頁)を行なうのであり，この点で最高の「公平で事情に精通した裁判官」である．神についてのこのような観念によって，人間が善き行為を行なう動機は強化される．人間の内部の良心はこのような動機づけの点で欠陥があり，これを補うのが宗教であるとスミスは見なすようになる．

　良心と神との関係についてのこのような理解に伴って，行為の一般的諸規則もつぎのように把握される．すなわち，これらの規則は人びとの間の立場の交換をつうじて経験的に形成されるが，(III.3,5)，それは理想化されて，神の代理者が与えた「命令と掟」と見なされる (TMS.III.5.1/p.61/上336頁, III.5.6/p.165/上345頁)[24]．このような見解は『道徳感情論』第2版以降継続される．

### 第Ⅲ部注

1) ヒュームはスミス宛の手紙（1759年7月28日）でこのような疑問を提出した．
2) 井上治子氏は，ヒュームの共感論とスミスの共感論との基本的相異を，「印象がもつ生気」の位置づけの相異に見出す（『想像力　ヒュームへの誘い』，三一書房，1996年，256頁以下）．
3) 第Ⅲ部注9を参照．
4) スミスによれば，社会的利益は行為自身によって意図的に生み出されるのではなく，社会の機構をつうじて非意図的に結果として生み出されるのであるから，このような行為は道徳的是認の対象とはならない．評価されるのは行為の道徳性ではなく，社会組織の調和性，「美」である（TMS.VII.iii.1/p.316/下336頁以下）．
5) スミスは理性の柔軟な形態として「賢慮〔prudence〕」に注目する．賢慮は「私的な利益や幸福の追求」のためのものであるが，まったく利己的であるといえない．われわれはすべての利益を同時に実現できるのではなく，将来の利益のために当面の利益を抑制し，当面の不利益を甘受する．賢慮は「利己的な情緒の適切な支配と方向づけ」を含む（TMS.VII,ii.intro.2/p.266f./下223頁）．自己統制は利益の実現のさいにも必要になる（TMS.IV.ii.8/p.189/下36頁）．
6) ラフィルは，スミスが是認と感情の一致（共感）とを同一視していると批判するが，これは疑問である（D. D. Raphael, *The Impartial Spectator, Adam Smith's Moral Philosophy*, 2007, p.18f./生越利昭・松本哲人訳『アダム・スミスの道徳哲学』，昭和堂，2009年，19頁以下）．スミスは，行為の是認のさいに行為と対象の関係をも考慮し，行為者，対象，観察者との三角関係において共感が成立すると見なしている．
7) ラフィルは，スミスが行為者の感情のみを共感の対象と見なし，行為の結果（第三者に対する関係）を共感の対象から除外すると批判するが，この批判は一面的である．しかし，スミスが行為の結果に対する共感を間接的なものと見なしているという点を考慮すれば，この指摘がまったくの失当であるとはいえない（*Ibid*.p.25f, 前掲訳書，28頁以下）．
8) スミスは『道徳感情論』において正義（法）の根拠を，なんらかの行為によって侵害を受けた者の「憤慨〔resentment〕」への共感に求める．すなわち，観察者は被害者（第三者）への共感を媒介にして，行為者に憤慨し，この行為が処罰に値すると見なす（TMS.II.ii.1.2/p.78/上205頁）．ただし，観察者は，被害者の憤慨が対象と状況にかんして「適宜的」であるばあいにのみ，それに共感する（TMS.II.i.9/p.81/上212頁）．このことについては，田中正司氏の研究（田中正司『市民社会理論と現代』，268頁以下，279頁以下）を参照．したがって，正義は「公平な観察者」の共感に基づく（TMS.II.ii.1.2/p.78/上205頁）．このよ

うなスミスの見解はヒュームの正義論に対する批判を含むと思われる．ヒュームは正義の根拠を各人の利益の間の共通性に求め，正義の徳の根拠を，規則の遵守がもたらす公共的利益への共感に求める（本書，Ⅱ.3.7）．これに対して，スミスは規則の順守が「社会の一般的利益」をもたらすことを承認しながらも（TMS.II.ii.3.7/p.88/上 229 頁），共感（公平な観察者の共感）を規則の順守の基礎におく．ヒュームの正義論については，本書，第Ⅱ部の注 18 を参照．

9) 田中正司氏は，スミスが同感（共感）の基礎を「想像的同感」に求めた点で，ヒュームが共感の基礎を「情動的感染〔emotional infection〕」に求めたことよりも優越していると評価する（田中正司『市民社会理論と現代』，215 頁以下）．これに対して，鈴木信雄氏は，「想像上の立場の転換〔交換〕」や「想像的同感〔共感〕」によっては個人主義を超克することはできないと批判し，むしろヒュームの「情動的感染」論に優位を見出す（鈴木信雄『アダム・スミスの知識＝社会哲学』，名古屋大学出版会，1992 年，137 頁以下．）

10) リップスの感情移入論については石田三千雄氏の詳細な紹介がある（石田三千雄『フッサールの相互主観性の研究』ナカニシヤ出版，2007 年，第二章，第三節）．氏はリップスの感情移入論とスミス共感論との類似性をも指摘している（「フッサール現象学における感情移入の問題」『徳島大学総合科学部・人間社会文化研究』第 8 号，2001 年，26 頁）．

11) このことについては，ホフマンの研究が代表的である（M.L.Hoffman. *The Measurement of Empathy*, 1982）．彼のあと，〈empathy〉はさらに無条件反射的な共通感情の誘発，感情の直接的伝播，自分の感情の他人への投影などの段階を含むと説明されるようになった．

12) 『道徳感情論』出版 250 年を記念した国際シンポジウム（2009 年）の論集のなかで，ネイネイは，スミスの〈sympathy〉を〈empathy〉に近づけて解釈することを批判している．スミスの〈sympathy〉は「単純な代理的な想像上の反応」であり，〈empathy〉とは異なって，自他の心的状態のあいだの「一致や類似性」を示していないというのである（Bence Nanay: "Adam Smith's concept of sympathy and its contemporary interpretations", in *The Philosophy of Adam Smith, The Adam Smith Review*, volume 5, ed. By Vivienne Brown and Sammuel Fleischacker, 2010）．しかし，今日の社会心理学の主流の理解によれば，〈empathy〉もやはり「代理的な想像上の反応」であって，「感情の実際の一致」を意味していない．

13) スミスは「公平な観察者」を「公正な裁判官〔equitable judge〕」ともいいかえる（TMS.III.i.2/p.110/上 292 頁，p.157/III.4.3/上 325 頁）．〈equitable〉は「平衡がとれた」ことを意味し，利益の比較考量と関係する．

14) 「公平」であることと，「事情に精通する」こととの関係については『道徳的

感情論』初版においてもつぎのようにいわれていた.「彼［人間］が自分自身を，公平な観察者がそれを見るばあいの見方で見るばあいには，それ［彼の振舞い］に影響を与えたすべての動機に彼は完全に入り込む.」「人類が，彼が行なったことにたとえ［現実的には］けっして通じて〔acquainted with〕いないとしても.」「かりに人類が事情によりよく精通する〔better informed〕ならば，彼を考察すると想定されるであろうばあいの見方によって，彼は自分自身を考察する」(TMS.III.2.5/p.116/上226頁以下).

15) 水田洋氏は別の解釈を行なう．氏によれば，〈well-informed〉は，「当事者の事情をよく知ることではなく，世間一般について」「事情通である」ことであり（スミス『道徳感情論』筑摩書房，1973年，「解説」，536頁以下），「豊富な知識をもった観察者」は，「世間のさまざまな事情に精通しながら，そのどれについても当事者にならない人物」を意味する（スミス『道徳感情論』，岩波文庫，2003年，下，「解説」，460頁）．

16) キャンベルは公平な観察者についてつぎのようにいう．それは「特権的地位」のある観察者ではなく，「平均的，標準的な普通の人々」を意味する（T. D. Campbell, *Adam Smith's Sciense of Morals*, 1971, p.134）．水田洋氏も公平な観察者を「見知らぬ人びとの冷静な目」，「冷静な世間の目」に求める（水田洋『アダム・スミス』，講談社，1997年，65頁，67頁）．

17) 『道徳感情論』初版でも「現実の賞賛」と「賞賛に値すること」とが区別されているが（TMS.III.ii.5/p.116/上287），「賞賛に値する」ことが理想的性格をもつことは必ずしも明らかにはされていない．現実の賞賛と「賞賛に値すること」とが明確に区別されるのは第6版においてである（田中正司『アダム・スミスの倫理学』上巻，御茶の水書房，1997年，197頁，下巻，御茶の水書房，1997年，151頁以下，柘植尚則「スミス倫理学の展開に関する一考察」『イギリス哲学研究』，16号，1993年，10頁，を参照．）

18) オックスフォード版『スミス全集』第1巻の編集者の序論によれば，エリオットは『道徳感情論』初版における「道徳的な鏡」という説明に対してつぎのような疑問を提出したとされる．「もし，良心が社会的態度の反映であるとすれば，良心は世論からいかにして区別されうるのか．あるいは，それが世論に優越しているといかに考えうるのか」（Adam Smith, *The Theory of Moral Sentiments*, Introduction, p.16）．スミスはエリオット宛の手紙（1759年10月10日）において初版の補正の必要について述べ，その原稿を添え，この内容は第2版に盛り込まれた．

19) 『道徳感情論』初版でもすでに，「法廷」（狭義の司法上の法廷）および「世間」という「あらゆる人間的司法権を越える」「法廷」が想定されており，良心が念頭におかれているといってよい．また，行為の感情，動機，意図にまで立

ち入って行為を評価する「心についての偉大な裁判官」に言及されているが (TMS.II.iii3.2/p.105/ 上 273 頁），この裁判官は内容的には良心を意味する．

20) 世論の偏りをスミスが強く意識するようになった契機は，フランスのトゥールーズで起きたカラス事件である．カラスは息子の殺害の罪で死刑を執行されたが，ヴォルテールらが再審を求め，その結果，事件が宗教的偏見による冤罪だったことが判明した．スミスは当地滞在中に再審の判決を耳にし，『道徳感情論』第 6 版でカラスの良心の苦悩について言及している（TMS.Ed.6.III.ii.11/ 上 388 頁）．

21) 田中正司氏は，『道徳感情論』第 6 版では行為の適宜性と自己規制の重視に伴なって，ストア派が再評価されると理解する（田中正司『アダム・スミスの倫理学』，下巻，202 頁以下，208 頁以下．）

22) 田中正司氏によれば，『道徳感情論』第 2 版では世論に対する良心の自律はまだ明確ではない．「二版ではまだいまだ世論の道徳に対する根本的疑問はもたれていなかった．」（田中正司『アダム・スミスの倫理学』，下巻，142 頁．上巻，196 頁も参照．）良心の自律が明瞭にされるのは第 6 版においてである（同書，下巻，154 頁以下）．田中氏は『道徳感情論』の諸版の内容の変化について，第 2 版で良心の問題が扱われたことを理由に初版と第 2 版のあいだに転換を見出す説を批判し，転換は第 2 版と第 6 版のあいだにあることを力説する（田中正司『アダム・スミスの倫理学』，上巻，198 頁，203 頁，211 頁）．

23) すでに『道徳感情論』第 2 版においても良心の限界が指摘されていた．「われわれはすべてのばあいにわれわれと他人のあいだで完全な公平さで判断できるわけではない．内部の裁判官でさえ，われわれの利己的な情念の暴力や不正によって腐敗させられるという危険にしばしば直面する．また，しばしば事例の現実の事情によって正当化されるのとは異なった報告を行なうように誘発される」（TMS.Ed.2-5/p.141.margin/ 上 312 頁）．

24) 浜田義文氏によれば，スミスは行為の一般的諸規則の経験的起源と神学的起源とを並列しており，両者の緊張関係を明確にしていない（浜田義文『カント哲学の諸相』，法政大学出版局，1994 年，185 頁）．

# 第Ⅳ部　カント実践哲学に対する
　　　　スミスの影響

――「立場の交換」論の改作――

## はじめに

### 0.1 スミスの隠れた影響

　第Ⅲ部では，スミスの『道徳感情論』の基本をなす「立場の交換」の思想について考察したが，第Ⅳ部では，引き続いて，この思想がカントの実践哲学（道徳哲学および人間学を含む）に及ぼした影響について検討する．スミスはカントと同時代の思想家であり，『道徳感情論』のドイツ訳（1770年）が出版された直後からカントはスミスに注目した．

　しかし，カントの実践哲学に対するスミスの影響はヒュームの影響と同様に隠れたものであり，それについて直接的な資料や証拠は存在しない．カント自身もハチソンらの「道徳的感覚〔moral sense〕」論をしばしば批判するが，スミスに言及することはまれである．このためカント研究者のあいだでは，イギリスの他の思想家（ハチソン，ヒューム）による影響と比較して，スミスによる影響に対してほとんど注意が向けられてこなかった．国際的にはこの影響に注目してきたのはむしろスミス経済学の研究者である．

　ドイツのオンケンはすでに『アダム・スミスとイマヌエル・カント──倫理，国家および経済についての両者の説における一致と相互関係』（1877年）において，スミスの倫理思想のカントのそれとのあいだには「驚くべき一致」があると指摘した[1]．彼の主張は強引で機械的な面ももつが，そのあとの研究に方向を与えた．20世紀には『道徳感情論』のドイツ語訳者のエックシュタインが同訳書（1926年）の序論で，スミスの説とカントの説とをかなり詳細に比較し，「カントは『理論』〔『道徳感情論』〕から深い印象を受け」，両者の説のあいだには「幾多の接点がある」と結論づけた[2]．また，

戦後になりスミスの文献研究が進展するなかで，グラスゴー版『スミス全集』における『道徳感情論』の巻の編集者のマクフィーは『社会における個人』（1967 年）においてスミスの『道徳感情論』のカントへの影響に簡単に言及している[3]．比較的近年の研究としてはフライシャッカーのものがある（『道徳的実践における哲学——カントとスミス』1991 年）[4]．これに対して，日本では浜田義文氏の研究を除けば，スミスの倫理思想によるカントへの影響を本格的に論じたものは乏しい[5]．

### 0.2　スミスの影響の射程

カントが重視するのはスミスの道徳感情論そのものではなく，「立場の交換」の理論である．カントは理性の立場からスミスの理論に対して換骨奪胎を行なっている．カントのスミスへの着目はかなり早い．カントが読んだのはスミスの『道徳感情論』の最初のドイツ語訳——第 3 版（1767 年）の訳で 1770 年に出版[6]——であると思われるが（それ以前にもこの著作の概要を間接的に知っていた可能性もある），この時期の前後の論稿においてスミスの基本用語が用いられる．スミスはカントの「お気に入り」であるという友人の証言もある．この時期は，カントが彼独自の倫理思想の確立に向かった時期であり，この時期におけるスミスの影響はその後のカントの倫理思想の発展に大きな意味をもつ．

批判期の『道徳形而上学の基礎づけ』においては「理性的で公平な観察者」という用語が用いられている．また，実践的判断が狭い自己中心に陥らないために，「他人の立場に立つ」ことが重要であるといわれる．後期には諸義務の内容や良心についての考察のなかで「立場の交換」論の影響がいくつかの重要な部分で現れる．さらに，『判断力批判』においては美的判断にかんして，『人間学』においては社交にかんして「立場の交換」論が駆使される．このようにスミスの影響はカントの実践哲学の広い領域に及ぶ．

## 0.3　第IV部の展望

　第1章では，カントがかなり早い時期から「立場の交換（他人の立場に立つ）」という論理に注目していたことを明らかにする．彼は，ハチソンらの道徳感情学派とルソー影響を受けた初期にすでに「立場の交換」の論理によって道徳的問題を説明している．1770年にスミスの『道徳感情論』のドイツ語訳が出版された直後からその影響は顕著になるが，カントは理性中心の見地から道徳感情論を受容せず，「立場の交換」の論理のみを採用する．

　第2章では，批判期においてもカントは，スミスに由来する「立場の交換」の論理を用い，後期にはさらにそれを具体的に展開していることを示したい．カントは批判期には「理性的で公平な観察者」について語っている．また，彼は後期には道徳的関係（諸義務）の説明のさいに「立場の交換」に重要な役割を与えている．さらに良心も「公平な裁判官」の立場から理解している．このようにカントが道徳論の重要な箇所において「立場の交換」の論理に依拠していることを明らかにしたい．

　第3章では道徳的判断と立場の交換との関係について考察する．カントは一般に，判断のさいには「立場の交換」が重要な役割を演じると見なす．しかし，趣味判断のばあいとは異なって，道徳的判断においては「立場の交換」は必須ではないと主張する．しかし，道徳法則に従い，普遍化された格率を行為に適用するさいに，「立場の交換」は重要な役割をはたすのではないか．この問題を，カント倫理学の基本をなす法則，格率，行為のあいだの関係と関連させて，検討したい．

　第4章では，カントにおいて「立場の交換」が本領を発揮するのは趣味（判断力批判）と社交（人間学）の領域であることを明らかにする．カントは趣味と社交においては感情の交流が重要となると見なし，道徳感情学派の見解を採用するが，ヒュームからの影響のほかに（II.5.5），この交流を「立場の交換」と結合する点でスミスの影響があることに注目したい．

# 第1章　初期カントに対するスミスの影響

## 1.1　1760年代における共感論

　カントは同時代人のスミスの思想に早くから注目していた．このことについてカントの教え子のM・ヘルツは1771年7月9日のカント宛ての手紙で，「イギリス人のスミス」はカントの「お気に入り」であると友人（D・フリートレンダー）から聞いたと述べている（KgS.10.126）．この手紙は『道徳感情論』の独訳（1770年）の直後のものである．この時点ではスミスの『国富論』（初版は1776年，独訳は1777-78年）はまだ出版されていなかったので，ここで問題となっているのは『道徳感情論』である．

　スミスの倫理思想のカントへの影響は『道徳感情論』独訳を契機に顕著となる．しかし，「共感」や「立場の交換」という思想はそれよりも早く1760年代中ころのカントの論稿に登場する．これらの思想はまず1764年の『美と崇高の感情についての観察』（『美と崇高』と略記，執筆は1763年）に見られる．すでに見たように（I.1.2.(3)），この著作においてカントは「道徳的な感情（情操）〔moralische Gefühl〕」（〈moral sentiment〉の独訳）の基本形態として「同情〔Mitleiden〕」，「親切心（好意）〔Gefälligkeit〕」，「名誉の感情」を挙げる．カントによれば，前者の2つは「真の徳の基礎」ではない．それらは「愛すべき美しい」「善良な」ものであるが，普遍的な原則を欠き，「義務の全体に対する真の関係」をもたない．「同情」は身近な他人に対する一時的なものであり，「弱く，盲目的」である．名誉の感情については，それにとらわれる人間は，「他人の目に入る行為の外見によって動かされ」，「行為の美や価値そのものに対してではなく，世間がそれについて下す判断に対し

て感情をもつ」．したがって，名誉の感情は「徳の虚飾」である（KgS.2.218, 223/『全集』2.337.343頁）．「真の徳の基礎」は，「人類に対する普遍的な仁愛〔Wohlwollen, Wohlgewogenheit —〈benevelonce〉の独訳〕」にある．これが「普遍的な道徳的感情」である（KgS.2.216f./334頁以下）．カントのこのような主張はおもにハチソンの影響を受けたものである．

　注目されるのは，『美と崇高』において名誉の獲得に関連して，「立場をとる」という用語が登場することである．名誉を求める人間は，「他人の判断がわれわれとわれわれの行為の価値を定めるかのように」思い込み（KgS.2.218/2.337頁），「自分のふるまいを観察者のさまざまな位置〔Stellung〕から判定・評価するために，あらゆる立場をとる〔Standpunkt nehmen〕術を知らなければならない」（KgS.2.223/342頁）．「各人は行為を追求しながら，同時に」「自分のふるまいがいかなる外見をとり，いかに観察者の目に入るかにかんして，自分のふるまいの外見を判定するために，思想のなかで自分自身の外部に立場をとるという隠れた動機によって動かされる」（KgS.2.227/348頁）．カントは，名誉欲を「徳の虚飾」であるとして消極的に理解し，同様の文脈で（他人に）「立場をとる」（「他人の立場に立つ」）という用語をも批判的な意味で用いている．彼は「立場をとる」ことを同情（共感）と連関させてはいない．

　「立場をとる」という用語はだれの影響によるものであろうか．この用語はハチソンには見られない[7]．スミスの『道徳的感情論』の独訳は1770年であり，カントは1760年代中ころにはその全容を知ることはできなかったと思われる．彼がこの著作（初版は1759年）の概略をなんらかの方法で知っていたという可能性は残るが，カントは「他人の立場に立つ」ことを消極的な意味に理解しているので，スミスの用法とのあいだにはやはり相異がある．

　別の可能性として考えられるのがE・バークの影響である．カントの『美と崇高の感情についての考察』は，バークの『崇高と美の観念の起源』(1757年)が1758年にメンデルスゾーンによってドイツに紹介されたことが機縁になって執筆され（同書の独訳は1773年に刊行），カントがこれを目にしていた可能性がある．バークはつぎのようにいう．「共感〔sympathy〕は一

種の〔位置の〕置き換え〔substitution〕と見なされなければならない．それによってわれわれは他人の位置〔place〕におかれ，多くの点で他人が情動を掻き立てられる〔be affected〕とおりに，情動を掻き立てられる．」「われわれが社交に寄せる一般的情念，またわれわれが対象から感じる快についで最も広大な領域をもつものは，共感」「と呼ばれるものである．この情念の本性は，われわれが他人のおかれたいかなる位置にも立って，それと同様の仕方でわれわれの情動を掻き立てることにある．」[8] ただし，バークはここで，「他人の立場に立つ」ことを共感との連関でしかも積極的な意味に理解しており，カントの用法とはやや異なる．

## 1.2 ルソーにおける「立場の交換」の思想

1764-65年の『「美と崇高の感情についての考察」覚書』（『「美と崇高」の覚書』と略記）においては「共感」や「他人の立場に立つ」という思想がより明確にされる．「これ［正義］が悟性において基準をもつために，われわれは思想のなかで他人の立場に立つ〔uns in Gedanken in Stelle anderer setzen〕ことができる．また，それ［正義］にたいする衝動が欠けないように，われわれは自分自身の不幸と危険によってと同様に，他人の不幸と危険に対する共感〔sympathie〕によって動かされる」（KgS.20.36/『全集』18.179頁）．『美と崇高』の本体においては「他人の立場に立つ」ことが「外見上」のものとして消極的，批判的意味に理解されているが，ここではそれは共感と結合されて積極的意味に理解されている．

また，つぎのようにもいわれる．「立場［複数］をとること〔stationes machen〕は道徳に属す．それはまず，［自分の］行為に対する他人の判断に立場をとることである（それが本能となると，そこから名誉欲が生じるのであり，正しさを規定する手段以上のものを目指すことになる）．第2に，他人の困窮や幸福を感じるために，他人の感情に立場をとることである（そこから本能としての道徳的共感が生じる）」（KgS.20.162/18.242頁）．ここでは，「他人の立場に立つこと」は二重の意味に理解されているといえる．それは

一方では，自分の行為について他人がいかに判断するかを考慮すること（「他人の判断に立場をとる」）であるが，このばあいは，他人から優れたものと見なされ，名誉を得ようとする態度と結合する．他方では，行為のある状況において他人が抱く感情を配慮すること（「他人の感情に立場をとる」）である．ここで示される「他人の立場をとる」という論理は『美と崇高』本体のばあいとはやや異なるが，やはりスミスの影響によるものとは即断できないであろう[9]．

『「美と崇高」の覚書』は全体としてルソーの強い影響を受けているので，「他人の立場に立つ」という思想についても論理も同様の可能性がある．ルソーも『エミール』において，「他人の立場に立つこと」に言及している．「想像はわれわれを幸福な人間の立場におく〔mettre à place de〕よりも，むしろ不幸な人間の立場におく」（『エミール』第4編，今野一雄訳，岩波文庫，中，27頁）．「人間の心は，自分より幸福な人の立場において考えることはできない」（邦訳，中，28頁）[10]．ここでも，「他人の立場に立つ」ことは，自分を他人よりも優位な立場に立つということを前提にしており，批判的，消極的な意味に理解されている．

ルソーの倫理思想の基本をなすのは「哀れみ（同情）〔pitié〕」であり，「立場に立つ」という表現もこれとの連関で用いられる．〈pitié〉に対応するドイツ語は〈Mitleid〉，〈Mitleiden〉であるが，『「美と崇高」の覚書』では〈Teilnehmen〉（交感）や〈Sympathie〉（共感）という用語も用いられる．ルソーにおいては「他人の立場に立つ」ことについてはきわめて簡単にしか言及されておらず，その内容もカントのばあいとは異なるので，直ちにルソーの影響について語ることは困難であろう[11]．

カントは『「美と崇高」の覚書』において同情の限界をつぎのように指摘している．「第1に，われわれ自身を評価できるために，他人をわれわれと比較しようとする衝動．第2に，他人がなにを感じるかをわれわれが知るために，他人の立場に立〔uns in die stelle eines anderen setzen〕とうとする衝動．ここから盲目的な同情が生じるが，これは正義を無秩序に陥れる．第3に，他人の判断は論理的にも道徳的にもわれわれの判断が真理であるよう正すこ

とができるので，他人の判断を求めようとする衝動．ここから評判をえようとする欲望が生じる」(KgS.20.97/『全集』18.219頁以下)．「同情」の狭さと限界は『美と崇高』本体においても指摘されていた．また，そこでは，「他人の立場に立つ」ことが，他人からの外面的な評判や名誉を獲得することにつながることも指摘されていた．

『「美と崇高」の覚書』においては，「他人の立場に立つ」という思想が強調される．「なにが定言的に善であるかを判断するのは，自分の利益や他人の利益によってではなく，同一の行為を他人の行為へおき入れる〔ponere in〕ことによってである．」ここに「発見的手段としての道徳的立場の能力〔facultas stationum molalium〕」がある (KgS.20.156/18.238頁)．

さらにつぎのようにもいわれる．「論理的に立場をとること」が「欠如するばあいには」，「自己中心的主義〔Egoismus〕」となり，「道徳的に立場をとること」が，「欠如するばあいには」，「独我論〔Solisismus〕」になる．「道徳的に立場をとるのは本能によるか，知性によるかである．前者は共感〔sympathia〕か哀れみ〔misericordia〕である」(KgS.20.169/247頁)．道徳的独我論を克服するためには，「〔他人に〕立場をとること」が必要になるというのである．ここでは，「道徳的に立場をとること」はたんに「他人の感情に立場をとる」ことではなく，「他人の判断に立場をとる」ことを意味するといえる．このような見解は批判期および後期のカントにも継承される．

## 1.3 「立場の交換」と理性

カントは1760年代中ころには道徳感情論の限界を意識し，ルソーの意志論に影響のもとで，実践理性を基本とする立場へ移行し始める．1766年の『視霊者の夢』においては，「他人の立場に立つ」ことを感情の観点からではなく，理性の観点から捉える方向が示される．この方向は1770年代をへて，批判期および後期のカントの道徳哲学の立場と結合するようになる点で，重要である．「人間の心胸を動かす最強のもの」によって，「われわれの活動の傾向がわれわれの外部のそれらの統一の焦点を他の理性的存在者のなかにお

き入れるようになる.」「われわれがあまりに強くまた一般的に他人の判断に固執し，他人の是認あるいは賛同をわれわれの判断の完成にとって必要であると評価するようにさせる衝動があるが，これについては詳しく述べない.そこからしばしば，悪い意味での名誉妄想が生じるとしても，最も非利己的で最も誠実な性状においても，つぎのような隠された特徴が感じとられる.すなわち，自分自身にとって善あるいは真と認めるものを他人の判断と比較し，両者を一致させるような特徴である」(Kgs.2.334/『全集』3.225 頁以下).

理性は自分の内部に見出され，自覚されるだけではなく，他人の立場（位置，観点）に立つことをつうじて見出されると説明される.「以前には私は普遍的悟性をたんに私の悟性の視点〔Standpunkt〕から考察した. 今や私は自分を他の外部の理性の位置〔Stelle〕に立ち，自分の判断を」「他人の観点〔Gesichtspunkt〕から観察する」(KgS.2.349/276 頁)[12].

カントは 1760 年代末以降には，行為者が理性に基づき，自分の外部の視点から自分の行為を評価するという見解に向い，道徳的感情論を明確に批判するようになる.『道徳哲学遺稿集〔Reflexionen über Moralphilosophie〕』においてはつぎのようにいわれる.「道徳的感情は全く根本的感情ではない. それは，自分自身を外的観点から考察し，感受するという必然的な内的法則に基づく」(KgS.19.103). 共感については 1769 年ころの遺稿でつぎのようにいわれる.「第 1 の究明［の対象］はつぎのようなものである. 1. 道徳的判断の第一原理（判断の理論的規則）はいかなるものか. すなわち，道徳的判断の最高法則はいかなるものか.」「2. 判断の対象に適用するための規則（判断上の適用の実践的規則）はいかなるものか（他人の共感と公平な観察者〔unparteiischer Zuschauer〕).」「3. 動機の道徳的条件はなにによって生じるか. すなわち，この動機の原動力（したがって主体へのこの動機の適用）はなにに基づくか」(KgS.19.117). ここでは「共感」と「公平な観察者」というスミスに由来する用語が登場する. この時期は，スミスの『道徳的感情論』の独訳の出版（1770 年）の直前に属すが，それに先立ってカントはスミスの道徳論についてなんらかの情報を得ていたといえる.

### 1.4 「立場の交換」論の受容

『道徳感情論』の独訳の出版（1770年）以後の1770年代の遺稿においてはスミスの「公平な観察者」,「立場の交換」の思想が受容されるようになるが, 同時に, 理性の立場からスミスの道徳的感情に対する批判が行なわれる. 1776-78年ころと推定される遺稿（『道徳哲学遺稿集』）においてはついにスミスの名が挙げられる.「スミスの体系において, 公平な裁判官は」,［なにが普遍的に善であるかをなにゆえに想定するのか. また, 公平な裁判官はなぜなにかを気に入るのか」(KgS.19.185). このような疑問は, 道徳的感情の位置づけに関係する.

この問題についてカントはつぎのようにいう.「道徳的感情の根拠は」「行為の形式（それをつうじてわれわれは選択意思〔Willkür〕の使用にかんして自分自身と一致する）への適意〔Gefallen〕の必然性である. 道徳的感情の欠陥は」,「人が［道徳の］実質に対してほどは形式に対して関心をもたず, 対象を普遍性の観点から考察しないことにある. 道徳的感情は特殊な感情ではなく」,「普遍的観点から考察されるべきなにかである」(KgS.19.184).「感情にかんしては（感情は判定にのみ適用される）たしかにわれわれはたしかに感官をつうじてのみ感じる. しかし, われわれが対象に立ち向かうばあいの観点をわれわれはとることができる」.「ここではわれわれは理性においてこの観点を理性においてとるのであり, 普遍的観点において感じる」(KgS.19.185).

この時期にカントは実践理性の立場を基本的に確立しており, 道徳的感情は義務（普遍的な道徳的規則）による拘束についての感情であるという理解に到達していたのであるが,「他人の立場に立つ」という思想を踏まえながら, これを「普遍的観点」から捉え直そうとする.

1775-78年ころの遺稿ではつぎのようにいわれる.「倫理は, 普遍的な交感者（参与者）あるいは代理者の観点（立場）〔Gesichtspunkt (station) des allgemeinen Teilnehmers oder Stellvertreters〕から見た行為の法則に基づく」(KgS.B.19.163).「ところで, このため, 道徳がなににもまさってしかも端的

に気に入られるためには」「普遍的観点からアプリオリに，すなわち純粋理性の前で気に入られることが必要である」(KgS.B.19.279). ここでは，「純粋理性」の観点が「普遍的観点」と呼ばれている[13].

このように，カントは実践理性の立場から，「立場の交換」,「普遍的観点」,「公平な観察者」というスミスの概念を把え直す．カントは批判期および後期にもこのような見解を継承し，さらに展開する．

## 第2章　批判期・後期におけるスミスの影響

### 2.1　公平な観察者と幸福

　カントは批判期においても，スミスを念頭においた用語を用いている．『道徳形而上学の基礎づけ』においては「理性的で公平な観察者」という用語が登場する．「純粋な善き意志のいかなる特徴ももたない存在者が」「幸福で繁栄することに，理性的で公平な観察者〔ein vernünftiger und unparteiischer Zuschauer〕はけっして満足することはできない」(Gr.393/13 頁)．この見解は，道徳的義務を遂行することによって「幸福に値する」ようになるという文脈で述べられる．のちの部分ではつぎのようにいわれる．「理性的存在者は立法者としての自分自身の観点，および同様に立法者としてのすべての理性的存在者の観点から」「つねに自分の格率を採用しなければならない」(Gr.438/79 頁)．

　このような見解は『実践理性批判』の「最高善」にかんする論述のなかで詳細に展開される．幸福は，「自分自身のみを目的とする人格の偏った目でではなく」，「公平な理性の判断において」要求される (KpV.110/284 頁)．道徳法則は，「まったく公平な理性から出発して非利己的な仕方で」「道徳性に釣り合った幸福の可能性に至らなければならない」(KpV.124/303 頁)．このような主張は，道徳と幸福との調和としての最高善にかんするものであり，最高善は神の要請につながる．道徳の実現にふさわしく「公平な仕方で」幸福をもたらすのは神である．したがって，最高の「理性的で公平な観察者」は神を意味するであろう．スミスも神を「報酬と処罰の配分者」と見なし，「公平な観察者」を最終的に神に求める（本書, Ⅲ.4.6, Ⅳ.2.4 参照）．

## 2.2 義務関係と「立場の交換」

　カントは批判期の倫理学的考察（『基礎づけ』と『実践理性批判』）においては道徳の根拠づけに力点をおき，行為の格率と道徳法則との関係に焦点を当てているため，行為者としての人格と他の人格とのあいだの道徳的関係は前面に登場しない．これに対して，後期には道徳的諸関係（とくに義務諸関係）が具体的に考察されるようになり，このなかで「立場の交換」が重視される[14]．

　『道徳形而上学』（徳論）においては基本的な諸徳の体系が示されるが，この体系は基本的な道徳的諸関係に従って展開される．これらの考察のさいに，「他人の立場に立つ」こと（「立場の交換」）が重要な役割を演じている．

　道徳諸関係は人間の他の人間に対する関係（対他関係）と自分自身に対する関係（自己関係）に大別され，これに対応して，義務も他人に対する義務と自分自身に対する義務に大別される．さらにそれぞれの義務は完全義務（それへの背反が禁止される消極的義務）と不完全義務（その遂行が推奨される積極的義務）を含むとされる（MS.240,390/61,255頁，Vgl.Gr.421/53頁）．『道徳形而上学』の叙述とは逆に，まず他人に対する義務を検討しよう．

　①他人に対する不完全義務の基本は他人の「幸福の促進」である（MS.449f./332頁以下）．幸福は，それぞれの主体が立て，追求する目的の内容全体をなす．カントは，自分の幸福の追求を道徳の基本にすえることを厳しく批判し，そのかわりに，他人の幸福の促進を道徳的義務の基本と見なす．他人の幸福の促進は，自分が他人の立場におかれるさいに「目的」として立てると推定されるものを実現することを意味する．ここでは，他人が立てる目的（幸福）と思われるものを自分自身の目的とし，これを実現するのであり，自他のあいだの〈目的の交換〉がある．「私の目的として促進することが義務であるような幸福が問題となるとすれば，それは他人たちの幸福でなければならない．私はまさにこのようにこれらの人々の（許された）目的を私の目的とする」（MS.388/252頁）．「隣人愛の義務は，他人たちの諸目的を

（それらが不道徳的でないかぎり）私の目的とするという義務であるというようにも表現されうる」(MS.450/332 頁)[15]．

②他人に対する完全義務の基本は「他人に対する尊敬」である（MS.462f./349f.）．それは他人の人格における人間性を「目的自体」として尊重すること（それをけっして任意の目的のための「手段」として扱わないこと）である．このような他人に対する尊敬は自他のあいだで相互的に行なわれる（MS.462/356 頁）．「各人は自分の隣人から尊敬されることを要求する正当な権利をもつが，そのかわり，隣人もすべての他人に対して尊敬の責務も負う」(ibid.)．さらに注意しなければならないのは，人格における人間性を目的自体として尊重することは人格のあいだで相互に行なわれることである．目的自体はそもそも「置き換え（交換）不可能」なものであるが（Gr.428/65 頁），自分の人間性を目的自体として扱うことは，他人の人間性を目的自体として扱うことと相互的に行なわれるばあいには，立場の交換が行なわれる[16]．これは，立場の交換のすべての形態の基礎にすえられるべき根源的なものである．

③つぎに自分に対する義務についていえば，自分に対する不完全義務の基本は自分の諸能力の開発としての「自己の完成」である（MS.386f.,419/251,289）．この義務の考察においては「立場の交換」という視点は必ずしも明確ではない．しかし，つぎのことはいえるであろう．人間の素質（道徳的素質を含め）は個々人の努力のみによっては達成できず，人々のあいだの相互協力によって達成される．「人間においては理性の使用を目指す自然素質が完全に発展するのは人類においてのみであり，個体においてではない」（『世界市民的見地における普遍史の理念』KgS.8.181/『全集』14.145 頁）．

④自分に対する完全義務の基本は，「自分の人格における人間性を損なわない」ことにある（MS.420, 429/290 頁，302 頁以下）．カントはこの義務の基本的形態として「虚言の禁止」を挙げる．虚言は他人に損害を与え，また他人との関係を損なうという点で，他人に対する関係をも含む．しかし，カントは，虚言がたとえ他人に直接に影響を与えないとしても，それは根本的には自分自身の人格における人間性を損なうことになるとみなし，虚言の禁止

を他人に対する義務にではなく，自分に対する義務に含める．「虚言が，非難されるべきものであると説明するためには，それが他人に対して有害であるという必要はない．」「虚言は，人間を自分自身の目から見て軽蔑すべきものとせざるをえない尊厳に反した行為である」(MS.430/304頁)[17]．

　虚言は他人に対する「外的なもの」と自分自身に対する「内的なもの」を含み，前者については人間は自分を「他人の目で」軽蔑し，後者については人間は自分を「自分自身の目で」軽蔑する (MS.429/303頁)．ところで，「他者の目」(他者の観点)と「自分の目」(自分の観点)とは相互に連関しているといわなければならない．個人は「他者の目」をつうじて自分を反省する．ここには〈観点の交換〉がある．

## 2.3　良心における「立場の交換」

　すでにみたように (本書，Ⅳ.2.1)，カントは「公平な観察者」を理性の立場から「理性的な公平な観察者」として捉え直す．スミスにおいても『道徳的感情論』の版が重ねられるたびに，「公平な観察者」が理想化され，適宜性との関係で理性との結合が重視される (Ⅲ.4.3)．また，「理想的な公平な観察者」が内面化され，良心とされ，さらにそれが神と結合される (Ⅲ.4.5)．カントにも同様の傾向が見られる．

　カントは『宗教論』においては，良心は，「自分自身を裁く道徳的判断力」であると述べている (Rlg.186/250頁)．良心は「内的法廷」であり，そこでは自分を当事者(被告)と判定者(裁判官)に区別する．「良心において，自分を告発し，裁く人間は自分を二重の人格と考えなければならない．」「この二重の自己は一面で法廷(それはもちろん自分自身に委ねられている)の柵の前に立ちおののきながらも，他面で，生来の権威に基づいて裁判官の職務を手中に収めている」(MS.438f./317頁以下)．

　良心においては，裁く自分と，裁かれる自分とに自分を分割するが，裁かれる自分にとっては，裁く自分は別の人格であるかのように現れる．『道徳形而上学』においてはつぎのようにいわれる．「人間の良心はあらゆる義務

に対して」,「自分ではない他者を自分の行為の裁判官であるかのように考えざるをえないであろう. このような他者は現実的な人格であってもよいし, 理性が自分のために作り出すたんなる観念的・理想的な〔idealisch〕人格であってもよい」(MS.438/316 頁). 通常の意味での「現実的人格」は他人, あるいはその総体としての世間である. しかし, 良心における「現実的人格」は内面化されたものである.「観念的・理想的な人格」はとくに神を念頭においたものであるが[18],〈理想化された〔idealisiert〕〉, 人間的人格, すなわちスミスがいう「理想的な観察者」,「想定された公平な裁判官」を意味すると見なすこともできるであろう (本書, Ⅲ.4.4).

カントはすでに 1770 年代後半の『倫理学講義』において「外的法廷」と「内的法廷」とを区別している.「内的法廷」は良心を意味するのに対して,「外的法廷」は通常の法的な意味での法廷と, 世論による評価(評判)を意味する. また,「人間の法廷」と「神の法廷」が区別され, 良心における「内的法廷」は「神の法廷」と結合しているとされる[19]. このような理解は, 後期の良心論にも継承されているといってよい.

カントの良心論はスミスの良心論と内容構造の点で類似したものとなっている. スミスも『道徳感情論』第 2 版以降の版で「外的法廷」と「内的法廷」を区別している.「外的法廷」は「世間の法廷」とも呼ばれ, 狭義の法律上の法廷と世論を含む.「内的法廷」は「胸中の法廷」とも呼ばれ, 良心を意味する (本書, Ⅲ.4.3).「現実的観察者」が普遍化され,「理想的観察者」とされるが, 良心は,「想定された公平な裁判官」がさらに内面化されたものである. このばあいは世論に対する良心の自律が強調される.

カントの良心論とスミスの良心論のあいだには内的構造にかんしての共通性が認められる[20]. しかし, カントの良心論がスミスの良心論から直接に影響を受けたかどうかは定かではない. スミスの影響が強かった 1770 年代にカントはスミスの良心論には言及していない. また, 1770 年代後半の『倫理学講義』のなかに良心についての考察があるが, 行為者(当時者)と観察者のあいだの「立場の交換」の思想は良心論には適用されていない. カントの良心論に直接の影響を及ぼしたのは, 1770 年代の倫理学についての諸講

義のテキストとなったバウムガルテンの著作（『実践哲学原論』1763年）であろうが，そこでは「立場の交換」の論理はない．良心に「立場の交換」という思想を適用し，良心のメカニズムを具体的に分析したのはカント独自の功績というべきである．そのばあいに，スミスの良心論の直接的影響は確証できないとしても，少なくとも，彼がスミスの「立場の交換」を摂取し，これを良心論に適用したということはいえるであろう．

## 2.4　良心と宗教

　道徳と宗教との関係の理解にかんしてスミスとカントのあいだには，ある種の共通性も認められる．カントによれば，神は「賢明で全能な幸福配分者」である（KpV.128/307頁）．あるいは，神は，「神聖な立法者」，「慈愛に満ちた統治者」，「公正な審判者」が一体になった存在者である（KpV.131/313頁）．人間は幸福を行為の原理とすべきではないが，幸福を行為の動機から完全に排除することはできない．そこで，道徳的行為に釣り合った幸福を来世において神が与えてくれることを期待することが許される，とカントは考える．したがって，「公平な理性」から見て，「道徳性に釣りあった幸福」を与えるのはけっきょく神である（本書，Ⅳ.2.1）．スミスも，神は「報酬と処罰の配分」を行ない，人間の「徳に最終的に報酬を与える」（TMS.Ed.6.Ⅲ.ii.33/p.132/上409頁）と述べる（本書，Ⅲ,4,6）．

　また，カントによれば，道徳的義務はけっきょく神によって与えられたものと見なされなければならない．「このようにして道徳法則は，最高善の概念を」「つうじて宗教へ，すなわち，あらゆる義務を神の命令と見なすことへ至る」（KpV.129/310頁）．行為の一般的諸規則と神の関係についてスミスもつぎのようにいう．これらの規則はけっきょくは「最高存在者の諸法［諸規則］」と見なされなければならない（TMS.Ⅲ.v.1/p.61/上336頁）[21]．

　このように見ると，スミスは経験論と道徳的感情論の立場から，カントは実践理性の立場から，それぞれ宗教を捉え直し，この点で相互に接近したといえるであろう．

## 第3章　道徳的判断力と「立場の交換」

### 3.1　「立場の交換」は道徳的判断にとって本質的か

　批判期の倫理学的主著の『道徳形而上学の基礎づけ』や『実践理性批判』においては「立場の交換」への言及はない．これに対して，『判断力批判』においては，「1. 自分で考えること，2. あらゆる他人の立場で考えること〔An der Stelle jedes anderen denken〕，3. あらゆる場合に自分自身と一致して考えること」が「常識（共通の人間悟性）の格率」に挙げられる（UK.294/上181頁）．第1の格率は「悟性の格率」，第2の格率は「判断力の格率」，第3の格率は「理性の格率」とされる．判断力の格率についてはつぎのように説明される．ある人が「判断の主観的な私的制約から」「離脱して，普遍的観点（立場）〔ein allgemeiner Standpunkt (station)〕から自分自身の判断を反省するならば（このような普遍的観点を定めることができるのは，もろもろの他者の観点に立つ〔sich in den Standpunkt anderer versetzen〕ことをつうじてである），このような考え方は，この人が，拡張された考え方の人物であることを証示する」（*ibid*.）．判断力の格率はとくに美や趣味にかんして重要になるとされる．美や趣味については，人は「あらゆる他人の立場に立ち」，自分の判断をあらゆる他人の判断（現実的判断だけでなく，可能的判断を含め）「総体的な人間理性」と「照らし合わせる」ことによって，自分の判断がすべての他人に妥当する共通のものとなることができる（UK.293f./上180頁）．

　後期の『人間学』においても，「1. 自分で考えること，2. あらゆる他人の立場に立って考えること〔an (in) der Stelle jedes anderen zu denken〕，3.

あらゆる場合に自分自身と一致して考えること」が「智恵に至るための格率」であるといわれる（Ath.200/132 頁，Vgl.Ath,228/172 頁）．これは趣味判断のほか論理的判断にも該当するとされる．「自分の悟性［悟性判断］を他人の悟性判断にも引き当てる」ことは「判断力一般の正常さの試金石」であり，これによって「論理的な我意」や「論理的自己中心主義（エゴイズム）」を防止することができるといわれる（Ath.128/25 頁，Vgl.Ath.219/158 頁）．「論理的」は真理の認識（哲学と学問一般）にも関係する．自己中心主義の形態として「論理的自己中心主義」，「美感的自己中心主義」のほかにさらに，「道徳的（実践的）自己中心主義」が挙げられる（Ath.128/25 頁）．自己中心主義の反対は「複数主義〔Pluralismus〕」である．

このように，「他人の立場に立つこと」は「判断力の格率」であり，「道徳的自己中心主義」の克服にとって重要であるとされるが，このことは道徳にどのような意味をもつであろうか．カントによれば，一般的に，規則（法則）を具体的事例に適用するのが判断力である．「道徳的判断力」は，「道徳的諸法則」が「どのような事例へ適用されるか」を「判別する」ために必要になる（Gr.389/8 頁）．「規則において一般的に述べられたものが実践的判断力によって行為へ具体的に適用される」（KpV.67/221 頁）．このばあいに「立場の交換」がどのような役割を果たすかが問題になる．

趣味判断にとって「立場の交換」は本質的である．これらの領域においては，判断が従うべき規則があらかじめ与えられておらず，この判断の普遍性は「立場の交換」をつうじて見出されるからである．それでは，真理の認識においてはどうであろうか．カントによれば，たしかに数学においても，「判断の真理性を確証するためには」，「自分の判断を他人の悟性にも照らして吟味する」こと（Ath.128f./25 頁以下），「他人の立場に立つこと」が必要になる．しかし，「他人との一致」は「真理の外的な基準」にすぎない（Ath.128/25 頁）[22]．

論理的判断のこのような特徴は道徳的判断にもあてはまるとカントは見なしているように思われる．すなわち，道徳的判断の普遍妥当性は他人の判断との一致によって確認されるが，それには依存しないというのがカントの見

解であろう．それでは，道徳においては「立場の交換」は判断にとって付随的役割をはたすにすぎないのであろうか．このことをあらためて検討しよう．

### 3.2 「規定的判断力」と「反省的判断力」

カントは一般的には判断力の役割は，規則を事例に「適用する」こと（あるいは事例を規則のもとに「包摂する」）ことにあると見なすが，『判断力批判』においては彼はこのような判断力を「規定的判断力」と呼び，これとは別種の「反省的判断力」についても語っている（UK.179/ 上 26 頁）．さまざまな事例に対して規則があらかじめ与えられているばあいには，前者を後者に「適用する」ことが「規定的判断力」の役割であるが，そうでないばあいには，さまざまな事例をつうじて規則を「見出す」ことが「反省的判断力」の役割となる．

カントは反省的判断力をとくに美的判断（狭義には趣味判断）において不可欠であると見なす．美的判断が私的，「自己中心的」なものではなく（UK.278/ 上 159 頁），公共的，複数主義的なものとして人びとのあいだで「共通妥当性」をもつためには，「すべての他人の立場に立つ」ことが必要となる．美における「共通妥当性〔Gemeingültigkeit〕」は道徳における「普遍妥当性〔Allgemeingültigkeit〕」から区別されるが，その時々の社会における相対的なものではなく，一つの「理念」（UK.216/ 上 74 頁）として普遍性をもっている．趣味判断はすべての人間に「普遍的賛同」を「要求する」．この普遍性はあらかじめ与えられるのではなく，「立場の交換」をつうじて反省的判断力によって「見出される」される．

ところで，カントがつぎのようにいうばあいには，道徳的判断力を規定的判断力と見なしている．「道徳の諸規則が」「いかなる事例に適用されるかを判定する」ためには，「判断力を必要とする」（Gr.389/8 頁）．「規則において一般的に述べられたものが実践的判断力によって行為へ具体的に適用される」（KpV.67/221 頁）．ここではカントは道徳規則の適用を法律のばあいと類比的に考えているのであろう．ただし，法のばあいとは異なり，道徳におい

ては諸規則の適用に大きな幅があるので，それらの適用に特有の問題が生じることをカントも認めている (MS.411/281f.).

　一般的にいって，規則には，それが個別的事例に「適用」されるという方向（普遍的規則→個別事例）と同時に，個別的事例をつうじて規則を「発見」するという方向とがある（個別事例→普遍的規則）．カントの術語を用いれば，前者においては規定的判断力が，後者においては反省的判断力が作用する．法律においても規則の事例への一方的な適用のように見えるものが，じつは事例をつうじた規則の発見であることが少なくない．

　このことは今日多数の法律学者も確認している[23]．カウルバッハもつぎのように述べている．「普遍的な法概念の立場から」「物件や人格の状態の個別的本性の立場への移行をたんに個別的なものへの法律の〈適用〉」「と解釈することはできない」．「法的実践にかかわる行為と思考の課題は，たんに法律的思考の立場から個別的事例を把握し，評価し，判定することではなく，逆に個人と個々の状況を把握する立場から法律を」「問題とすることである．」「法的思考の運動」は，「裁判官の意識の自己経験によって，使用可能な規範仮説を見出す過程」と，「法的判断の将来の適用」の過程とのあいだには，「往復運動」がある．「カントならば，ここで，権限をもつ判断力を〈規定的判断力〉とは呼ばず」「むしろ〈反省的判断力〉について語るであろう」[24]．

　道徳においても同様であろう．規定的判断力をつうじて道徳法則を行為の事例へ適用することによって，それぞれの事例における義務が導出されるのではなく，規定的判断力をつうじてそれぞれの事例における義務が発見されるというべきである．カウルバッハもつぎのようにいう．「カントがいう定言命法も，行為の個々の〈格率〉を獲得するための尺度と見なすことはできない．この尺度を具体的事例へ〈適用する〉ことによって，そこから個々の義務が導出されるのではない．」[25]

## 3.3　格率の吟味と義務の発見

　カントは批判期には，道徳的法則（あるいは道徳的諸規則）の行為の事例

への適用について語っているが（Gr.389/8頁, KpV.67/221頁），後期には，行為の事例へ適用されるのは格率であると見なす（MS.411/282頁）．道徳法則は，万人に普遍的に妥当する客観的規則であるが，格率は，行為者が自主的に採用する主観的規則である（Gr.420/53頁, KpV.19/145頁）．法における規則（法律）は行為事例に適用されるが，道徳においては「法則は格率を命じるが，行為そのものを命じない」（MS.390/255頁）．したがって，格率に対する道徳法則の関係の段階と，行為に対する格率の関係の段階とは区別される．

カントが批判期に問題としているのは，格率が普遍的妥当性をもつことであり，このことを，格率が普遍的立法に「適合する」，あるいは普遍的立法の「資格」をもつと表現する（KpV.27/189頁以下）．この関係は格率に対する普遍的法則の適用ではない．普遍的道徳法則は，いかなる内容をも捨象したまったく形式的なものであり（Gr.421/53頁, KpV.27/159頁），このような法則がなにかに適用されることは不可能である．適用されうるのは，一定の内容を伴う規則である．法においては，規則（法律）は一定の内容（その普遍性の水準はさまざまであれ）をもつものとして適用される．カントが重視するのは，格率が普遍的妥当性をもつかどうかを「吟味（テスト）〔Probe〕にかける」（MS.389/254頁）ことである．格率の普遍的妥当性の「吟味」は消極的なものであり，「適用」のような積極的機能をもたない．

つぎに，行為の個別的事例に対する格率の関係について検討しよう．カントは格率の行為事例への適用について語るが，倫理学においてはつぎのような難点を伴うと見なす．「ある格率が特殊的事例にいかに適用されるべきかに決着をつけるよう」「判断力に求められる問題に倫理学は導かれざるをえない」．ここでは，「判断のさいにいかに手続きがとられるべきかという普遍的な処方〔Vorschrift〕（方法〔Methode〕）」が必要となる（MS.411/281頁以下）．法論は，数学と同様に，法律（法則）の適用を「厳密に規定する」ものであるから，「普遍的処方を必要とせず，むしろこれを事実をつうじて確証する」（ibid.）．これに対して，道徳的義務は消極的義務（完全義務）だけでなく，積極的義務（不完全義務）をも含むため，格率の行為事例への適用には大きな幅があり（MS.390/255頁），この適用のための規則をさらに必要とする．

ところで，道徳的行為において重要なことは，ある個別的事例において義務の内容はなにであるか（なにをなすべきか）である．義務の内容はどのように示されるのであろうか．カントにおいてはこのことは明確ではない．彼は批判期には道徳的原理論の次元で，特定の内容をもつ格率が普遍的法則に一致すれば，この格率に従った行為が具体的義務の遂行になると見なしているようである．このばあいには義務の内容は予め与えられておらず，それぞれの行為事例において格率の普遍化可能性の吟味をつうじて見出されなければならないであろう．

これに対して，カントは後期には「道徳形而上学」の次元で諸義務の基本的内容を示そうと試みる[26]．そのさいに，カントはやはり，諸義務（諸徳）は道徳的原理（徳の原理）の「経験的諸事例への適用」によって示されると主張する（MS.468/358頁）．『道徳形而上学』（「徳論」の部）が行なっているのは，基本的な道徳的諸関係に即して基本的諸義務の大枠を示すことである，道徳的諸関係はさまざまな階層をもち，基本的な関係から，「人間の状態」を考慮したより具体的な関係に及ぶので（MS.468/358頁以下），諸義務の完全な体系を示すことはできない[27]．『道徳形而上学』における主題は個別的な行為事例への適用ではない．この適用は諸義務の体系に「注釈」や「決疑論」として付加されるにすぎない（MS.411/280頁）．

カントは，それぞれの行為事例における義務の内容は原理や規則の適用によって示されるかのように主張するが，その説明に成功してはいないように思われる．カントにおいては格率の普遍化の吟味は形式的であり，また，原理を基本的な道徳的諸関係に適用して，基本的諸義務を示すばあいも，この適用は多分に外在的で図式主義的である．

## 3.4 実践的判断の処方と「立場の交換」

それぞれの行為事例においていかに行為すべきかは，「規定的判断力」をつうじて規則（格率）が事例に「適用」されることによって示されるのではなく，「反省的判断力」をつうじて事例のなかで「見出され」なければなら

ないであろう．そのさいに重要な役割をはたすのが，「他人の立場に立つ」ことである．

ここでは，「道徳的に立場をとること」は「発見的手段」となる（KgS.20. 156/18,238 頁）という初期の見解との関係が注目に値する（本書，Ⅳ.12）．さらに，カントが1760年代末に「判断の対象［行為］に適用するための規則」に関連して「公平な観察者」に言及していた（KgS.19.117）ことが想起されるべきであろう（本書，Ⅳ.1.3）．彼は批判期に，格率が「すべての場合に」「いかなる人間に対しても」普遍的妥当することを求めるが，むしろ格率が「それぞれの場合（事例）」において「いかなる人間に対しても妥当する」かどうかが重要であろう．すなわち，行為についての判断は，他人の行為にかんしては，〈自分が類似の事情におかれるばあいに，どのようにふるまうか〉が判断の「普遍的な処方」（MS.411/281 頁）となり，また，自分の行為にかんしては，〈すべての他人が類似の事情におかれるばあいに，そのようにふるまうか〉が判断の「普遍的な処方」となるであろう[28]．カントは，格率が普遍妥当性を得るためには，行為の状況を度外視しなければならないと理解しているようであるが（Gr.424/58），状況を考慮することと，格率の効力に例外を認め，それを相対化することとは別の次元に属す．

道徳的判断においては行為の状況を考慮しなければならない．スミスの概念を用いれば，行為の判定や評価はたんに「公平」（普遍的）であるだけではなく，「事情に精通して」（個別事情を配慮して）いなければならない．行為者の事情（客観的な状況と主観的な動機，欲求，願望）を捨象するならば，公平性は抽象的にすぎず，現実性をもたない．カントも道徳的判断の「公平性」に注目するが，脱コンテキスト的アプローチを採用するため，「事情に通じた」という側面を無視してしまう．この点でカントは「立場の交換」についてのスミスの思想を部分的にしか摂取していない．

# 第4章　趣味と社交における「立場の交換」

## 4.1　趣味と社交における感情の交流

　カントは一般に道徳における共感や同情の役割を低く位置づける．したがって，彼はその倫理学のなかにスミスの共感論を積極的に摂取してはいない．これに対して，カントは人間学的考察のさいにはヒュームとともにスミスを高く評価している．『人間学遺稿』においてはつぎのようにいわれる．「歴史や無味乾燥な哲学の題材をヒュームほど知性と深い洞察力をもって，しかも美しく論じた著作家が，あるいは，人間の道徳的認識をスミスのように論じた著作家がどこにいるであろうか．すでにわれわれのまえには，精神の生き生きとした手本があるのであるから，ここから出発すべきである」(KgS.15.592/『全集』15.411)．カントはヒュームによる人間観察をも高く評価しているが (本書Ⅱ.5.3)，どちらかといえば，ヒュームを歴史論と認識論の面で，スミスを「道徳的認識」の面で手本と見なしているようである．
　スミスにおいては「道徳的認識」は道徳感情論を基礎にしているが，カントによれば，感情が重要な役割をはたすのは趣味（『判断力批判』の対象）と社交（『人間学』の対象）の領域においてである．注目すべきことに，これらの領域においては，「立場の交換」論が駆使されている．すでに述べたように（Ⅳ.2.2, Ⅳ.2.3），カントは道徳においても実践的理性の立場から「立場の交換」に着目しているが，以下では趣味と社交における「立場の交換」の役割について検討しよう．
　『人間学』においては社交の場での共感についてつぎのようにいわれる．他人を見るとき，「彼の顔つき〔Gesicht〕と挙動〔Betragen〕に表現される心

の動き〔Gemütbewegungen〕と感情〔Gefühl〕は観察者（観望者）〔Zuschauer〕に共感的に作用し，構想力を通じて，温和な，緊張の真剣な感情を残す」（Ath.239/187頁）．スミスもこれと類似のつぎのような説明を行なっていた．「若干のばあいには，共感はたんに他の人物の情動を見ることから生じるように見えるかもしれない．」「だれかの外見〔look〕と身振り〔gesture〕によって強く表現された悲嘆と歓喜は直ちに観察者〔spectator〕にある程度の類似の苦痛あるいは快適な情緒〔emotion〕を引き起こす」（TMS.I.i.16/p.11/上29頁）．人間学における人間観察はヒュームの影響を受けていると考えられるが，想像力をつうじた「立場の交換」に基づく観察はとくにスミスを念頭においたものであろう．

　社交においては感情の伝達も重要な意味をもつ．このような伝達はそれ自身快ともなる．人間が「自分の心の状態を」「伝達できることが快を伴なっていることは，社交性にかんする人間の自然的性向から（経験的かつ心理学的に）容易に証明できるであろう」（UK.218/上76頁）．

　社交と趣味は密接な関係にあり，そこでは感情の伝達が重要な役割をはたす．「社交性が，社会に向かうよう規定された被造物としての人間の要件として」「容認されるならば，趣味をも，人間が自分の感情さえもあらゆる他人に伝達できるようにするためのすべてのものの判定能力と見なされることは誤りでないであろう」（KU.296/上185頁以下）．「自分自身の人格やその術を趣味によって表現することはすべて，（自分を伝達するための）社会的・社交的状態を前提とする．」「趣味は」「自分の快苦を他人へ伝達することを目指し，この伝達によって自分も快く刺激され，それへの適意〔Gefallen〕を他人と共同で（社会的に）感じようとする感受性を含む」（Ath.244/195頁）．また，逆に，趣味も社交性を促進するという役割をはたす．「すべての美術のための手ほどきは」「人文的教養〔humaniora〕と呼ばれる予備知識によって心の諸力を開化することにあると思われる．その理由はおそらく，人文性〔Humanität〕は一方で普遍的な交感の感情〔Teilnehmungsgefühl〕を意味し，他方では，自分を心からしかも普遍的に伝達することができる能力を意味するという点にある．これらの特徴はともに結合して人間性〔Menschheit〕に

ふさわしい社交性という特性を形成する」(UK.355/上264頁).

　カントは道徳感情学派を批判し，社交や趣味を道徳から明確に区別するが，社交や趣味の道徳に対する積極的な関係にも目を向けている．趣味や社交における洗練（文明化〔Zivilisieren〕）は直ちに道徳化をもたらすわけではないが，その「準備」となる．「趣味は道徳性を外的に促進する傾向をもつ」(Ath.244/195頁)．「趣味を育てる」ことが「人間を道徳性へ近づける」(KgS.24.1096/『全集』20.403頁)．趣味の洗練化は道徳的感情の形成に重要な影響を及ぼす(UK.356/上265頁).

## 4.2　「立場の交換」と共通感覚

　『判断力批判』においては，「立場の交換」はおもに趣味にかんして問題にされる．1772-73年ころと推定される『人間学遺稿』においては，趣味の対象は「自分の観点からではなく，共通の観点から」見る必要があるとされ，「公平な観察者（観望者）〔der unpartheyische Zuschauer〕」に言及されている(KgS.Bd.15.334/『全集』15.379頁)．ここには明らかにスミスの影響が見られる．

　カントによれば，社交において各人は「立場の交換」をつうじて広い見識を獲得していくが，そこにおける諸規則「経験的諸規則」であり(UK.213/上69頁)，相対的なものにすぎない．これに対して，趣味における規則はすべての他人に対して一種の普遍妥当性をもつ．美は対象にではなく感情（心的状態）に関係し，この点では美的判断は「主観的」であるが(UK.203/上56頁)，美的判断は私的，個人的ではなく，「共通妥当性」をもつ．すなわち，美的判断は個々の対象についてのものでありながら，そのままで普遍性をもつ(UK.300/上190頁)．美的判断においては個々の事例のなかにそのつど規則が見出されるのであり，あらかじめ与えられた規則がこの事例へ適用されるのではない．ここでは「規定的判断」ではなく，「反省的判断」が問題になる．

　ところで，美的判断がたんに私的ではなく，共通的であり，他人に対して普遍的規則をもつことができるのはなぜか．このことをカントはつぎのよう

に説明する．一方で，美の成立にとっては構想力が不可欠であるが，構想力に普遍性を与えるのは悟性である．しかし，悟性は，あらかじめ立てられた普遍的規則に従って構想力を規制するのではない．また，悟性とその諸規則は美の「対象の認識」にかんするものではなく，「主観の内面的感情との関係」にかんするものにすぎない（UK.229/上90頁）．他方で，構想力の側から見れば，それは悟性（概念）に従属することなく，それと一致する（UK.240/上107頁）．このように悟性と構想力とは「遊動」をしながら，微妙な「調和（諧調）〔Stimmung〕」を生み出す．この調和という心理的状態についての感情が快であり，この快が美の主観的根拠となる．美的判断力の普遍性は感情（快）の内部に求められなければならない．しかし，この根拠はたんに個人的ではなく，共通的である．

　この共通の根拠としてカントが重視するのが「共通感覚〔sensus communis〕」である．感情はすべての他人に伝達されなければならず，「普遍的な伝達可能性〔Mitteilbarkeit〕」をもつ．趣味は，感情を，「概念を媒介とせずに普遍的に伝達可能とするものの判定能力」である（UK.295/上182頁）．そのばあい「共通感覚」が想定されなければならない．それは，「すべての他人の，現実的なというよりむしろ可能的な判断と照らし合わせる」ことに基づく「判定能力の理念」である（UK.293f./上180頁）．判定能力としての共通感覚は立場の交換を伴う．それは，「すべての他人の立場に自分をおき移し」，「普遍的立場」を確定する（UK.295/上182頁）ことをつうじて生じる[29]．ここにも，「立場の交換」についてのスミスの見解の影響が認められる．

　共通感覚は実体的なものではなく，一種の作用原理であって，ヒュームやスミスの共感と共通の特徴をもつといえるであろう．「共通感覚」という概念は，イギリスにおいて道徳的感情学派とは異なるコモン・センス学派（T・リードら）の影響を受けたものであるが，カントはこれを経験的なものではなく，独自の仕方でアプリオリなものとして捉える．

## 4.3　美学における経験論と合理論の克服

　カントは「共通感覚」に着目することによって，美についての経験論的考察と合理論的考察との一面性を克服しようとする．経験論のアプローチとしては，E・バークのように，身体の機能を基礎に美を生理学的，心理学的に説明する試みがあるが (UK.277/ 上 158 頁)，このばあいは美的判断は経験的，相対的であるにすぎない．経験論における別のアプローチとして，感情を基礎とするものがあるが，このばあいには感情は私的なものであるか，人々の感情のあいだのたんなる経験的，相対的な一致に基づくものかである．カントはこのような感情論的アプローチについては特定の思想家の名を挙げていないが，まず念頭においているのはハチソンであろう．ハチソンは『美と道徳の観念の起源』において，「美の感覚の普遍性」を，経験に基づく「人類の普遍的一致」に求める (Orig.I.vi.4/p.63/78 頁)．なお，ヒュームの見解も考慮されているとも考えられる．趣味の「規定根拠」について特定の法則に従って証明することは不可能であり，「主観自身の状態（快あるいは不快）に対する反省」に基づいてのみ可能であるとヒュームが述べたとカントは解釈している (UK.285f./ 上 170 頁)[30]．

　これに対して，合理論的美学は対象の「完全性」を基礎におくことによって美的判断の普遍性を確保しようとする．カントは『判断力批判』においては名指ししてはいないが，とくにヴォルフ学派のバウムガルテンあるいは M・メンデルスゾーンを念頭においていると思われる．完全性の概念は悟性によって把握されるものであるから，美的判断は悟性に従属し，本来は「偽装された理性判断」であるとされる (UK.346/ 上 251 頁)．

　カントによれば，趣味判断の普遍性をめぐって経験論と合理論とのあいだに対立があり，これが「趣味判断における二律背反」を生じさせる．一方で経験論的美学においては，趣味判断は個人によってさまざまであり，主観的であって，概念に従ってその普遍性を証明することはできないといわれる．他方で合理論的美学においては，趣味判断は概念に基づいて万人のあいだで

必然的に一致することを要求するといわれる（UK.338/上241）．

　カントは二律背反にかんして直接には述べていないが，経験論と合理論とのあいだの対立は「共通感覚」に依拠することによって解消されると理解していると思われる（UK.346/251頁）[31]．趣味判断は理論的および道徳的概念に基づかず，「共通感覚」に基づくことによって普遍性（共通妥当性）を得る．「共通感覚」は立場の交換をつうじて作用する．カントはイギリスの感情論的美学を批判しながらも，「立場の交換」の論理を道徳感情論（とくにスミスの）から導入し，これを美学へ適用したといえる．『人間学遺稿』において趣味に関連して「公平な観察者」に言及されるのは（KgS.15.334/『全集』15.379頁）このためであろう．

### 第IV部注

1) Auguste Oncken, *Adam Smith und Immanuel Kant. Der Einklang und das Wechselverhältnis ihrer Lehren über Sitte, Staat und Wirtschaft*, 1877. S.87 ff.. オンケンは，スミスの『道徳感情論』における倫理思想と『国富論』における経済理論との関係を問題にした先駆者として知られる．彼はこの著作においてスミスとカントの倫理思想の主な一致点として3点を指摘する．第1に，両人は「自由な行為のための普遍的規則」と，そのもとでの「自己克服」を重視する．このような解釈によってスミスの理論はカントの定言命法に引きつけられる．第2に，両人のあいだには良心論について一致がある．第3に，両人においては，良心および義務の根源はけっきょく神に求められる．なお，オンケンは，スミスの倫理思想のカントへの影響は「間接的」なものにとどまると見なしている．これについては浜田義文氏のコメントがある（『カント倫理学の成立』，206頁以下，241頁以下）．

2) エックシュタインはつぎのようにいう．「カントは『道徳感情論』を知っており，評価していたように思われる．カントの倫理学的諸論稿においてはたしかにスミスの著作と数多くの接点が示されている．たとえ，オンケンが彼の著作において挙げた［両者のあいだの］多くの類似点はたしかに疑問視されてよいとしても．」Adam Smith, *Theorie der ethischen Gefühl*. Deutsche Übersetzung, 1926. Walther Eckstein. Einleitung des Herausgebers, XXXIII ff..（このドイツ訳は現在も版を重ねている．）

3) Alec Lawrence Mackfie, *The Individual in Society*, 1967. マクフィーはつぎのようにいう．「ヒュームが，カント的構成に霊感を与えたことになった破壊的な火を灯したとすれば，スミスは，彼の〈公平な観察者〉において，『実践理性批判』のなかに反映された一条の光を灯したといえよう」（舟橋喜恵・天羽康夫・水田洋訳『社会における個人』，ミネルヴァ書店，1972年，90頁）．

4) Sammuel Fleischacker, "Philosophy in Moral Practice: Kant and Smith", in *Kant-Studien*, Bd.82, 1991.

5) 浜田義文『カント倫理学の成立』，202頁以下，浜田義文『カント哲学の諸相』，165頁以下．

6) カントが読んだのはCh.G.Rautenbergによる『道徳感情論』第3版（1767年）の独訳（1770年）と推定される．

7) ヒュームは『人間本性論』において，「他人の立場に立つ」という論理を部分的に示しているが，その独訳の刊行はかなりあとの時期である．1763-65年の段階ではヒュームの影響は考えにくい．

8) Edmund Burke, *A Philosophical Enquiry into the Sublime and Beautiful*, 1757. I. xiii, xvii.（中野好之訳『崇高と美の観念の起源』，みすず書房，1999年，49頁，58

頁）．

9) 当時のカントにおける「立場の交換」および共感は，スミスにおけるような「独立の評価機能」をもたされていないと浜田義文氏は指摘している（『カント倫理学の成立』，156頁）．

10) ルソーの『エミール』にはつぎのような叙述もある．「想像が活発になり，自分を自分の外に連れ出し始めないかぎり，だれも感じやすくはならない」（岩波文庫，中，28頁）．「人間の心は，自分より幸福な人の立場において考えることはできない」（邦訳，中，31頁）．なお，同情の限界も指摘されている．「哀れみ（同情）〔pitié〕は快い．というのは，苦しんでいる人の立場に立ちながらも，やはりじっさいにはその人のようには苦しんではいないという喜びをわれわれは感じるからである」（邦訳，中，27頁）．スミスもつぎのように述べている．「人類は」，「他人にふりかかることに対して，主要当事者を当然刺激するのと同じ程度の情念をけっして抱くことはできない．」「彼ら自身は安全である，彼ら自身はじっさいには被害者ではないという考えが彼らを〔被害者と同程度の情念を抱くさいに〕妨害する」（TMS.I.i.4.7/p.22/56頁）．

11) 同情概念にかんしては，ルソーの説とハチソンの説の関連も考慮すべきかもしれない．シュムッカーは，同情論にかんしてルソーはハチソンの影響を受けたと指摘している（Josef Schmucker, *Die Ursprünge der Ethik Kants in seiner Vorkritischen Schriften und Reflexionen.* 1961. S.128）．

12) カントは，公平な悟性（理性）の観点に立つことを巧みな比喩によって説明する．品物の取引における不正を発見するためには，秤における品物と分銅の皿を「交換」すればよい．これと同様に，「悟性の秤の偏り」を正すためには，自他のあいだで立場を「交換」し，自他の判断を比較し，つき合わせること，すなわち，自分を「外的理性の位置」におき，「他人の観点」から自分の判断を考察することが必要である（KgS.2.349/『全集』3.276頁以下）．

13) 『道徳哲学遺稿集』における1770年代の原稿では，以上引用したものを含め，10箇所以上にわたって，「公平な観察者」に言及されている．代表的な叙述を若干追加しておこう．「幸福に値する〔道徳的義務をはたすこと〕かどうかの判断にかかわらずに，自分自身および他人が幸福であろうという願望は偏愛〔Vorliebe〕（偏見〔praedilection〕）と呼ばれる．偏愛なしに（したがって利害をもつことなしに）判断する者は，偏らず（公平に）〔unpartheyisch〕に判断する．われわれは自分自身にかんしてつねに偏って〔partheyisch〕いる．したがって，われわれにも他人にも少しも関係しない第三者をわれわれは裁判官と考える」（KgS.Bd.19.237）．「私は正当につぎのようにいうことができる．私が良心をえたばあいよりも，他人が良心をもつばあいに，私は喜ぶ．」「後者のばあいに私はそれを公平な観察者〔ein unpartheyischer Zuschauer〕の立場から道徳的に判定

する」（KgS.Bd.19.300）．

14) 浜田義文氏は，『カント倫理学の成立』において初期カントにおける立場の交換の思想について考察しているが，この考察は『視霊者の夢』までにとどまり，スミスの影響が本格化した1770年代のカントの思想には言及していない．氏は『カント哲学の諸相』においては批判期と後期のカントにおける立場の交換について検討しているが，カントの思想とスミスの思想との基本的相違のため，立場の交換についての両者のあいだの対応は部分的，間接的にすぎないとされる（浜田義文『カント哲学の諸相』，195頁）．氏は，カントが1770年代以降，理性中心の視点からスミスの立場の交換の論理を捉え直していることについて立ち入った分析は行なっていない．

15) 他人の目的を自分の目的とすることはスムーズに行なわれるとはかぎらない．一方で，他人が目的とするものであっても，私がそれを不道徳的である（他人の人格における人間性に背反する）と見なすばあいには，私はそれを自分の目的としなくてもよい（MS.388/253頁）．他方で，私が他人の幸福と見なすものが，他人自身にとってはそうでないこともありうる．後者についてはつぎのようにいわれる．「親切を他人に対して行なうことができるのは，親切を示そうとする当人の観念に従ってのみであって，私が贈り物を他人に押しつけても，他人にじっさいに親切を示すことにはならない」（MS.454/339頁）．

16) 宇都宮芳明氏はつぎのようにいう．「カントは『自分の人格および他人の人格における人間性を目的自体として扱え』という定言命法においてつねに自分の人格における人間性を他人の人格における人間性のまえにおくが，このことは，前者の尊重なしには，後者の尊重はないことを意味するであろう」（宇都宮芳明『人間の間と倫理』，以文社，1980年，199頁．同『人間の哲学の再生にむけて』，世界思想社，2007年，191頁）．

17) 『倫理学講義』では，一方で，『道徳形而上学』のばあいと同様に，虚言はまず自分自身に対する義務であるといわれるが，他方では，虚言の禁止は他人に対する義務であるといわれる（VE.283ff./S.444/248頁以下）．

18) 「このような観念的人格（権威ある良心の裁判官）は衷心照覧者〔Herzenskündiger〕でなければならない」といわれ，けっきょくそれは，「すべてを支配する道徳的存在者」すなわち神であるといわれる（MS.439/317.

19) カントは1776-78年ころの遺稿ではより詳細に，裁判官を「内的な裁判官」，「外的な倫理的裁判官（軽蔑し，憎悪し，あるいは尊重し，愛する公衆）」，「市民的な，任命された市民的裁判官」に分類している（KgS.19.267）．最初の裁判官は良心であり，第2の裁判官は世間の評判を意味し，最後の裁判官は狭義の法的な裁判官を指す．スミスの良心論とカントのそれとの比較については，浜田義文『カント倫理学の成立』，329頁以下，石川文康『カント　第三の思考』

(名古屋大学出版会，1996 年)，第 4 章，を参照．
20) 両者の共通性にまず注目したのはオンケンである．彼は，カントの良心論とスミスの良心論のあいだの一致は「まさに驚くべき」であると述べる（Oncken, *Adam Smith und Immanuel Kant*. S.93）．オンケンによる両者の良心論の比較は，「立場の交換」という内的メカニズムにまで立ち入ってはおらず，多分に表面的であるとしても，先駆的なものであった．
21) フライシャッカーは，スミスが行為の一般的規則を神によるものと見なすことによって，その義務づけを重視する点で，「カントに著しく接近する」と述べる（Fleischacker, *Philosophy in Moral Practice*, p.261）．しかし，スミスにおいて「公平な観察者」が理想化されることによって，カントにおける「理性的で公平な観察者」に接近することにはフライシャッカーは目を向けない．これは，彼がスミスにおける「公平な観察者」の経験的性格を重視することに由来する．浜田氏もフライシャッカーの解釈を批判的に紹介している（浜田義文『カント哲学の諸相』188 頁)．
22) 「真理にとっては他人との一致はたしかにとうてい十分ではない．それにもかかわらず，それは一つの基準である」(『ペーリッツ論理学』KgS.24.2.551/『全集』20.15 頁).「自愛あるいは論理的自己中心主義から生じる予断．この自己中心主義によれば，自分の判断が他人の判断と一致することは，真理にとってなくてもよい基準であるとされる」（KgS.9.80）．
23) 田中成明氏は，法の適用（とくに判決における）が「三段論法の形式」をとり，法規範を大前提とし，具体的事実［事例］を小前提とすることについてつぎのようにいう．「法規範の内容が予め明確に確定されていて，それを三段論法的推論に従って具体的事件に適用するというように，画然と区別された倫理的順序に即して判決が作成されることはまれである．」「大抵の場合は，法規範の意味内容の確定や事実認識など，判決の作成におけるいっさいの活動は，相互に連関した一連の過程として同時的あるいは不可分に行なわれる」（田中成明『現代法理論』，有斐閣，1984 年，236 頁).
24) Friedrich Kaulbach, *Einführung in die Philosophie des Handelns*, S.113. (有福孝岳監訳『行為の哲学』，勁草書房，1997 年，175 頁 .)
25) Kaulbach, *a.a.O.* S.163. （邦訳，254 頁）
26) 『道徳形而上学』「徳論」においては基本的諸義務の内容を示すために，「同時に義務である目的」という独特の概念が導入される．格率が普遍的立法と形式的に一致するだけでは消極的にすぎず，格率は積極的に，「同時に義務である目的」を「実質」としてめざさなければならないとされる（MS.389/254 頁以下).
27) カントは，「義務の純粋な原理」を「経験のさまざまな事例へ適用することによって，この原理をいわば図式化し，道徳的・実践的使用のために示す」と主

張する（MS.468/358頁以下）．このことは直接的には「人間の状態に関する人間相互の倫理的諸義務」について述べられているが，『道徳形而上学』の「徳論」全体にも該当するであろう．

28) G・M・ヘアはカント倫理学の基本を格率の「普遍化可能性〔universalizability〕」の理論として捉え，これを自分の「選好功利主義〔preference-utilitarianism〕」と結合する．ヘアによれば，「普遍化可能性」は「類似の状況（現実的および仮想的）において同一の判断を下す」ことにある（R. M. Hare, *Moral Thinking*, 1981, p.42, p.114, p.226/ 内井惣七・山内友三郎監訳『道徳的に考えること』，勁草書房，64, 170, 338頁）．ヘアはヒュームを引き合いに出し（p.226/ 邦訳，339頁）また，訳者の内井惣七氏は，ヘアの説はカントの思考とヒュームの思考を結合したものであると解釈するが（同書「解説あとがき」361頁），ヒュームよりもむしろスミスとの関係を考慮するのが適当と思われる．

29) 知念英行氏はカントにおける「共通感覚」とスミスの同感［共感］とのあいだに共通性を見出す（知念英行『カントの社会哲学』．未來社，1988年，122頁以下，150頁以下）．

30) カントの主張はヒュームの小論『懐疑派について』を念頭においたものと思われる．ヒュームはそこでは，一方で趣味は「多様」で，「相対的」であると述べるが，他方では趣味について人々のあいだには「斉一性」があるとも述べ，後者は前者を妨げないようにすることを求める（田中敏弘訳『道徳・政治・文学論集』，144頁）．この見解は『趣味の標準について』においてより具体的に示される（同書，192頁，194頁，200頁）．なお，スミスは趣味についてつぎのような独自の見解を表明している．科学においても趣味においても諸対象は「同じ観点」から見られるのであり，人間の感情のあいだの調和のために，共感や「想像上の立場の交換」は必要ではないと見なす（TMS.I.i.4/p.19/ 上51頁）．

31) カントが直接に述べているのは，構想力と悟性との調和が理性的理念（超感性的なものの理念）であり，このような高次の概念に基づいて，各人の趣味判断は共通妥当性をもつことができ，このようにして趣味判断をめぐる二律背反が克服されるということである（UK.344/ 上249頁）．

# 第Ⅴ部　ホッブズの行為決定論

——その先駆性と限界——

# はじめに

## 0.1 行為決定説の先駆

　近代の思想家のなかで，人間の行為について決定説を最も明確に徹底的に主張した先駆者はホッブズである．彼は自然学な機械論の立場から，スコラ哲学に由来するそれまでの自由意志論を批判した．ヒュームの行為決定説はホッブズの説を継承，発展させたものである．ヒュームの説とのカントの対決の意味も，ホッブズの説へ立ち返ることによって，より明瞭になるであろう．第V部でホッブズの行為決定説についての考察を付加するのはこのためである．

　ホッブズはブラムホール（ブラモール）〔Bramhall〕との論争をつうじて自説を展開しており，この論争を概観することをつうじてホッブズ説の思想史的文脈が鮮明になる．ブラムホールはアリストテレスとスコラ哲学の伝統に従って，ホッブズの決定説を批判した．両者のあいだの論争は，意志の自由と神の意志の関係をめぐる神学上とも密接に関連する．

　イギリスにおいてホッブズの決定説を継承したロックの説，大陸合理論における自由意志をめぐる議論（デカルト，スピノザ，ライプニッツらの説）については第VI部で考察したい．デカルトの自由意志説とスピノザの決定説とを調停したライプニッツは柔らかい決定説に立ちながら，ホッブズの主張に関心を寄せ，ブラムホールとの論争にも言及している．

　カントは決定説と対決して自由意志を首尾一貫して擁護するために，「自由の原因性」という概念を確立した．カントが直接に対決したのはライプニッツ＝ヴォルフ学派とヒュームであり，ホッブズには言及していない．しか

し、「自由の原因性」に基づくカントの自由意志説は、決定説の源流であるホッブズの説に対する批判につながる。ホッブズの決定説は徹底したものであるだけに、それが含む問題点はカントの説の意義を浮き彫りにするであろう。

## 0.2 自由の異なった位相

ホッブズの自由論としてよく知られているのは、行為の自由、外的障害の不在としての自由についての説である。彼は主著『リヴァイアサン〔Leviathan〕』（〔Lv. と略記、初版、1651 年）の第 14 章においてつぎのようにいう。「〈自然の権利〉は」、「各人が自分自身の自然すなわち自分自身の生命を維持するために、自分で意志するとおりに自分自身の力を用いるという、各人がもつ自由であり、したがって、彼がそのために最も適当な手段と考える」「あらゆることを行なうという自由である」（Lv.I.xiv/p.116/ 一 216 頁）。ホッブズはさらにこの引用に続けて、つぎのようにも述べている。「〈自由〉ということで理解されているのは、その語が本来意味するところによれば、外的な障害が不在であることである」(ibid.)。これら2種の自由は行為の実行の段階におけるものである。

ところが、ホッブズは『リヴァイアサン』の第 6 章においては、「熟慮」は、「われわれの欲求〔appetite〕あるいは嫌忌〔aversion〕に従って［なにかを］行なうか、差し控えるかするという自由を終結させる」と述べている（Lv.I.vi/p.48/ 一 110 頁）。この自由は、行為に先立つ段階のものであり、しかも意志形成以前の段階に属する。ホッブズはこのように、意志以前の段階における自由と行為の実行の段階における自由を認めるが、行為の直前の意志には自由を認めない。それはなぜかが問われなければならない。

この問題についてのホッブズのより詳しい見解を知るためには、彼がブラムホールとの論争のなかで執筆した 1654 年の『自由と必然性』（LN. と略記）と 1656 年の『自由、必然性および偶然性』（LNC. と略記）をも参考にする必要がある[1]。

## 0.3　第Ⅴ部の展望

　第1章では，ホッブズの行為決定説の特徴を明らかにする．彼は意志形成以前の選択の段階と，意志に基づく行為の実行の段階とに自由を認めるが，意志には自由を認めない．意志は行為に直結する最後の欲求であり，独立性をもたないとされる．その意味について検討したい．

　第2章では，自由は必然性と両立可能であるというホッブズの見解を検討する．彼は一種の柔い決定説を主張する．それによれば，選択も意志作用も行為の実行も先行の諸原因によって決定されている．しかし，意志に従って行為が実行されるならば，それは自由であり，自由と必然性とは対立しない．意志に反して行為が強制されるならば，それは意志に反するが，行為が必然性に従うことは自由とは対立しないとされる．

　第3章では，このようなホッブズの決定説が行為の処罰や責任をめぐる規範的問題をどのように扱っているかを検討する．行為が先行の諸原因によって決定されるとしても，それが意志に基づくことによって，処罰の対象となるということをホッブズは認めながら，意志は必然性とは対立しないと主張する．しかし，彼は，意志が行為の直接的な起点となることの規範的意味を深く理解しないために，処罰の根拠の説明に曖昧さを残すことになった．このことは，決定説全般の問題を示していると思われる．

　第4章では，ホッブズの意志論が国家論，宗教論と密接に関連していることを示したい．彼によれば，国家は個人のあいだの同意（契約）によって設立されるのであり，個人の自発的意志がその基礎となる．個人と国家との関係も個人意志と国家意志との関係として捉えられる．しかし，ホッブズは，個人相互の同意が恣意的なものとなり，国家の安定を脅かすことを防止するために，個人の意志は国家の設立と国家への服従にさいして神の意志によって決定されると解釈する．

# 第1章　自由意志の批判

## 1.1　有意的行為と熟慮

　ホッブズは人間と動物の運動を「無意的な（不随意的）〔involuntary〕」ものと，「有意的な（随意的な）〔voluntary〕」ものとに区分する．前者は「生命的な〔vital〕」運動ともいわれ，生理的運動を意味する．後者は「心的な〔animal〕」運動ともいわれ，このような運動のみが自由なものとされる（Lv.I.vi/p.38/一97頁以下）．有意的運動の「小さな起点」をなすのは「傾動（努力）〔endeavour〔conatus—ラテン語版〕〕」であり，それがなんらかの対象へ接近するばあいは，「欲求〔appetite〕」となり，なんらかの対象から離反しようとするばあいは，「嫌忌〔aversion〕」となる（Lv.I.vi/p.39/一98頁）．したがって，有意的運動の基礎には欲求（あるいはその反対の嫌忌）がある[2]．

　人間はただ一つの欲求（あるいはただ一つの嫌忌）から行為（あるいは差し控え）へ直接に移行するとはかぎらない．さまざまな動機（欲求と嫌忌）が競合するなかで，どの動機に基づいて行為するかが「熟慮」される．『リヴァイアサン』においてはつぎのようにいわれる．「人の心のなかで同一の事柄にかんして欲求と嫌忌，希望と危惧が」「かわるがわるに生じ，思い浮かべられた〔propounded〕事柄を行ないあるいは差し控える〔omit〕ことのさまざまな良いまた悪い結果がつぎつぎとわれわれの思考のなかに入り込み，このようにしてわれわれが，あるときはそれに対する欲求を抱き，あるときはそれに対する嫌忌を抱く」「というばあいに，事柄が行なわれ，あるいは不可能と考えられるまで欲望と嫌忌が」「継続するが，これらの全体が，〈熟慮〉〔deliberation〕と呼ばれるものである」（Lv.I.vi/p.48/一109頁以下）．「熟

慮において，欲求と嫌忌が，われわれの熟慮の対象としての行為のよい結果と悪い結果，［これらの結果の］系列についての予見によって引き起こされる」(Lv.I.vi/p.50/ 一113頁)[3]．

## 1.2 熟慮と比較考量

さまざま欲求（あるいは）嫌忌が錯綜し，交替するなかで，人間は，いかなる欲求に従って行為するかを判断するが，そのばあいに熟慮が必要になる．熟慮は思考や知性の作用であり，さまざまな欲求を方向づけ，最後の欲求としての意志へ導く．「人間を原因づけ，あることを他のことよりも優先して選択するよう必然化するのは熟考〔consultations〕である」(LN.254)．「知性の最後の指示は全体原因ではないが，最後の原因となって行為を必然化する．行為を行なうことがよいかどうかについての，行為の直前の最後の判断に意志は続く」(LN.268)．

熟慮は行為の目的，方法，対象にかんするものである．「有意的行為は」「それに先行する，〈どこへ〉，〈いかにして〉，および〈なにを〉についての思考につねに依存する」(Lv.I.vi/p39/ 一97頁)．熟慮のさいに行為の将来の状態，可能性について判断が下される．熟慮は，まだ必然的，確実ではない将来についての見通しに関わる．じっさいに起きていること，過去のことは必然的であるから，熟慮はこれには関わらない (Lv.I.vi/p./48 一110頁)[4]．

このように，意志は，「熟慮のなかで行為に直接的に接続する最後の欲求あるいは嫌忌」(Lv.I.vi/p.48/ 一111頁) であるから，意志はそれ自身ではもはや変化しない．変化するのは，意志に先立つ諸欲求（あるいは諸嫌忌）にすぎない．『自由と必然性』においてはつぎのようにいわれる．「私の考えでは，熟慮全体のなかで，すなわち，あい対立する欲求が交替しつつ継起するなかで，最後の欲求が，〈意志〉と呼ばれるものである．」「人が熟慮するあいだに生じるような，行ないあるいは差し控えることに対する他の［先行の］すべての欲求はふつう意図〔intention〕や傾向性〔inclination〕と呼ばれ，意志とは呼ばれない．というのは，意図はしばしば変化するが，このば

あい存在するのは，最後の意志と呼ばれるような一つの意志のみであるからである」(LN.273)[5]．

### 1.3 熟慮と選択

　熟慮は比較考量を含むといえる[6]．熟慮の結果さまざまな欲求（あるいは嫌忌）が比較考量され，それらのあいだで選択がなされ，最後に残った欲求（あるいは嫌忌）に従って行為（あるいは差し控え）がなされる[7]．
　ホッブズは『リヴァイアサン』においては選択に言及していないが，『自由と必然性』と『自由，必然性および偶然性』において選択に言及している．これは彼の論争相手のブラムホールから学んだものと思われる．ブラムホールは自由意志を擁護する立場から，「自由の本来の作用は選択〔election〕である」と主張する[8]．ホッブズも，有意的な行為は選択と熟慮に基づくと見なす．「私の考えでは，熟慮に基づいて行なわれると呼ばれる行為が有意的と呼ばれ，また，選考および選択〔choice and election〕に基づいて行なわれたと呼ばれる」(LN.273)．
　ところで，自由にかんして問題になるのはホッブズのつぎのような主張である．「熟慮」は，「われわれの欲求あるいは嫌忌に従って行ないあるいは差し控えるというわれわれがもつ自由を終結させる」(Lv.I.vi/p.48/一110頁)[9]．「あらゆる熟慮は，彼ら〔人間〕が熟慮する事柄が行なわれ，また不可能であると考えられるときには，終結に至るといわれる．というのは，それまでわれわれは，われわれの欲求あるいは嫌忌に従って行ないあるいは差し控える自由を保持するからである」(ibid.)[10]．
　熟慮によって終結させられる自由，「行ないあるいは差し控えるという自由」は，ホッブズによって明言されていないが，これまで見たことを踏まえるならば，選択の自由を意味するであろう．行為者はさまざまな欲求（あるいは嫌忌）のあいだで選択を行ない，熟慮をつうじて最終的に意志を固め，ある行為を開始する（あるいは差し控える）．選択は，人間がなにを行為したいか，したくないかをまだ決定できない段階で生じる．意志が形成される

ならば，選択とその自由は終結することになる[11]．

## 1.4 意志の実体化の批判

ホッブズは，意志の確定に先立つ選択に自由を認めるが，意志には自由を認めない．その理由は，意志は熟慮と選択をへた「最後の欲求」であり，先行の諸原因によって決定されるということに求められる (Lv.I.vi/p.94/一111頁，II.xxi/p.198/二88頁)．このような見解はブラムホールとの論争のなかでより具体化される．ブラムホールはスコラ哲学の伝統に従って，選択は意志の作用であり，意志は，選択するという点で自由であると主張する．「行為者の自由はすべて意志の自由に由来する」．「真の自由は理性的意志の，選択する力〔elective power〕のなかにある」(『真の自由の擁護』LNC.40)．「必然的原因は，始まるはずのときに外的に決定されるが，他方で自由な原因は，いつ活動しようと意志するかを選択できる」(LNC.404)．

これに対して，ホッブズは選択の自由を承認するが，選択を意志の作用とは見なさない．ブラムホールが意志の自立的能力としての自由を認めることをホッブズは厳しく批判する．ブラムホールによれば，「意志することは自分の作用を支配する（意のままにする）ことであり，じっさい，自分自身の意志を決定することである」(LNC.34)．「意志は［その作用を］意志し，意志はその作用を控える〔suspend〕(すなわち，意志は［それを］意志しない)」(LNC.4)．しかし，ホッブズによれば，意志は作用であって，作用の能力や作用の担い手ではない．「意志の能力〔faculty of will〕はけっして意志ではない．意志活動〔volition〕と呼ばれる作用〔act〕のみが意志である」(LNC.361f.)．「意志する作用は，意志する能力からは生じない」(LNC.376)．「〈意志〔will〕〉と呼ばれるもの」は，「意志する作用〔act of willing〕」であって，「意志する能力〔faculty〕」ではない (Lv.I.vi/p.48/一111頁)．ここでは，ホッブズは「意志〔will〕」の実体化を避けるために，意志の作用を重視し，これを〈willing〉あるいは〈volition〉と呼ぶのであろう．

ホッブズによれば，意志を実体化したうえで，意志の能力の発現を意志作

用と見なすことは背理である。「ダンスすることが、ダンスする能力によって誘発され、導出される作用であると述べることは背理であるが、それと同様に、意志は、意志する力によって誘発され、導出される作用であると述べることは背理である」(LN.266)。ホッブズはまたつぎの点を指摘する。もし意志能力を実体化すれば、意志作用自身も意志に基づくことになり、「意志を意志する」という背理が生じる。あるいは、意志は「自分自身を決定し」、さらに意志はこの自己決定を自己決定するということになり、意志の自己決定の無限連鎖が生じる[12]。

　ホッブズによれば、意志活動を含むさまざまな作用の主体は「人間」のみである。「意志が自由である」というのは「背理」であり、「意志に従って行為する人間が自由である」というべきである。「人間が自由であるかどうかは問題であるとしても、意志が自由であるかどうかはまったく問題ではない」(LCN.260)。「自由意志という語から推論されうるのは意志への自由」「ではけっしてなく、人間の自由である」(Lv.II.xxi/p.197 二 87 頁)。

　意志あるいは意志作用が自由であると主張する多くの論者は、行為が他の諸原因をもつとしても、最終的には意志作用によって開始されるということを根拠にする。ホッブズも、意志に従わず、他のものに従って始動される行為は有意的ではなく、自由なものではないことを承認する。「有意的行為は意志から生じるのであり、それ以外のものから生じるのではない」(Lv.I.vi/p.48/ 一 111 頁)。「有意的な行為および差し控えは、意志のなかに起点をもつようなものである」(『法の基礎』EL.I.xii.3/EW.4.p.68f.)。「行為が意志に基づくことが、本来また真に自由と呼ばれる」(LNC.102)。「人間が有意的に行なう行為」は「彼らの意志から生じるのであるから、自由から生じる」(Lv.I.xxi/p.197/ 二 92 頁)。「だれかがあれこれのことを行なうあるいは行なわないという選択意思〔arbitrium〕をもつとわれわれがいうばあいに、つねに〈彼が意志する〉というふさわしい条件を伴ったものと理解しなければならない。というのは、だれかが意志するかしないかにかかわらず、あれこれのことを行なう自由な選択意思をもつと語ることは背理であるからである」(『人間論』Hm.II.xi.2./OL.2.p.95)。ここでは、〈arbitrium〉が選択との関係で理解さ

れており（〈arbitrium〉は語源的に選択と密接に関連する），選択がその作用であるようにさえ語られている．

　ホッブズは意志の自由を頑強に否定するが，彼が否定するのは，意志の実体化に基づいて，あらゆる原因から完全に独立して行為を開始するような絶対的自由であろう．意志は先行の諸原因によって決定されながらも，選択の自由をへて，行為を開始するが，ここに相対的な意味で意志の自由があることをホッブズは否定しきれているであろうか．

## 第2章　自由と必然性との両立

### 2.1　絶対的自発性の否定

　ホッブズは「自発的〔spontaneous〕」と「有意的〔voluntary〕」とを区別する（LN.243, LNC.94）．有意的作用は獣と人間に特有のものであるが（Lv.I.ii/p.481／一110頁以下），無意的作用は世界の万物に共通のものである．〈spontaneous〉は，そのラテン語の語源〈sponte〉（「自分によって」）に示されるように，自分が原因となって運動を開始することである．外部の原因によってでなく，自分内部の原因によって行なわれる運動はすべて自発的である．このような意味での自発性は，無生物にも認められる．たとえば，諸物体が妨害されずに「自分自身で〔by their own accord〕」落下することは，自発的である（LNC.93）．これに対して，有意的な行為（運動）はたんに自発的ではなく，意識と意志を伴う．「すべての心的運動［有意的行為］は意志あるいは欲求から開始するものと見なされる．」「したがって，一般的に自発的と呼ばれるものが，とくに人間と獣に適用されると，有意的と呼ばれる」(ibid.)．

　ところで，ホッブズによれば，世界においてはいかなる自己原因，内的原因も外的原因によって規定され，この原因はまた別の原因によって規定されるというように，因果連鎖が続くが，この連鎖を終結させる究極の原因は神である（Lv.xii/p.96／一183頁）．したがって，この世界においては自発性は相対的，比較的な意味のものにすぎず，絶対的自発性は存在しない．人間の意志作用と有意的行為も同様である．『自由と必然性』においてはつぎのようにいわれる．「私の考えでは，なにごともそれ自身から開始されるのではな

く，それ自身によらずに他のなんらかの直接的な作用者〔agent〕の作用〔action〕から開始される．また，人間はまずなにかに対する欲求あるいは意志をもつが」，「このばあい彼の意志の原因は意志それ自身ではなく，彼自身が左右できない他のなにかである．したがって，意志は有意的行為の必然的原因であり」，「この意志はまた，それが左右できない他のものによって原因づけられる（引き起こされる）」．「ここから判明するように，有意的行為はすべて必然的原因をもち，したがって必然化（余儀なく）される」(LN.274)．

　ホッブズによれば，有意的行為は高次の自発的作用ではあるが，絶対的自発性をもつのではない．これに対して，ブラムホールは，人間の行為を規定する原因を必然的原因と「自由な原因」とに区別し，意志は後者の原因であり，絶対的自発性をもつと主張する．「必然的原因は，始まるはずのときに外的に決定されるが，他方で，自由な原因は，いつ活動を開始しようと意志するかを選択できる」(LNC.404)．このような見解はスコラ哲学の伝統に従ったものであり，カントにおける「自由の原因性」の思想につながるものである．しかし，このように意志を実体化して，そこに絶対的自発性を認めることをホッブズは厳しく斥ける．

## 2.2　選択と意志の被決定性

　ホッブズは世界の運動について機械論的決定説の立場をとり，これを人間の意識や行為にも適用する．それによれば，人間は自然の一部であり，その心身の作用は自然法則によって機械的に決定される．このメカニズムは自然学的主著の『物体論』において詳細に解明され，『リヴァイアサン』においてはその概略が示される．

　人間の作用は認知的作用（感覚→思考）と実践的作用（欲求→有意的運動）に大別される[13]．まず，認知作用についていえば，思考の源泉は感覚にあり，感覚はつぎのように生じる．外的対象が感覚器官を圧迫し，それが内部に伝わり，抵抗を生む．この抵抗が外部へ向かうとき「傾動（努力）〔endeavour〕」となり，それが作り出す「影像〔fancy〕」が感覚となる．対象

の運動が終了したあとも残存する感覚は「心像〔imagination〕」と呼ばれる（Lv.I.i/p.4/一48頁）．過去の出来事についての心像は「記憶」であり，記憶の蓄積は「経験」である．そして，さらに影像の継続から思考の系列が生じる（Lv.I.1i/p.12/一58頁）．全体をみれば，思考は，対象が人間の器官に作用して生み出すものであり，対象の「表現〔representation〕」あるいは「現象〔appearance〕」である（Lv.I.i/p.1/一43頁)[14]．

つぎに，実践的作用についていえば，その有意的運動の始点となるのは「情念〔passion〕」であるが（Lv.I.i/p.381/一97頁），情念も外的対象に対する傾動の反作用から生じる．このばあいの傾動の反作用は感覚のばあいとは異なって，外部へ向かうのではなく，内部へ向かう[15]．ところで，それはさらに再び外部に向かうのであり，それが外的対象へ肯定的に関わるばあいには，欲求となり，この対象へ否定的に関わるばあいには，嫌忌となる．

欲求はその対象，およびそれについての心像によって引き起こされる．したがって，欲求はけっきょく感覚の対象と同一の対象によって引き起こされる．『人間論』においてはつぎのようにいわれる．「欲求および嫌忌，愉快と不愉快のような感覚の原因になるのは，感覚と同一の対象である」（Hm. XI.ii/OL.2.p.95)．意志は熟慮を経た欲求であるから，思考を伴なう．しかし，思考も感覚から出発するのであり，けっきょくその対象によって決定される．

以上のことをつぎのように図示できる．

〈図 2.2〉

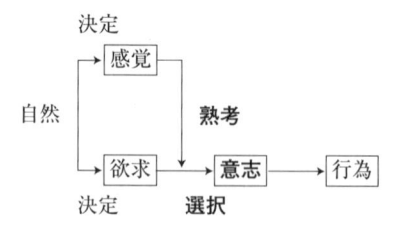

```
              決定
            ┌─→ 感覚 ┐
            │        │    熟考
       自然 │        ├─→ 意志 ─→ 行為
            │        │
            └─→ 欲求 ┘
              決定     選択
```

このように，欲求（あるいは嫌忌）から出発し，選択と熟慮をへて意志形成（決意）に至る過程の全体は先行の諸原因によって必然的に規定される．「欲求する者においては，欲求の完全な原因が先行していた．そして，その

結果，当の欲求作用は生じざるをえなかった．すなわち，それは必然的に生じた．したがって，必然性から解放された自由は人間の意志にも動物の意志にもふさわしくない」(Cp.IV.xxv.13/OL.1.p.333)．

すでにみたように（本書，V.1.3），ホッブズは行為における選択の自由を認めるが，この選択も一定の原因によって規定されることを強調する．人間は「自由で有意的な行為者」であるが，このことは，「そのばあい彼の選択が必然化されていないこと，彼が先行の必然的原因によって選択するよう決定されていないこと」を意味しない（LN.241）．選択に基づく意志についても同様である．「人間はまずなにかに対する欲求あるいは意志をもつ」が，「このばあい彼の意志の原因は意志自身ではなく，彼が左右できない他のなにかである」（LN.274）．

ホッブズによれば，意志の自由という観念は，意志を決定する原因への無知に由来する．彼は機械論的決定説を採用し，偶然性の存在を否定する．彼によれば，事物の運動一般における「偶然性」という観念は，その必然的原因に無知であるために生じる[16]．意志の自由も偶然性と同様の性格をもつとされる．意志の原因が知られないばあいには，意志があたかも自分のみによって自由に行為を開始するかのように思い込まれる．「われわれが，われわれを動かす力に目を向けず，それに気づかないばあいには」，「行為を生じさせるのは原因ではなく，自由であるとわれわれは考える」（LN.265）．

### 2.3 強制・強迫・必然性

ホッブズによれば，選択も決意も先行の原因によって基本的に決定されるが，行為が選択と意志に基づいて実行されるならば，自由である．したがって，必然性（被決定）と自由（有意的行為）とは矛盾せず，両立する（Lv. II.xxi/p.197/二 88 頁）．有意的行為の自由と対立するのは「強制（無理強い）〔force〕」である．強制は行為者に対して，その意志に反することをさせることを意味する．必然性は，なんらかの行為を原因づけ，決定することであって，強制を伴うとはかぎらない．強制を伴なわない必然性は有意的行為の自

由と両立する.

　ホッブズはさらに「強制〔force〕」から「強迫（余儀なくさせること）〔compulsion〕」を区別する. 強迫は, 力への（あるいは力によってもたらされる損害への）「恐怖」から, それまでの意志を変更して, 行為するよう行為者を強いることである.「私は, 力への恐怖, あるいは力によって生じる損害への恐怖を強迫と呼ぶ. 人間の意志は恐怖によって, それまでの意志しなかったことへと向かう.」「強迫された行為はやはり有意的である」(LNC.290f.).「強迫から自由であることは, 恐怖〔terror〕が, なにかを行なおうとする者の意志の原因ではないというばあいのように, それを行なうことである. すなわち, 人が強迫されているといわれるのは, 彼が恐怖のせいで, そのように意志させられるばあいのみである」(LN.261). 強制は意志に反するので, 自由な有意的行為と対立するが, 強迫は意志に反しないので, 自由な行為とは対立しない[17].

　強迫は有意的行為に対してのみ生じ, 強迫は非有意的行為に対しては生じない. 恐怖のもとにおいても選択の余地はあり, このかぎりでは行為は依然として自由でありうる. 恐怖が意志と行為の原因となるかどうかは行為者の選択に依存する.「恐怖のためになにかを行なう者は, 彼はそうするよう強迫されたとまさに述べるが, 彼はそのことを行なうか行なわないかの選択をしたのであり, したがって, 彼は有意的で自由な行為者であった」(LNC.260). ホッブズはつぎのような例を挙げる.「恐怖と自由とは両立する. というのは, 船が沈むという恐怖から人が自分の財貨を海中に投棄するばあいに, 彼はそれにもかかわらずこのことをひじょうに進んで（自発的に）〔willingly〕行なうのであり, もし彼が, そうすることを拒否しようとすれば, そうできるからである」(Lv.II.xxi/p.197/二87頁).「人がたとえば, 敵に服従するか, それとも死ぬかを強迫されるばあいでも, 彼にはなお選択の余地, いずれが最も耐えうるかを考える点で熟慮の余地が残されている」(LN.264).

　強制と強迫との区別は行為の罪責の有無という規範的問題にも関係する.「強制は罪を取り除く. というのは, この行為は, そのように強制された彼の［人間の］行為ではないからである」. これに対して,「強迫についてはつ

ねにそうであるとはかぎらない．というのは，このばあいには彼は善の観念に従って，より少ない害悪を選択するからである」(LNC.290f.)．また，強迫（恐怖）による行為が有意的なものであることは，国家の設立は法への服従のさいにも重要な意味をもつ（本書，V.4.1）．

## 第3章　行為の規範性

### 3.1　行為の実行の自由

　ホッブズは行為の実行における自由を重視する．行為の実行は力の行使（とくに身体の運動）を伴なう．『リヴァイアサン』の第14章において自由はつぎのように定義される．「〈自然の権利〉は」，「各人が自分の自然すなわち自分自身の生命を保存するために，自分で意志するとおりに自分自身の力を用いるという，各人がもつ自由である」(Lv.I.xiv/p.116/一216頁)．

　ところで，ホッブズは同じ箇所で自由をつぎのように定義している．「自由は，その語が本来意味するところによれば，外的な障害の不在〔absence of external impediments〕と理解される」(Lv.I.xiv/p.116/一216頁，cf. I.xxi/p.196/二86頁)[18]．ここで，自由について，「この語の本来の意味によれば」といわれているのは，〈liberty〉という英語は日常的に「妨害の欠如」という意味に理解されていることを念頭においている．たとえば，物体が抵抗なしに落下するばあい，「自由」であるといわれる（物理学における「自由落下」）．なお，ホッブズによれば，外的障害は力の行使を完全に奪うわけではない．外的障害は，特定の力を行使することを妨害するが，人間はその他の力を行使して，行為を実行することもできる．「外的障害は，人間が，自分の意欲することを行なう力を奪うが，彼が自分に残された力を，自分の判断と理性が指示するとおりに用いることを妨げることはできない」(Lv.I.xiv/p.116/一216頁)[19]．

　行為の実行という自由と，外的な障害の不在という自由との関係についてホッブズは説明を加えていないが，つぎのように理解することができるであ

ろう．行為の実行としての積極的自由は，力の行使が外的要因によって妨げられないという消極的自由を前提とする．両者の自由を総合すれば，つぎのような説明になる．「自由な人は，その語の意味するところによれば」「自分の力（強さ）と知恵によって自分が行なうことができる事柄のなかで，彼が行なおうと意志することを行なうことを妨害されないような人である」(Lv. II.xxi/p.196/二 87 頁)．

　ホッブズが述べる自由は，熟慮によって終了する自由，すなわち選択の自由（〈自由Ⅰ〉），行為の実行（力の行使）の積極的自由（〈自由Ⅱ〉），外的妨害のない消極的自由（〈自由Ⅲ〉）を含む．

　自由についての以上の見解を整理すれば，自由には主観的な面と客観的な面，積極的な面と消極的な面がある．意志が選択し，決意することは自由の主観的要素をなす．〈自由Ⅰ〉は主にこの主観的自由に関わる．自由の客観的，現実的あり方は，意志に基づき，力が行使されて，行為がじっさいに実行されることにある．これは〈自由Ⅲ〉に関わる．ところで，〈自由Ⅲ〉は自由の積極的あり方でもあるが，これは，行為が外的に妨害されないという消極的自由，すなわち〈自由Ⅱ〉を条件にする．このことをつぎのように図示できる．

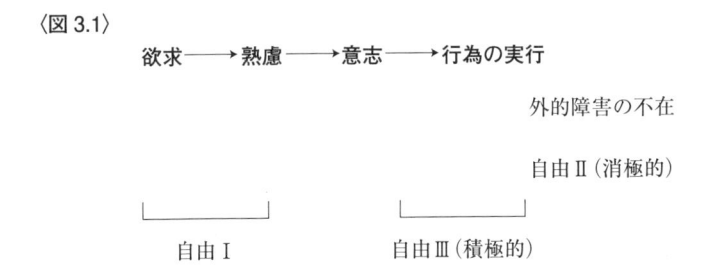

〈図 3.1〉

　　　欲求────→熟慮────→意志────→行為の実行

　　　　　　　　　　　　　　　　　　　外的障害の不在

　　　　　　　　　　　　　　　　　　　自由Ⅱ（消極的）

　　　└──────┘　　　└──────┘
　　　　　自由Ⅰ　　　　　　自由Ⅲ（積極的）

## 3.2　行為における意志の位置

　ここで，行為過程全体における意志の位置を再確認し，意志がいかなる意味でも自由をもたないのかどうかを検討しよう．ホッブズの見解を整理すれ

ば，行為の過程は①欲求，②熟慮（選択），③意志（最後の欲求），④行為の実行の段階を含む．ホッブズは自由を②と④にのみ認め，③には認めない．選択と意志作用とを別の段階に位置づけることがホッブズの見解の特徴である．

さきには（V.1.3），「欲求（あるいは嫌忌）に従ってなにかを行なう（あるいは控える）自由」は「熟慮によって終結する」といわれるばあいに，それは選択の自由を意味すると理解したが，それでよいかどうかがここであらためて問わなければならない．選択は意志形成以前の段階に属し，この段階には「欲求に従ってなにかを行なう自由」はまだ存在しないであろう．「欲求に従ってなにかを行なう」ことを選択することが問題となるにすぎない．なにかを行なおうとする欲求は意志である．したがって，意志の形成のまえに熟慮によって「なにかを行なう自由が終結する」というホッブズの説明は奇妙に思われる．

ホッブズの主張を整理すれば，つぎのようになる．意志形成の前には選択の自由があるが，これは，決心がつかない不安定の状態であり，意志が固まれば，もはやこのような自由は消滅し，行為へ直ちに移る．意志は選択を経由して形成されるが，欲求の最後の形態にすぎず，自立的能力をもたない．本来の自由は，意志に従って行為を実行することにある．しかし，このように理解するとしても，ホッブズが意志の以前の段階と，意志に従った行為の実行の段階には自由を認めるが，意志には自由を認めないのは不自然である．意志は先行の原因によって決定されるとしても，行為の直接的起点となる点で，相対的な意味で自由をもつといえるのではないであろうか．この問題はつぎに見る行為の規範的な性格にかんしてクローズアップされる．

### 3.3 有意的行為と処罰

自由と必然性の関係にかんする議論のなかで，悪しき行為が必然性によって決定されているばあい，この行為は処罰の対象になるか（行為者はこの行為に罪や責任があるか）どうかがしばしば問題にされてきた．決定説によればこのばあいの行為は処罰されえないことになるという批判が，自由意志説

の側から出されてきた．注目すべきことに，この問題についてホッブズは，行為が諸原因によって決定されるとしても，行為意志に基づいて行なわれる（有意的である）ばあいにのみ，処罰の対象になると述べている．

『自由と必然性』および『自由，必然性および偶然性』においてつぎのようにいわれる．「認められるべきことは，行為を不当（不正）とするのは必然性ではなく，法を破る意志であるということである．というのは，法が考慮するのは意志であって，行為の他の先行の諸原因ではないからである．」「いかなる必然的諸原因が行為に先行していても，この行為が［法によって］禁止されているならば，この行為を進んで（意志に基づいて）〔willingly〕行なうものは，処罰されても正当（当然）である」(LN.252f.)．「罪の本性は，なされた行為がわれわれの意志から生じ，かつ法律に反するという点にある．法律に反して行なわれた行為が罪があるかどうかを判定するさいに裁判官は，行為者の意志以外のいかなる行為の動機にも目を向けない」(LNC.260)．

ホッブズは処罰の基本的意味を，法に反する行為を改めさせ，その再発を防止することに求める．このばあいも選択と意志の役割が重要になる．つぎのようにいわれる．「処罰は，公的権威によって法の侵犯と判定される行為あるいは差し控えを行なった者に対して加えられる害であり，それによって，人々の意志がよりよく［法への］服従へ向かうようにさせる」(Lv.II.xxiii/p.297/ 二 225 頁)．ある不法な行為を処罰する必要があるのは，すでに行なわれた過去の行為を痛い目に合わせる（報復の）ためではなく，同様な行為が将来繰りかえされない（再発防止の）ためである．「法の意図は，過去のことのために，行なわれなかったとはされないことのために，犯罪者を痛い目に合わせることにあるのではなく，法がなければ正しくなろうとしないこの者あるいは他の人間を正しくすることにある．また，法は過去の悪い行為を考慮するのではなく，きたるべき善いことを考慮する」(LN.253)．処罰は，将来の行為のために意志するよう行為者に対して働きかけることによって，効力を発揮できるというのである．

### 3.4 行為の因果関係の事実性と規範性

このように，ホッブズによれば，行為の処罰の究極的根拠となるのは行為の有意性であり，他の先行の諸原因ではない．ここでは彼は意志の自由（相対的意味での）を認めざるをえないように思われる[20]．彼はじっさいつぎのようにも述べている．「人間が有意的に行なう行為」は「彼らの意志から生じるのであるから，自由から生じる」(Lv.II.xxi/p.197/ 二 92 頁)．「犯罪者は，自分が意志したとすれば，法を守るという自由をもっていた」(LNC.236)．

しかし，ホッブズは意志の自由を頑強に否定する．「[意志の]自由が除去されれば，罪の本性，それを形成する理由も除去される」というブラムホールの見解にホッブズはつぎのように反論する．「行為が必然的であったと私がいうばあい，行為が行為者の意志に反して行なわれたというのではなく，行為が意志を伴ない，かつ必然的に行なわれたといっているのである．というのは，人間のいかなる意志作用も」「必然的原因をもち，したがってすべての有意的行為は必然化されるからである」(LN.260)．

このようなホッブズの主張はつぎのような見解を前提にしているように思われる．すなわち，意志そのものは自由ではないが，意志に基づく行為は自由であり，しかもそれは同時に必然的でありうる．このような有意的行為が処罰の対象となるのであり，したがって意志の自由を否定して，行為の必然性を主張することは，処罰の根拠を否定することではない．しかし，ホッブズのこのような主張はブラムホールの批判と噛み合っていない．

ここで問題なのは，意志作用が先行の諸原因によって決定されるとしても，規範的文脈においては，行為が先行の諸原因から独立に意志作用によって新たに開始されるということである．ホッブズは意志作用の形成の過程を経験的に（生理学的，心理学的に）解明することに力を注ぐが，行為の起点としての意志作用の規範的意味を理解しない．ヒュームの決定説にも類似の問題点を指摘しておいた（本書，I.4.6, II.2.4）．

ホッブズによれば，意志は，熟慮をへた欲求であり，熟慮は行為の目的，

条件，手段に対する判断を含むが（本書，V.1.2），この判断は認知的，技術的なものである．しかし，規範的文脈においては行為の善・悪（正・不正）にかんする価値判断が必要になるであろう．行為に対して罪が問われるのは，それが価値判断に基づいて意志されたかどうかによってである．処罰によって悪しき行為を改めさせることができるのも，規範的意識に働きかけることによってである[21]．意志作用の規範的性格を看過することは行為決定説全般の欠陥である．カントはこのことを見抜いたといえる（本書，I.2.7）

以上のことを図式化すれば，つぎのようになる．

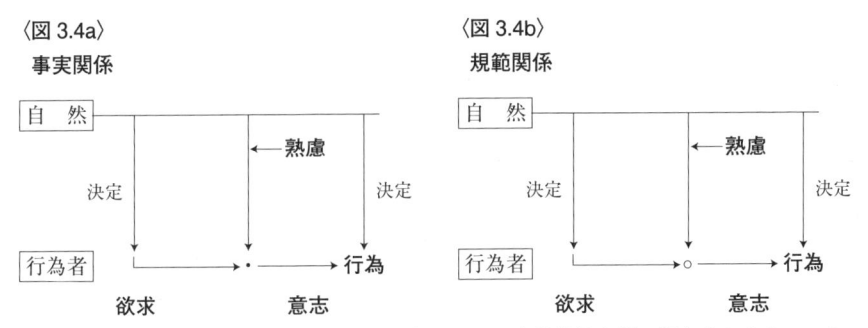

〈図 3.4a〉
事実関係

```
    ┌─自　然─┐
    │        ←熟慮
 決定│         │決定
    ↓         ↓
┌────┐      ・ ──→ 行為
│行為者│ ──→
└────┘   欲求    意志
```

〈図 3.4b〉
規範関係

```
    ┌─自　然─┐
    │        ←熟慮
 決定│         │決定
    ↓         ↓
┌────┐      ○ ──→ 行為
│行為者│ ──→
└────┘   欲求    意志
```

＊左図はホッブズの説明に従ったもの．右図はこれを規範的文脈で捉え直したもの．右図における○は過程の切断を示す．

# 第4章　国家意志と神

## 4.1　自然的自由と国家における自由

　ホッブズの意志論についてのこれまでの考察においては哲学的，倫理学的視角から，人間の行為とその対象との関係に焦点を当ててきた．そこで考察された自由は，社会的条件を度外視したものであった．しかし，ホッブズは『リヴァイアサン』において意志を政治や宗教にも関連づけている．その第1部（「人間について」）では人間論について論じられ，第2部（「共同体〔Commonwealth〕について」）では国家の設立のメカニズムが分析され，第3部（「キリスト教共同体について」），および第4部（「暗黒の王国」）では，キリスト教と共同体との関係が扱われる．それら全体を貫く論理の一つは意志論である．

　第2部では，第1部の意志論に基づいて国家の設立が説明される．ホッブズによれば，国家は個人相互の契約に基づいて設立される．ホッブズは初期の『市民論』（1642年）において，国家を契約に基づくものとして説明するさいに，有意的行為と熟慮との関係に注目していた．「契約（協定）〔pacta〕は，熟慮のもとにある行為についてのみ作られる．というのは，契約者の意志なしにはいかなる契約も作られないからである．ところで，意志は，熟慮する者の最後の作用である」（Cv.II.xiv./p.103/60頁）．これに対応して『リヴァイアサン』においてもつぎのようにいわれる．「信約〔vovenant〕は意志の作用であり，熟慮における作用，すなわち最後の作用というべきである」（Lv.I.xiv/p.126/一228頁）．

　「意志することを，外部から妨害されずに，行なう」という自由は，人間

が生来もともともつ自由という意味で,「自然的自由」と呼ばれ (Lv.II.xx/p.198/二89頁),また,このような自由をもつことは「自然権」であるといわれる (Lv.I.xiv/p.116/一216頁).国家権力が欠如した「自然状態」において各人が自然権を行使し,自然的自由を実現しようとすれば,それは他人の自由と衝突し,その結果いかなる人間も自由の実現のさいに他人の妨害を免れることはできなくなる(「万人の万人に対する戦争」).自然的自由はそのままでは自分を否定することになる.そこで各人は他人の自由を妨害しない範囲内に自分の自由を制限しなければならない.求められることは,「すべての事柄に対する権利を進んで放棄する」ことであり,「他人が彼に対してもつのを彼が許すような程度の自由を彼が他人に対してもつことで満足する」ことである (Lv.I.xiv/p.118/一218頁).各人は無制限な自然権を放棄することによってむしろ,他人から妨害されずに自己を保存することが可能となる (Lv.I.i.xiv/p.118/一219頁).

ところで,「万人の万人に対する戦争」としての自然状態から国家へ移行するにあたって,死への恐怖が重要な役割をはたす.人々はこの状態における死への恐怖からその意志に従って,国家を設立し,自分の権利を主権者に委譲する (Lv.I.i.xiii/p.115/一214頁).また,人々が国家を設立したあとに,国家へ服従するのは,国家への背反によって処罰されることへの恐怖のためであるが,彼らは恐怖にかられながらも,自分の意志に従って,国家に服従する (Lv.I.xv/p.131/一237頁).いずれのばあいも,恐怖にかられることは意志の自発性と対立しない (本書, V.2.3).

## 4.2 国家意志の形成

諸個人が自然的自由を相互に制限することは,彼らがいずれも法に従うことによって可能となる.法は,「契約」に基づいて各人が自然権を相互に譲渡することによって制定される (Lv.I.xiv/p.126/一228頁).法の効力は国家(コモンウェルス)の権力によって保証される.共同の権力は諸個人の意志によってつぎのようにして確立される.「共同の権力を確立するための唯一

の道は」,「彼らのすべての権力と力を一人の人間あるいは人々の集合体に与えることである．このことをつうじて，多数意見によって彼らのすべての意志が一つの意志とされる」(Lv.II.xvii/p.156/二33頁)．国家における「一つの意志」(それを〈国家意志〉と呼ぶことにしたい) は諸個人の意志のたんなる総和ではない．各人は「一人の人間あるいは人々の合議体を任命して,自分の人格を担わせる」のであり，このことによって「自分の意志を自分の意志に従わせる.」「このことは，同意や合意以上のものであり，唯一無二の人格において彼ら全員を真に統合 (統一) することである」(*ibid.*).

ホッブズは国家における関係を意志相互の水平的関係と垂直的関係に区別する．個人的意志相互の一致 (意志の水平的結合) によって国家意志が形成されるとともに，国家的意志と個人的意志との結合 (垂直的結合) が生じる．個人の意志と国家意志とは本来一体であり，国家に服従することは，自分の意志に従うことと同一である．「コモンウェルス」は「一つの人格であり，その諸行為については，大多数者は他人との相互の信約によって，彼自身をいずれも [これらの行為の] 当人とした」(Lv.II.xvii/p.156/二34頁)．「それぞれの臣民は，主権者が行なうあらゆる行為の当人である」(Lv.II.xxi/p.200/二90頁) このことから，個人がその権利を国家へ一方的に委譲し，国家へ絶対的に服従することの必然性が説明される[22]．

### 4.3　人間の意志と神の意志

ホッブズは意志について自然学的決定説をとるが，それは神学的決定説とも結合している．国家論も神学的議論と連関している．まず，自然学的決定説と神学的決定説との関連についてはつぎのように説明される．世界における出来事は，必然的原因をもつが，この原因は先行する原因の結果であり，原因と結果は無限の連鎖をなす．この連鎖を断ち切るのは，第一原因である．ホッブズは，神をこのような第一原因と見なす (Lv.I.xii/p.96/一178頁)．ここでの神は，「自然学」の立場からみられたものであり，「自然の理性」によって推理されるものである (Lv.II.xxxi/p.345/二286頁)．人間の行為について

も同様であり，人間の意志作用の第一原因は神にあり，神によって必然的とされる．「人間の意志のあらゆる作用は」「なんらかの原因から生じ，この原因はさらに別の原因から生じるのであり，この原因は，必然性から生じる連続した連鎖のなかで原因づけられる．」「人間は神を原因とする欲求以外には，いかなるものについても対しても情念や欲求をもちえない」(Lv.II.xx/p.198/二 88 頁)．

ところで，ホッブズは，「神の意志」についても語り，人間の意志は神の意志によって必然的に決定されるのであり，人間が意志することは，神が意志することである，と主張する．「すべての事柄を見て取り，処理する神は，意志することを行なうという人間の自由が，神の意志することを行なうという必然性を伴なっていることをも見てとる」(Lv.II.xx/p.198/二 88 頁)．ホッブズは，理性が見出す自然法を「神の法」ともいいかえる (Lv.II.xxvi/p.272/二 189 頁，Lv.II.xxxi/p.347f./二 290 頁)．このことから，人間が自然法に従うことは神に対する義務でもあるという結論が導出される．

## 4.4 国家と宗教

ホッブズにおいて意志論は国家論の基礎となる．彼によれば，諸個人が相互の同意（契約，信約）に基づいて，統治者（主権者）にそれぞれの権利を委譲することによって，統治者と個人（臣民）との関係が生じる．このように，市民の統治者に対する服従は市民の自発的意志に従ったものとして正当化される．

ところで，国家が個人相互の契約に基づいて設立されると見なすばあいに，契約に恣意性が入り込む可能性がある．また，契約に違反する統治に対して抵抗や不服従を行なう道が開かれ，契約の更新によって統治を変更する可能性も生じる．ピューリタン革命後の混乱のなかで，統治に対するこのような判断の恣意性を除去することがホッブズの課題となった．彼は，個々人の意志が神の意志によって決定され，契約によって生じる国家意志の形成の背後には神の意志があると見なす．

ホッブズによれば，国家が設立されたあとの段階においては，各人が国家（統治者）の行為を契約違反であるとして，自分の意志を根拠に国家に抵抗することは許されない．個人の意志が神の意志によって決定されているとすれば，国家の統合的意志も神の意志によって支えられたものとなるであろうし，個人が自分の意志によって国家に服従することは，神の意志に従ったものとなり，神に対する義務ともなるであろう[23]．

　このようにして国家への市民の服従は神の意志への個人の服従と一体なものと見なされる．しかし，神への個人の服従が国家への個人の服従に優先するのではない．カトリックとピューリタンの内部で神による意志の決定を重視する宗派は国家に対する教会の優位を主張するが，ホッブズはこれに対抗して教会に対する国家の独立性を擁護しようとする．

　意志の自由をめぐっては当時のイギリスにおけるキリスト諸派のなかには複雑な関係があり，この問題の扱いは国家の理解にも関わっていた．大陸ではカトリックの内部でこの問題をめぐって論争が激化しデカルトもこれに巻き込まれたが（本書，VI.1.3, 参照），イギリスのカトリックの内部では自由意志説が有力になりつつあった．ピューリタンの内部では主流の長老派が神による意志の決定を主張し，そのさいに神の意志に基づいて国家を宗教に従属させようとした．これに対して，独立派，とくに急進的な水平派（レベラーズ）は，神から与えられた自由な意志（良心や理性）によって不当な国家に対して抵抗する権利を主張した．イギリス国教会（アングレカン）においても自由意志説（アルミニウス派の説）の影響が増大し，ブラムホールがその論客となった．この派の指導者のロードは一種の王権神授説を採用した．

　ホッブズはこのような動向に対して独自の微妙な立場をとる．彼は一方では，国教会において自由意志説を採用しながら，王政を擁護しようとする試み（ロード，ブラムホール）を批判する．この派はプロテスタントの長老派に対抗するために自由意志説を採用するが，自由意志説は王政に対する攻撃にも利用される余地があるからである．他方で，ホッブズは長老派やカトリックの一部における神学的決定説とも一線を画する．彼らは神の意志の任意の解釈によって，国家に対するそれぞれの教会の優位性を主張するからであ

る.『聖書』の恣意的な解釈を許さず,キリスト教(神の意志)と国家(国家意志)との関係を正しく理解することが『リヴァイアサン』の第3,4部のテーマとなった(これらの部は同書の約半分の分量を占め,たんに付随的なものとはいえない).

　このようにホッブズは国家論の確立のために意志論から出発し,宗教論へ到る.しかし,彼が王権の擁護のために意志の神的決定を主張し,意志の自由を否定するという面を強調するならば,ホッブズの理論を王権神授説の変種と見なすことになるであろう.この問題を考察するためには,彼が国家意志と神の意志との関係をどのように理解しているかを厳密に検討する必要があるが,この作業は本書の範囲を越える.本書においては,意志の被決定(意志の自由の否定)についてのホッブズの説には不整性があり,このことは神による意志の被決定にも影響を及ぼす可能性があるという点を指摘するにとどめたい.

**第Ⅴ部注**

1) ホッブズとブラムホールとのあいだの論争は錯綜した過程をたどった．ホッブズは1646年に非公開でブラムホールと議論し，そのあと両者の主張は，ホッブズにあっては『自由と必然性について』，ブラムホールにあっては『自由と必然性の考察』として文面にまとめられた．しかし，1654年にホッブズの論文が彼に無断で公刊された．ブラムホールはこれをホッブズの承認によるものと見なし，1655年に『内的必然性および外的必然性に対する真の自由の擁護』においてホッブズを批判し，論争は公開的なものとなった．ホッブズは1656年に『自由，必然性および偶然性の諸問題』においてこれに反論した．さらに，ブラムホールは1658年に『ホッブズ氏の非難』（「リヴァイアサンの捕獲」をそれに付加）においてホッブズを再批判した．

2) ホッブズは「有意的運動」を「心的〔amimal〕運動」とも呼び，これを動物にも認める（Lv.I.vi./p.38/一97頁）．〈amimal〉は狭義には「動物的」を意味するが，「心的」という意味ももつ．ホッブズは〈animal movement〉（心的運動）を〈vital movement〉（生命的運動）よりも高次のものと見なしている．アリストテレスもまた有意的運動を「欲求〔orexis〕」あるいは「追求〔dignos〕」と「忌避〔fugē〕」に分けている（『ニコマコス倫理学』，第4巻，第2章）．

3) ホッブズは初期の『法の基礎』（1650年）においてすでにつぎのように述べている．「われわれがなにかを突然行なうばあいには，行為は最初の欲求に直接に続く．そうでなければ」，「このような行為によってわれわれに生じるはずの害悪についてのなんらかの観念（それは危惧・恐怖〔fear〕である）が続く．」「そして，この危惧に新しい欲求が続き，この欲求に別の危惧が続くというように，欲求と危惧がつぎつぎに交替する．行為が行なわれるか，あるいはなんらかの出来事が介入して行為を不可能とするまで，この交替は続く．行為が，それを行ないあるいは行なわないという力のもとにあるばあいに，そのあいだ全体をつうじてこのように欲求と嫌忌が交替しながら継続することは熟慮と呼ばれる」（EL.I.xii.1/EW.4.p.68）．

4) 『リヴァイアサン』においてはつぎのようにいわれる．「したがって，過去の事柄については，それが変更されることは明らかに不可能であるから，熟慮は存在しない．また，不可能であると知られ，そうであると思われている事柄についても，人々はこのような熟慮が無駄なことを知っており，また無駄と思っているので，熟慮は存在しない」（Lv.I.vi/p.48/一110頁）．『法の基礎』においてはすでにつぎのようにいわれていた．「熟慮は」「2つの条件を必要とする．1つは，この行為が将来のものであるという条件であり，もう1つは，それを行なう希望，それを行なわないおそれという条件である．というのは，欲求と危惧は将来の予期であるが，希望がなければ善へのいかなる予期もなく，おそれが

なければ害悪へのいかなる予期もないからである。したがって，必然的な事柄についてはいかなる熟慮もない」(EL.I.xii.2/EW.4.p.68)．アリストテレスも類似の主張を行なった。「熟慮〔boulē〕」の対象になるのは，「われわれが行なうことができるもの」であり，「じっさいにどうなるか不明なもの」である（『ニコマコス倫理学』第3巻，第3章）．アリストテレスも有意的行為を「熟慮」と「選択意志（選考）〔proairesis〕」に基づくものと見なす．「選択意志」は「熟慮に基づく欲求」，「欲求を伴う理性」（第3巻，第3章）あるいは「思考を伴う欲求」（第4巻，第2章）である．

5) なお，熟慮をへた欲求が「意志〔will〕」であるのに対して，熟慮をへた嫌忌は正確には「意忌（意志しないこと）〔nill〕」と呼ばれるべきであろう．1655年の『物体論〔De Corp〕』においてはつぎのようにいわれる．「欲求と嫌忌は熟慮に先立たないばあいは，たんに欲求と忌避と呼ばれる．しかし，熟慮が先行したばあいには，その作用における最後のものは，それが欲求であるならば，意志（意志すること）〔velle〕あるいは意志活動〔volitio〕と呼ばれ，それが忌避であるならば，意忌（意志しないこと）〔nolle〕と呼ばれる」(Cp.iv.xxv.13/OL.1.p.333)．

6)「熟慮〔deliberate〕」はラテン語の〈deliberare〉に由来するが，後者の語源は「重さを量る〔weigh〕」ことである．〈deliberate〉は「比較考量〔weigh up〕」という意味を含む．〈balance〉も，「二つの秤皿」に由来し，これによって重さをはかり比べることを意味する．初期の『市民論』においては熟慮についてつぎのようにいわれる．「熟慮は，われわれが始める行為が好都合か不都合かをいわば秤〔bilanx〕にかけてはかること〔ponderatio〕にほかならず，そのばあいいずれが重いかはその傾きによって必然的に明らかになる」(DC.XIII.xvi/p.204/254頁)．『自由と必然性』においてつぎのようにいわれる．「意志は行為の直前の最後の判定〔opinion〕あるいは判断〔judgement〕に従うが，この判断は，それを行なうことが善であるか否か，彼がそのことをそれに先立って時間をかけて比較考量〔weigh〕したか，まったくしなかったのかについてのものである」(LN/EW.4.p.268)．

7)『自由と必然性』においてはつぎのことが明確にされる．「私の考えでは，熟慮に基づいて行なわれると呼ばれる行為が有意的と呼ばれ，また，選考および選択〔choice and election〕に基づいて行なわれたと呼ばれる」(LN.273)．

8) Bramhall: *Discourse of Liberty and Necessity*, Vere Chappell: *Hobbes and Bramhall on Liberty and Necessity*, 1993, p.2, p.9.（チャペル編のこの著はホッブズとブラムホールの論争の抜粋集である．）

9) ホッブズは，〈deliberate〉を〈liberty〉と関連させ，〈de-liber〉が〈de〉による〈liber〉の否定という意味を含むと見なす．これは語源的には正しくない．

ラテン語の〈deliberare〉は,「秤,錘」を意味する〈libra〉に由来し,〈liber〉に関係しているのではない.
10) 『法の基礎』においても同様の主張がみられる.「それ[熟慮]は,熟慮の対象としての行為がわれわれの力のもとにあるかぎり,続く.というのは,われわれは,行なうあるいは行なわないという自由をもつからである.そのかぎりで,熟慮は,われわれ自身の自由を除去することを意味する」(EL.I.xii.1/EW.4.p.68).さらに,『自由と必然性』においてもつぎのようにいわれる.「有意的行為者について,彼が自由であると述べることと,彼が熟慮を終結させていないと述べることとは同じである」(LN.273).
11) ホッブズは「決意」についてほとんど語っていないが,『人間論』(1658年)においてはつぎのように述べている.「だれかが,なんらかの思い浮かべ〔proponere〕られた事柄を行なうべきか,差し控える〔preatermittere〕べきかを問われるばあいには,熟慮するといわれる.すなわち,彼は[選択肢のうちの]いずれかを後回しにするという自由をもつ.したがって,この熟慮においては,なにかを決意する〔decernere〕よう事柄が求めるまで,」「欲求と嫌忌とが交替する.行ないあるいは差し控える最後の欲求が」「本来の意味で意志と呼ばれる」(Hm.II.xi.2/OL.2.p.95f.).
12) 『法の基礎』においてはつぎのようにいわれる.「人は,彼が意志を意志するとはいえないように,彼が意志を意志することを意志するともいえない.このことは,意志という語の無限の反復を招く.これは不条理で無意味である」(EL.I.vii.5/EW.4.p.69).また,『自由,必然性および偶然性』においてはつぎのようにいわれる.ブラムホールは,「意志は[その作用を]意志し,意志はその作用を控える(すなわち,意志は[それを]意志しない)」と主張する.問題は,「意志が自分自身を決定するかどうか」である(LNC.4).「しかし,だれも自分自身の意志を決定することはできない」(LNC.240).
13) 『法の基礎』においては,心の力については「認知上の〔cognitive〕力」と「運動上の〔motive〕力」とがある(EL.I.i.7/OL.1.p.2)といわれる.
14) 認知作用について『リヴァイアサン』においてはつぎのように説明される.「感覚の原因は外的物体,すなわち対象であり,それは,それぞれの感覚に固有の器官を圧迫する」.「この圧力は神経やその他の筋や身体の薄膜を媒介にして内部に伝わり,頭脳と心臓に至り,そこの抵抗,反対圧力,すなわち自分を解放しようとする心の傾動を生じさせる.この傾動は外部へ向かうので,なにか外的な物質であるように見える.そして,この外観すなわち影像が,感覚と呼ばれるものである」(Lv.I.1/p.2/一44頁).
15) 『人間論』においてはつぎのようにいわれる.「さらにいえば,愉快と不愉快は感覚とは呼ばれないが,それはつぎの点において感覚と異なるにすぎない.

すなわち、外的なものとしての対象についての感覚は、器官によってもたらされた反作用や抵抗から生じ、したがって、感覚は、外部へ向かう」「傾動に基づく。これに対して、快は、対象の作用によってもたらされる情念に基づくのであり、内部へ向かう傾動である」(Hm.XI.1/OL.1.p.94f.).『物体論』においてはつぎのようにいわれる。「影像〔fantasma〕は、外部へ向かう傾動のせいで、外部に現存するように見えるが、それと同様に、感覚においては快楽と苦痛は」、「内部へ向かう器官の傾動のせいで、内部に存在するように見える」(Cp.IV. xxv.12/OL.1.p.331).

16) 『自由と必然性』においてはつぎのようにいわれる。「偶然性ということで意味されているのは、いかなる原因ももたないようなものではなく、われわれが知覚するものを原因としないようなものである」(LN.259).

17) ブラムホールは、「外的原因によって動かされ、われわれ自身の傾向性に反してなにかを行なうこと」を強迫と呼ぶが (LNC.250)、彼は強迫を強制と混同している (LNC.290). なお、以前の拙論においては「強迫」と「強制」との区別の理解が曖昧であったので、訂正したい (「ホッブズの意志論」下、『札幌大学総合論叢』、第15号、2008年、86頁).

18) すでに『市民論』において、自由は「運動の障害の不在」と見なされていた (Cv.IX.ix/p.167/189頁).

19) ホッブズはつぎのように、自由に対立する障害を外的障害に限定している。「自由は、行為者の本性や内的性質のなかには含まれない行為の障害がすべて不在であることである」(LN.273). 行為が外的要因によって妨害されることは不自由であるが、それが内的要因（行為者の心理的状態、能力の欠如）によって実行不可能とされることは不自由ではない (LNC.274).

20) ホッブズが意志の自由と必然性（決定性）を両立させようとしていると解釈するために、一部の論者が有力視するのは行為者の視点と観察者の視点との区別である。すなわち、行為者の視点からみれば、意志の自由があるが、観察者の視点からみれば、行為は決定されているというのである。高野清弘氏はつぎのように主張する。ホッブズは「いわば人間を観察者と行為者とに分かち、観察者の視点からは、人間の思考や意志さえもがそれ自体の力の及ばない外的原因によって引き起こされると述べて意志の自由を否定する一方、行為者としての人間には熟慮や『熟慮における最後の欲求』としての意志を認め、その意味で人間は自由であると論じる」(『トマス・ホッブズの政治思想』、御茶の水書房、1990年、179頁). 川添美央子氏も高野説を継承する (『ホッブズ 人為と自然』、創文社、2010年、64頁、66頁以下). しかし、ホッブズ自身はこのような振り分けを行なっていない。彼が行為者の視点に言及するばあいも、行為者が自分の行為も原因についての認識不足であるために、自由についての思い違いが生じる

ことを指摘しているにすぎず，行為者の視点で意志の自由を肯定してはいない．ホッブズにおいては観察者の視点に行為者の視点が従属する．この点ではヒュームも基本的同様である．なお，川添氏は，ホッブズが「頻繁に行為者の視点に訴える」ことを重視する．氏によれば，ホッブズは，行為の「道徳的評価・帰責の根拠」は決定論の立場からではなく，行為者の視点からのみ明らかになることを認めており，「自由意志論の立場」に立つ（「ホッブズとブラムモールの論争」『法学政治学論究』，慶応大学法学部，第42号，2000年，54頁，56頁）．

21) ホッブズは獣も有意的行為を行なうと見なし，これと人間の有意的行為とを決定説によって説明するが（Lv.I.vi./p.38/ 一97頁，I,vi/p.48/ 一110頁），獣の有意的行為に責任を問えないことはどのように説明されるのであろうか．規範的意識の有無を基準にしなければ，有意的行為の責任を説明することはできないと思われる．

22) ただし，諸個人は彼らの諸権利を国家に対してすべて委譲するのではない．国家に対して委譲されず，彼らに留保される諸権利として（Lv.II.xxi/p.204/ 二95頁以下），生命の保存の権利（生命を侵害されない権利），身体の保護の権利（傷害，拘束，投獄を受けない権利）が挙げられる（Lv.I.xiv/p.120/ 一221頁，xxi/p.204/ 二95頁）．

23) 梅田百合香氏は，意志論が人間論，国家論，および宗教論を統一する鍵であるという観点から，ホッブズの思想全体を捉え直そうとする．氏によれば，ホッブズにおいては意志の被決定は神による被決定に基づき，ここから国家への個人の従属が説明される．「国家の樹立とは，各人が主権者に予定されている人あるいは人々の統治に，自らを『自発的に』服従させることであるから，この服従契約は自発的な，自らの意志に基く行為とされる．自分の意志に従うことは，究極的には自己の意志を必然化した神の意志に従うことである．したがって，自らの意志による服従契約は，自分の意志を経由して神に対する義務をもつ」（『ホッブズ政治と宗教』，名古屋大学出版会，2005年，175頁．203頁，251頁も参照）．氏の基本的見解は『甦るリヴァイアサン』（講談社，2010年），第1, 2章にまとめられている．ホッブズにおいて意志決定説はおもに自然学的決定説に基づくのか，神学的決定説に基づくのかをめぐっては論争があるが，オーバーホフ（J. Overhoff, *Hobbes's Theory of Will*, 2000）のように自然学（機械的）決定説を重視する解釈に対して，梅田氏は神学的決定説の重要性を強調する．

# 第Ⅵ部　近代の自由意志論争

## は じ め に

　第Ⅴ部ではホッブズの自由意志批判を検討したが，第Ⅵ部では意志の自由をめぐるその後の論争を概観する．この論争を踏まえることによって，この問題にかんするヒュームとカントとの関係の意味をより明確にすることができると思われるからである．
　ホッブズの説はロックを経由してヒュームにつながるので，ロックの説に言及する．また，カントは最初期にライプニッツ＝ヴォルフ学派の強い影響を受けたので，ライプニッツの意志論を考察したいが，そのまえに，彼に先行するデカルト，スピノザの説を検討しよう．ロックはライプニッツと同時代に属するので，ライプニッツのあとでとりあげることにしたい．
　イギリス経験論の潮流は全体として決定説の立場から意志の自由を否定する．これに対して，大陸合理論の創始者のデカルトは自由意志を重視し，この点でも同時代のホッブズと好対照である．スピノザは合理論的決定説の立場から意志の自由を批判する．ライプニッツはデカルトの説とスピノザの説とを調停し，柔らかい決定説を主張する．意志の自由をめぐるライプニッツとカントの関係を理解するためには，デカルトとスピノザの説も考慮する必要がある．
　意志の自由と必然性をめぐるこれらの論争のなかでそれぞれの哲学者は対立意見の主張者を引き合いに出している．たとえば，ホッブズとデカルトとのあいだには論争がある．また，ライプニッツはホッブズを批判し，ホッブズとブラムホールとの論争にも言及している．意志の自由をめぐる哲学論争はキリスト教内部の論争を背景にもち，これは中世の哲学における論争にまでさかのぼるが，宗教的文脈における論争は本論では簡単に注記するにとどめたい．

# 第1章　デカルトの自由意志論

## 1.1　情念，知性と意志

　デカルトは大陸合理論の創始者であるが，実践哲学の領域では近代の自由意志説の代表的主張者であり，この点でもホッブズと好対照をなす．デカルトは『心の情念〔Les Passions de L'arme〕』（1649年，『情念論』と略記し，節〔Art.〕の番号のみを示す）においてつぎのようにいう．知覚（その発展としての知性）は「精神の受動」の面を示すのに対して，意志は「精神の能動」の面を示す（Art.7）．デカルトはさらに意志の2つの作用を区別する．第1の意志作用は，「精神そのものにおいて終結する」活動，「物質的ではないなんらかの対象にわれわれの思考を向ける」（たとえば「神を愛そうとする」）活動である．第2の意志作用は「身体において終結する」活動である（Art.18）．

　デカルトは情念と意志との関係をつぎのように説明する．情念は精神を最も強く揺さぶる（Art.28）．情念は，身体にさせようと準備していることを精神にも意志させようとして，精神を促し，方向づける（Art.40）．意志は情念を直接に引き起こしたり，除去したりすることはできない（Art.45）．

　問題は，いかに意志が情念や欲望を制御できるかである．デカルトはつぎのように主張する．「欲望〔désir〕」は，善を求め，悪を避けるために，未来に向かう情念である（Art.57）．意志は善悪についての認識について確固とした判断を下し，これに従って自分の行為を決意することによって情念や欲望を抑制する（Art.48）．そのさいに，知性の協力が必要となる．知性は意志に対して善悪についてのさまざまな情報を提供する．意志が知性に従って，自

分が最善のものと判断することを実現しようと決意することのなかに「高邁〔générosité〕」という高次の徳がある（Art.161）.

デカルトは『第一哲学の省察〔Meditationes de Philosophia〕』（1661年，ラテン語，『省察』と略記）の「第4省察」において，意志は「選択〔eligere〕の能力」をもち，判断のさいにもその基礎において作用すると主張する（邦訳『デカルト全集』2，白水社，75頁）．実践的判断だけでなく，理論的判断も意志に依存するという見解はデカルトに特徴的なものである．彼によれば，知性が示すものを意志が「肯定し」あるいは「反対する」（「同意」し，あるいは「同意」しない）ことによって判断が生じる（邦訳『全集』2.77頁，81頁）．判断の誤謬は意志に由来する．「知性によって明晰判明に示すもの」以外のものを意志が肯定して，判断を下すばあいに，誤謬が生じる（邦訳『全集』2.79頁）．

知性と意志とは「協働する」が，基本的なのは意志である．一方で，意志にとって知性による認識は不可欠である．「意志の決定にはつねに知性の把握が先行する」（ibid.）．しかし，他方で，知性は対象についての情報を判断の「材料」として意志に提供するにすぎない．意志の作用領域の方が知性のそれよりも広いとされる（邦訳『全集』2.78頁）．

### 1.2　選択の自由と自発性の自由

**(1) 選択の自由と無差別自由**

デカルトは『省察』において意志の自由を強調するが，そのさいに，この自由をいくつかの種類に区別しているように思われる．まず，彼は「意志の本質」を，意志が，「あることを行うことも行わないこともできる（すなわち，あることを肯定することも否定することもでき，あることを追求する〔prosequi〕ことも忌避する〔fugere〕こともできる）」ことに見出す（邦訳『全集』3.77頁）．これを〈選択の自由〉と表現することができるであろう．また，デカルトはつぎのような自由にも言及している．行為者が「いずれか一方の側に駆り立てる理由がない」ばあいには，「いずれの側にも向かう」

のであり，「いずれを肯定し，あるいは否定すべきか」についてまったく「無差別（未決定）〔indifferens〕」である（邦訳『全集』2.79 頁）．このばあいの自由を〈無差別の自由〉と表現しよう．

### (2) 自発性の自由と内的必然性

ところで，デカルトは『省察』において無差別の自由を「最低の自由」と見なし，より高次の自由についても語っている．「私は一方の側に傾けば〔propendere〕，傾くほど」「私はいっそう自由にこちらの側を選択する．」「私が，なにが真であり，善であるかをつねに明確に見るとすれば，いかなる判断を下すべきか，なにを選択すべきかについてけっして熟慮する〔delibere〕ことはないであろうし，このばあいに私がどれほど自由であるとしても，けっして無差別ではありえないであろう」（邦訳『全集』2.77 頁）[1]．

意志の高次の自由は，決定理由を欠く任意のものではない．意志は「外的強制なしに」その「内的傾向（傾き）〔propensio, inclination〕」に従って，行為の方向を選択し，自分で決定することにある[2]．これを〈自発性（自己決定）の自由〉と表現することができる．意志は傾向という理由を自分のなかにもつ点で，内的必然性に従うが，同時にこのことを知ることが自由にとって不可欠である．このばあいには意志と知性との協働が必要になる．

ここで，選択，無差別，自発性の三者がどのように関係するかが問われなければならない．まず，デカルトは選択と無差別とを区別しているように思われる．無差別は，選択の理由が欠けている状態である．これに対して，選択は理由をもつが，その理由がどのようなものかはまだ問題ではない．選択も恣意性を含むが，これは無差別のばあいのようには露呈していない．つぎに自発性，選択との関係についていえば，自発性は，内的理由に基づく行為の選択と自己決定であり，決定理由を欠く無差別とは対立する．自発性は選択を終結させる点では，選択を否定するが，また選択を含み，保存する[3]．選択は自発性の前提をなす．

### (3) 無差別の自由と自発性の自由

　選択の自由，無差別，自発性（自己決定）の自由の関係について注目に値するのは，『1645年2月9日のメラン宛の手紙』における説明である．そこでは，『省察』のばあいとは異なった仕方で3種の自由が区別されているように思われる．①まず，「意志が真や善の認識によって他方の側よりも一方の側に駆り立てられてはいない」状態が「無差別」といわれ，これが「最低の自由」と呼ばれる．これを〈無差別Ⅰ〉と表現しよう．これは『省察』における無差別の自由と同一である．②つぎに，「無差別」としてつぎのような別のあり方が示される．それは，「あい対立する二つのもの（追求するか，忌避するか，肯定するか否定するか）のいずれかへ自分を決定する」という「積極的な能力」である．これを〈無差別Ⅱ〉と表現しよう．

　無差別Ⅰにおいては決定理由を欠き，未決定であるのに対して，無差別Ⅱにおいては，決定理由がどうであろうと，自己決定が行なわれる．『省察』で示されたように，無差別（無差別Ⅰ）においてもすでに恣意性があり，そこから誤謬が生じるが，無差別Ⅱにおいては恣意性がいっそう顕著になる．その結果，意志の「積極的自由」は，「善であると知りながら，悪を追求する」という危険にも陥る．『省察』においても無差別（無差別Ⅰ）が，明晰判明な認識に基づくばあいと，そうではないばあいとを含むといわれ，その二面性に言及されているが，この『手紙』における任意の自己決定（無差別Ⅱ）はこの二面性をいっそう浮き彫りにするといえる．

　③デカルトにとって重要なことは，意志の積極的自由を正しく使用することである．「私が理由によって或る事柄へいっそう駆り立てられれば，それだけ私はその方向へいっそう自由に向かう．」「自由，自発的，有意的は同一のものにすぎない．」高次の自由は，理由を明確に意識して選択し，決定（決意）することのあることがここで暗示される．このような自由は，『省察』でいわれる自発性の自由に対応するといえる．

　ところで，『省察』の3年後の『哲学原理〔Principia philosophiae〕』（1644年，引用のさいには部と節の番号のみを示す）においては『省察』のばあいとは異なって，〈無差別の自由〉にのみ言及される．「われわれの意志には自由があり，

われわれは多くのことに，任意に同意し，あるいは同意しないことができる」(I.§39). このような自由は「無差別」と呼ばれる (I.§41). ここでは，『省察』のばあいとは異なり，〈選択の自由〉と〈無差別の自由〉とが同一視されている．

『哲学原理』におけるこのような説明が，無差別の自由よりも自発性の自由を重視した『省察』の見解とどのような関係があるかが問題となる．デカルトが，神と人間の意思の自由との関係をめぐる当時の論争のなかで，意志の自由を重視する潮流を配慮し，自己限定的な自発性よりも無差別の自由を優先したという推定も成立する[4]. たしかに『哲学原理』においては無差別に対する批判が行なわれず，これを越える自発性に言及されていない．しかし，そこでも無差別の二面性が指摘されており，この自由の正しい使用が，真と善についての認識に従い，理由に基づく判断と決意につながることが暗示されている[5]. この点で『哲学原理』と『省察』とのあいだには見解の根本的相違はなく，力点の相違があるにすぎないともいえるであろう[6].

### 1.3 自由意志論争の神学的背景

中世においては神の恩寵と意思の自由との関係をめぐって論争があり，デカルトの時代にも論争が激化した．4世紀から5世紀にかけアウグスティヌスは，選択意思の自由を重視するペルギウス派を批判し，神の恩寵，神による予定を強調した．13世紀にトマス・アクィナスはこの論争を調停するために，「意志〔voluntus〕」と「選択意思〔arbitrum〕」とを区別し，意志は，知性によって認識された善をめざす点で，神の恩寵に依存するが，選択意思は，目的のための「手段」を「選択する」点で裁量をもつと見なした．アクィナスによれば，意志は「固有の傾向」（内的根拠）をもち，かつそれを意識することによって自由である．この傾向は，神を原因とする自然本性に由来し，内的必然性をもつ．神の恩寵は選択意思の自由を弱めず，逆にこれを強化する．この見解はスコラ哲学の主流となった．

しかし，近世においても論争が繰り返された．16世紀にはジェスイット

（イエズス会）のモリナが自由な選択意思を強調し，これをめぐって活発な議論が展開された．プロテスタントのルターとカルヴァンによる自由意思の否定に対して反撃するため，カトリックの内部でイエズス会の見解が影響をもつようになった．デカルトの時代にはオラトリアン（オラトリオ会），ジャンセニストがジェスイットの自由意思説を批判したが，ジェスイットの見解がやはり有力であった．デカルトはジェスイットとオラトリアン，およびジャンセニストとのあいだで苦悩し，このため意志の自由の理解について『省察』と『哲学原理』における見解のあいだに微妙な相違が生じたとも推定されうる．ホッブズにかんしてすでに言及したように (V.4.4)，この論争はイギリスにおいてはアングレカンとピューリタンとの論争と複雑に絡み，ホッブズの意志論に影響を与えた．

　デカルトは『省察』において，「神は私の思考の内部を方向づける」，「神の恩寵は自由を減少させるのではなく，増大させる」と述べるが，『1644年5月2日のメラン宛の手紙』おいてはつぎのように説明する．「恩寵は無差別を完全に妨げる」のではなく，「われわれを他方よりも一方へ傾ける」にすぎない．「恩寵は自由を減少させない．」しかし，デカルトは『哲学原理』においては神の恩寵と選択意思の自由との関係について確定的な主張を避け，つぎのようにいう．「なぜ神が人間の自由な行為を無決定のままに残しているのかを理解するほどには，われわれは神の能力を十分に把握してはいない」(I.§41)．

# 第2章 スピノザの行為決定説

## 2.1 汎神論的決定説

　デカルトにおいては内的必然性に従った行為の自己決定という見解によって，意志の自由と必然性とを両立させる方向が示されるが，スピノザは合理論の立場を継承しながら，この方向を決定説の側に引き寄せて解釈する．

　スピノザは『エチカ』（ラテン語，1675年）においてつぎのように主張する．「自由といわれるのは，自分の本性の必然性のみによって存在し，自分自身によってのみ作用するよう決定されるものである．これに対して，必然的，あるいはむしろ強制といわれるのは，特定のあり方において存在し，作用するよう他のものによって決定されるものである」（I．定義7）．

　このような決定説は汎神論的なものである．神はすべてのものの第1原因である．神は自分の本性の必然性によってのみ，作用し，存在するのであり，この点で「自由な原因」である（I．定理17，系2）．神は自分以外の原因をもたず，自分自身が自分の作用の原因である．世界におけるあらゆる個体は自分以外の原因によって決定されることによって存在し，作用するが，この原因はまたさらに別の原因によって決定されており，因果関係は無限の系列をもつ（I．定理28）．このような系列を終結させるのは神である．したがって，世界におけるすべてのものは必然的に決定されており，偶然性は存在しない．偶然性の観念は，個体の運動を決定する原因について無知であることから生じるにすぎない（I．定理33）．

## 2.2 自由意志の否定

スピノザは決定説を人間の行為へも適用する．彼によれば，意志の作用は他の原因によって決定される（I. 定理 36）．「個々の意志は他の原因によって決定されなければ，存在することも，作用へと決定されることもできない．そして，この原因もまた他の原因によって決定されるのであって，このように無限に進む」（I. 定理 32, 証明）．

また，スピノザはいかなる先行の原因からも独立に自分の作用を開始するような絶対的自発性を批判する．「人間のなかには絶対的意志あるいは自由な選択意思は存在しない」（I. 定理 48）．「精神は活動の自由な原因ではありえない．あるいは精神は，意志しあるいは意志しないという絶対的能力をもちえない」（定理 48, 証明）．このような見解はホッブズのものと共通する．

スピノザによれば，意志が自由であると思われるのは，自分の欲求や意欲（意志作用）の原因に無知であるためである．「人間が，自分が自由であると思う（すなわち，自分が自由な選択意思をもって，あることを行うことあるいは行わないことができる）と思うのは誤りである．このような見解は，自分の行為を意識するが，自分の行為を決定する原因について無知であることに基づくにすぎない」（I. 定理 36, 証明）[7]．

スピノザは意志作用の認知的側面を強調し，それを知性と一体なものと見なす．彼によれば，意志は，「真なるものを肯定し，偽なるものを否定する精神の能力」であり，「欲望〔cupiditas〕」のように対象を「欲求し〔appetere〕あるいは忌避する〔avertere〕」という実践的なものではない（I. 定理 48, 注解）．意志は観念（知性）の一部，あるいはそれと一体のものである（I. 定理 49）．あるものを肯定したり，否定したりすることが意志の作用であるという見解はデカルトと共通のものである．しかし，デカルトが意志の作用を知性の作用よりも広いと見なすことをスピノザは批判する．また，スピノザは判断を行なったり，控えたりする「自由な能力」を意志には認めない．

### 2.3 感情の抑制と意志

ホッブズは生理学的, 心理学的決定説によって意志の形成のメカニズムを説明した. スピノザも生理的説明を行なっているが, それはホッブズのばあいほど械論的ではない. スピノザは外界, 身体, 欲求, 欲望と意志との関係をつぎのように説明する. まず, 人間の精神を構成する観念の対象は身体である (II. 定理 13). 身体は外部の物体から触発される. この触発が身体の活動能力を増大させるときには, 肯定的な感情（情動）〔affectio〕（喜び）が生まれ, この能力を減少させるときには, 否定的な感情（悲しみ）が生じる. 基本的感情は喜び, 悲しみ, 欲望である (III. 定理 11).

個体は自分の存在に固執し, 自分を維持しようとする. このような自己保存の作用は「傾動（努力）〔conatus〕」といわれる (III. 定理 6). 人間の傾動が精神にのみ関わるときには, 意志となり, 精神と身体とに同時に関わるときには, 「欲求〔appetitus〕」となる. この欲求が意識されるときには, 「欲望〔cupiditas〕」になる (III. 定理 9, 注解).

感情は基本的には受動である (IV. 定理 11). それは外部の原因によって決定される (IV. 定理 33). したがって, 状況が異なるのにおうじて, 感情もさまざまである (IV. 定理 56). このような感情に従うことは受動であり, 隷属である. 自由は, このようなあり方からの解放にある.

デカルトは, 意志は知性に従って善の観念をもつことによって, 情念を抑制すると主張する. しかし, スピノザによれば, 意志は感情を抑制することはできず, また, 理性は感情を直接に抑制することはできない. ある感情を抑制できるのは, それと対立するより強力な感情でしかない (IV. 定理 7). 感情の原因が認識されるならば, 感情は明晰判明な認識を伴い, もはや受動的ではなく, 能動的となるのであり (III 定理 2, V. 定理 3), このような能動的感情が受動的感情を抑制する. ここには, 「自分の本性の必然性に従って, 作用を自分自身によって決定する」という真の自発性が存在する. 行為を決定するのは欲求であり (III. 定理 2 注解), 精神の「決定」は欲求に基づく.

したがって，意志は自立的能力をもたない．スピノザはデカルトとは異なって，感情，情念を抑制するのは善についての理性的意識ではなく，感情の原因についての認識，さらには万物の必然性の認識であると見なす．

人間は外界，自分自身，神を「永遠の必然性」において認識することによって，真の満足を得て，真の自由に到達することができる（V.定理42, 注解）．人間は自分と身体を必然性において「永遠の相のもとに認識する」ことによって神を認識し，また，神において，神によって考えられることを知る（V.定理30）．ここから「神に対する知的愛」が生じる（V.定理33）．

世界の過程における意志と行為の位置についてのスピノザの見解を図示すれば，つぎのようになるであろう．

〈図 2.3〉

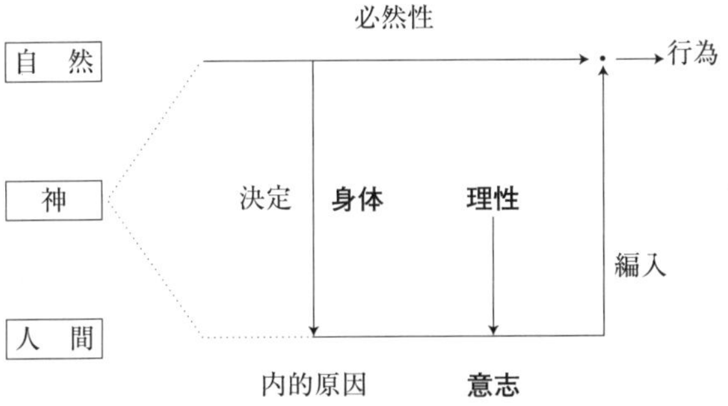

# 第3章 ライプニッツの自由意志論

## 3.1 決定説の緩和

　ライプニッツは独特の仕方で決定説を緩和し，これを自由意志説と両立させようとした．これは，デカルトの自由意志説とスピノザの決定説とを調停する試みといえる．ライプニッツの哲学はヴォルフ学派によって継承され，若いカントにも一時期影響を与えた（本書 I.1.1.(3)）．ライプニッツは必然性と意志の自由の関係について『形而上学序説〔Discours de Metaphysique〕』(1686年) 第13節において簡単に言及しているが，詳細な考察は『弁神論試論〔Essais de Théodicée〕』(1710年，『弁神論』と略記，引用のさいには部と節の番号のみを挙げる) に見られる．

　ライプニッツはスコラ哲学の伝統を踏まえ，「絶対的必然性」と「仮定的必然性」を区別し，意志の自由が仮定的必然性と両立可能になると見なし，決定説を緩和した．「絶対的必然性」は「論理的必然性」を基本とし，これにそむけば，矛盾律を犯すことになる．これに対して，「仮定的必然性」は，ある原因から結果が生じるばあいにいくつかの要素を「仮定」にもつような必然性である．結果が生じることは確実であり，この意味で必然的である．しかし，仮定が欠けるならば，このような結果は生ぜず，異なった結果が生じ，これは偶然的結果となる．このことは矛盾律に背反するわけではない[8]．このように，偶然的なものも無原因ではなく，それなりに充分な理由に基づいて生じるとされる．意志の自由も同様に説明される．

## 3.2 意志の自由の限定

ライプニッツは，先行の原因をもたずに作用する「自由な原因」（II.§48）を意志に認めない．また，彼は，意志する自由を精神に認めない．人間は行為することを意志するが，意志することを意志するのではない（II.§51）．意志作用が意志の対象であるとすれば，意志することを意志し，さらにこの意志を意志するという無限後退が生じ，不条理に陥る（I.§56）．このような指摘はホッブズのものと同様なものである[9]．

ライプニッツによれば，選択肢の一方を選ぶばあいには，その一方に「傾かせる」理由があり，これによって選択が決定される．人間の意志もなんらかの決定理由によって生ずる．意志は仮定的必然性に従うが，強制されるのではない．決定理由は意志を強制するのではなく，意志をより強い傾向に従わせるにすぎない．さまざまな傾向が競合するなかで最も強い傾向が，人間を行為へと決意させる．「意志がなにかを選択するさいには，そうするだけのすぐれた理由がある．それが自由であることを保持するためには，この理由が傾かせるが，強制しないものであれば，それで十分である」（II.§45）．このような見解はヴォルフ学派を経由して一時期カントにも影響を与えた（I.1.1.(3)，参照）．

デカルトも，意志が外的強制を受けずに一方に「傾く」ことに自由があると見なしていた（VI.1.2.(2)）．ライプニッツによれば，意志は特定の側を選択するよう強制されず，このかぎりで「無差別」である．しかし，このことは，意志が選択のばあいに「いずれの側にも等しく傾く」ことを意味しない（I.§146）．後者の「無差別」は「均衡無差別〔indifférence d'équilibre〕」と呼ばれるが，これは「空想」である（II.§146, III.§305）．ましてや，先行の理由によってまったく決定されずに，行為を決意する「絶対的に無限定な無差別」（III.§314）を意志はもたない．

### 3.3 自由意志と必然性との調停

ライプニッツは，意志は仮定的必然性のもとでも，選択の自由をもち，必然性と選択の自由とは両立すると見なす．

ライプニッツはアリストテレスおよびスコラ哲学の伝統を継承して，自由の要件として選択のほかに自発性，知性を挙げる (III. §301)．「自発的」であることは一般に，運動の原因を自分のなかにもち，運動を自分自身で決定することである．しかし，このような自発性は人間以外の個体（無生物，生物）にも見られるものである．また，行為がたんなる内的観念や心理的動機に基づいて行なわれるとすれば，人間の魂は一種の「精神的自動機械」にすぎない (I. §52)．人間の行為が自由であるためには，それが自発性に基づくとともに，知性（熟慮）に従うことが必要である．自発性と知性とは熟慮のさいに結合する．「強制せずに傾かせる善への動機が知性によって充分に把握され，これに従って，自分自身によって自分を決定する」ことに，「自己決定する自発性」としての高次の自由がある (III. §288)．

ところで，人間の認識の判明さには段階がある．判明な認識に従って行為するばあいは，情念への隷属から逃れ，自由であるが，認識が判明でなく，混乱しているばあいは，情念に隷属し，外的対象によって支配されることになる (I. §66, III. §288)．知性的な認識が強い傾きとなることによって情念を制御することが必要である．「知性に従って作用することは，自分自身の本性の完全性に従って作用することである」（『弁神論』「大義」§20）．ここに自由がある．デカルトも『省察』においては，決定理由をもたずに，いずれにも傾くという無差別の自由を承認するが，これを「最低の自由」と見なすのに対して，内的傾向に従って一方を選択するという自発性の自由を高次の自由と見なす (VI. 1.2. (2))．

人間の行為における悪は，「自由な選択意思」を正しく用いないことにある (I. §75)．このような見解もデカルトに従ったものであろう．絶対的必然性は人間にとって避けられず，抵抗できないものであり，そのもとでは意志

は選択の自由をもたないので，人間は，自分が行なったことに対して賞罰を与えられることはない（『弁神論』第1付論，第3反論）．これに対して，仮定的必然性には人間の意志の選択が介在するのであり，この必然性に従って生じる行為に対しては賞罰を与えられる（I.§75）．

## 3.4 神による予定と意志の自由との調和

　人間の自由な選択意思は神による支配と両立するかどうかがスコラ哲学以来大きな論点になってきた．近代においてホッブズは一方で自然学的決定説の立場をとりながら，他方では神の意志による決定という神学的決定説の立場をとる．スピノザは汎神論的決定説の立場をとり，神を世界の第一原因，自由な原因と見なすが，神には意志を認めない．これらに対して，ライプニッツは，人間の行為が神の意志によって決定されていると見なしながら，このことを人間の選択の自由と両立させようとする．その結論は，神は人間の意志を「強制せずに，傾かせる」というものである．神は人間に自由な選択意思を与え，人間がその自由な選択意思によって「最善」を選択するよう傾かせる．「神は，われわれの意志が最善と思われるものを選ぶようにさせるが，われわれの意志を強制はしない」（『形而上学序説』§30）．
　神はさまざまな可能なもののなかから最善のものを選択し，その実現をめざす．ただし，この神の意志もやはり決定理由をもつ．その理由は最善についての知的認識である．神は知性によって最善を判断し，これに基づいて意志決定を行なう．このように，神においても知性と意志とが結合している（『形而上学序説』§13,『弁神論』II, §196）．
　世界における万物（自然と人間）は神の意志によって必然性に従う．しかし，この必然性は絶対的必然性ではなく，仮定的必然性である．神は，仮定的必然性に従って偶然的なもの，不完全なものが生じることを容認する．神は万物の運動を必然的なものとして事前に決定し，予見するが，この必然性は仮定的必然性を意味する[10]．
　意志の自由と必然性との関係についてのライプニッツの見解を図式化すれ

ば，つぎのようになるであろう．

⟨図 3.4⟩

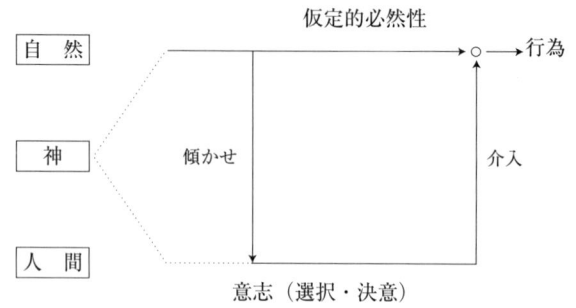

```
           仮定的必然性
 ┌──┐ ─────────────→ ○ ─→ 行為
 │自 然│                      ↑
 └──┘                      │
 ┌──┐      傾かせ    │介入
 │ 神 │                      │
 └──┘                      │
 ┌──┐                      │
 │人 間│ ─────────────┘
 └──┘    意志（選択・決意）
```

＊仮定的必然性は意志の介入を許容する．

# 第 4 章　ロックの自由意志批判

## 4.1　意志の自由と行為の自由

　ロックはライプニッツと同時代に属す．ホッブズが選択を意志作用から区別し，前者のみに自由を認めるのに対して，ロックは『人間知性論〔An Essay concerning Human Understanding〕』（LEHU と略記）の初版（1689 年）においては選択を意志の機能と見なしたうえで，その自由を否定する．しかし，同書の第 2 版以降の版においては決定説を緩和する．

　ロックは同書の第 2 巻，第 21 章においてつぎのようにいう（引用のさいには部と節の番号のみを挙げる）[11]．意志は，「選択（選好）〔preferring〕」によって「ある作用を開始する力能」あるいは「選択する力能」である（II.xxi.§5, §6）．しかし，意志はそれ自体では自由でない（II.xxi.§7）．自由は，意志に従って行為を実行することにある．自由は「意志作用すなわち選択」に属すのではなく，「心が選び，指示するのに応じて行ない，あるいは行なうのを抑止する」ことにある（II.xxi.§10）．ロックは，自由は有意的行為の実行にあるというホッブズの見解を継承するが，意志作用における選択の機能をより重視する．

　ホッブズは，意志を自立的能力と見なすことを批判したが，ロックは明確にこれを意志の実体化として批判する．意志が自由であるといわれるばあいは，意志が作用の「実体」と「作用者〔agent〕」と見なされている（II.xxi.§16）．しかし，自由をもつのは意志ではなく，「行為者すなわち人間」である（II.xxi.§14, §19）．

　ロックによれば，意志の自由を認めることはつぎの点でも「不合理」であ

る．人間が意志を実体化して，それが自由をもつと見なすとすれば，意志は「意志する（あるいは意志しない）自由」をもち，「意志を意志する」ということになり，意志にさらに別の意志が先行するというように，意志が無限に連鎖することになる（Ed.1-3.II.xxi.§23［Ed.4-5.II.xxi.§25］）．このような理解もホッブズのものと同様である．

### 4.2 行為の選択の必然性

ロックは，意志による選択は必然的であり，意志の作用は自由ではないと主張する．ただし，ここで必然的といわれるのは，ある行為を行なうか，行なわないかのいずれかを選択せざるをえないという意味である．「ある人間の力能のなかにあるなんらかの行為が，当人の思考に一度思いつかれるならば，意志，あるいは意志作用について」「その人間は自由であることはできない．」「というのは，当人の意志に依存している行為が存在す［行なわれる］べきか，存在すべきでないかは不可避的に生じるからである．また，その存在あるいは非存在［不作為］は当人の意志の決定（決意）と選択に完全に従って生じるので，当人はその存在あるいは非存在を意志することを避けることはできない．したがって，当人がそれらのいずれかを意志することは絶対に必然的である」(II.xxi.§23)．

ロックによれば，選択は自由な行為の条件ではあるが，それ自体が自由なのではない．ロックは「必然性」を「強要〔compulsion〕」および「強制〔restraint〕」から区別する．行為の開始や継続が行為者の選択に反するばあいには，「強要」といわれ，行為の抑止が行為者の意志作用に反するばあいには，「強制」と呼ばれる (II.xxxi.§13)．行為を行なうことも行なわないことのいずれもできるという意味での「無差別」の自由をロックは批判する．「心が［決意のさいに］，自分の選択に伴うと考えられる善悪の判断によって［意志を］決定されえず，まったく無差別であるということは」「大きな不完全性である」(LEHU.Ed.2-5,II.§48［Ed.1.II.xxi.§30］)．行為者は最大の善（すなわち快）についての判断によって決定され，この意味で必然性に従うこと

によって完全であり，自由である．「欲望あるいは選択の力能が善によって決定されることは，行動の力能が意志によって決定されることと同様に，完全である」．「このことは自由を拘束したり，減少させたりするどころか，むしろ自由を増進し，それに便益をもたらす」(Ed.2-5.II.§48 [Ed.1.II.§30.])．

### 4.3 快楽主義の修正

　ロックは『人間知性論』初版においては快楽主義の立場から，意志を決定するのは快であると主張する (Ed.1.II.§29, Ed.2-5.§42)．倫理的に求められるのは最大の快（善，幸福）であり，それが意志を最終的に決定する (*ibid.*)．しかし，人間は一般的には最大の快を求めながらも，目先の快に目を奪われがちである (LEHU.Ed.2-5.II.xxi.§45)．このように，意志を決定する快には曖昧さがある．ロックはこの難点を解消するために，『人間知性論』の第2版以降においては，意志を決定するのは，眼前に思い浮かべられた快（善）ではなく，主体内部の心の「安らぎなさ（不安）〔uneasines〕」であると見なし (Ed.2-5.II.xxi.§29)，快楽主義を緩和あるいは修正しようとする．

　安らぎなさは「欲望〔desire〕」とも呼ばれるが，それは快およびその対象（善）が眼前に現存しないために生じる．欲望はその欠如を埋めるために対象に向かう．しかし，欲望は目先の見かけ上の善に目を奪われがちであり，真の最大の善をめざすとはかぎらない．なにが真の最大の善かを判断するために必要なのは，たんに欲望のあいだで「比較考量を行なう〔balance〕」ことではなく，さまざまな欲望に距離をとり，「適切な考察〔due consideration〕」を行なうことである (Ed.2-5.xxi.§46)．ホッブズも欲求のあいだの比較考量のさいの熟慮の役割を重視していた（本書，V.1.2）．

　『人間知性論』初版においても，最大の善についての判断のさいに「考察」や「吟味」が必要と見なされていたが (Ed.1.II.xxi.§32 [Ed.2-5.§50])，さしあたりこの善は「見かけ上のもの」でもよいとされており (Ed.1.II.xxix.§38)，真の善とみかけ上の善との区別がなお不明確であった．これに対して，第2版においてはこの区別を明確にするために，「適切な考察」の役割が重視さ

れる．考察は知性や理性の作用であるが，行為においては実践的役割をはたす．

　ロックによれば，人間は，このような考察（知性）に従って，意志による選択と決意のさいに欲望の満足を，また欲望による意志の決定を「停止する〔suspend〕」という点で，自由である（Ed.2-5.II.xxi.§47）．欲望を停止させるこのような力を「自由意志」と取り違えることをロックは批判する[12]．

　ロックによれば，知性によって判断される真の善（幸福）を追求することに自由の基礎がある．この追求は「人間の本性の傾向」に根ざすものであり，「必然的な」ものである．このような必然性が意志の選択を決定するのであり，「自由の不可欠の根本」をなす（Ed.2-5.II.xxi.§51）．

　このように，『人間知性論』第2版においてロックは，真の幸福をめざし，知性によって欲望と激情を制御することに自由があると考える点で，合理論に接近する．初版と第2版以降における見解の相違を図式化するとつぎのようになる．

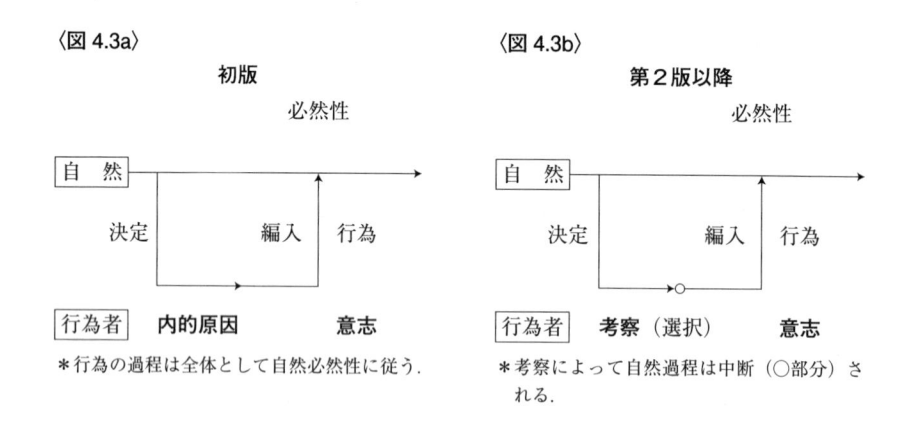

〈図 4.3a〉　初版
必然性

| 自　然 | 決定 | 編入 | 行為 |

| 行為者 | 内的原因 | | 意志 |

＊行為の過程は全体として自然必然性に従う．

〈図 4.3b〉　第2版以降
必然性

| 自　然 | 決定 | 編入 | 行為 |

| 行為者 | 考察（選択） | | 意志 |

＊考察によって自然過程は中断（○部分）される．

**第Ⅵ部注**

1) 『省察』においては自由にいくつかの側面が区別されている．①「意志の本質」は，「あることを行うことも，行わないこともできる」こと，②「あるいはむしろ」，この選択が行なわれるさいに，「外的な力によって決定されない」，ことにある（強制の欠如）とされる．そして，③自由であるためには，「いずれの側にも動かされる必要はなく」，④「むしろ反対に」「一方の側に傾けば傾くほど」，「いっそう自由に」「そちらの側を選択する」といわれる．

2) デカルトは『省察』においてつぎのようにいう．「我思う，ゆえに我あり」の明証性についての判断が生じたのは，「外的な力によって強制された」からではなく，「知性における大きな光に伴って，意志における大きな傾きが生じた」からである．「このことに対して未決定であることが少なければ，少ないほどいっそう自発的に，いっそう自由に私はそのことを信じた」（邦訳『デカルト全集』，2.78 頁）．

3) デカルトは『省察』に付された「反論と答弁」において，ホッブズによる批判に言及している（「第三反論」のなかの「反論12」）．ホッブズは，デカルトにおいては「選択意思の自由は証明されてないまま，カルヴァン派の意見［神による予定についての］と対立して，容認されている」と批判した（邦訳『全集』2.213頁）．これに対するデカルトの回答はつぎのようにまったく簡単なものにすぎない．「意志的（有意的）であることと自由であることとが同一である」ことは経験において確認されている（同書，232頁）．

4) ジルソン『デカルトにおける自由と神学』，1913年．

5) 山田弘明氏は，デカルトは2種の無差別（本書では〈無差別Ⅰ〉と〈無差別Ⅱ〉）をいずれも批判していると解釈する．しかし，積極的能力は，善の観念に従って行為を自己決定するという可能性をももち，この側面は，氏が重視する自発性の自由につながるであろう．なお，氏は選択の自由と無差別とを区別してはいない（山田弘明『デカルト『省察』の研究』，創文社，1994年，頁278以下）．

6) 山田弘明氏は，『哲学原理』の直前の『1644年5月2日のメラン宛の手紙』でも自発性の自由が主張されていることを指摘し，自由について『省察』と『哲学原理』とのあいだには見解の基本的相違はないと主張する（同書，283頁）．これに対して，所雄章氏は，「無差別的自由」と「自己決定的自由」（自発的自由に相当）とのあいだの対立を重視する．氏によれば，2つの自由は「相容れぬままに，しかし同一の人間的意志の自由の発露として，一つのものの二つの側面にすぎぬ」（所雄章『デカルト』，講談社，1981年，315頁）．

7) 人間の行為が選択の自由に基づかず，行為が必然性によって完全に決定されているとすれば，人間の行為に対して賞罰が与えられ，責任が問われることは不可能ではないかという疑問がスピノザに対しても出されたが（たとえば，『書

簡』57『チルンハウスの書簡』1674 年），スピノザはそれに回答しないままである．
8) このような区別は，『モナドロジー〔Monadologie〕』（1714 年）で示される「矛盾律（矛盾の原理）」と「理由律（充分な理由の原理）」との区別に対応する．われわれは矛盾律に従って，矛盾を含むものを偽と判断し，矛盾を含まないものを真と判断する．また，われわれは理由律に従って，あることは，それが生じる充分な理由をもたなければならないと考える．理由律は論理的な真偽に関係するのではなく，現実世界における事物の存在と非存在に関係する（『モナドロジー』, 32).

9) ライプニッツは『弁神論』第 1 部および「第二付論」において，意志の自由をめぐるホッブズとブラムホールとのあいだの論争に言及している．意志の絶対的自発性を否定する点で，ライプニッツはホッブズに同意するが，その他の点ではブラムホールに近い立場に立つといえる．ホッブズに対するライプニッツの批判は，ホッブズが絶対必然性と仮定的必然性とを区別しないため，必然性と意志の自由とを両立不可能と見なすという点に向けられる（『弁神論』第 1 部，第 72 節). 他方で，ブラムホールは，スコラ哲学の伝統に従って，絶対必然性と仮定的必然性とを区別し，後者の必然性は意志の自由と両立可能と見なす．彼によれば，ホッブズがいう行為における必然性は仮定的必然性にすぎない．

10) ライプニッツによれば，人間における悪は人間自身による自由な選択意思の正しくない使用に基づくのであり，その罪や責任は人間にのみあり，神にはない．神は人間の悪を意志しないが，悪への可能性を容認する（『弁神論』第 2 部，第 22 節).

11) 『人間知性論』は第 5 版（1706 年）まで出版された．第 2 版（1694 年）ではとくに第 21 章に多くの加筆が行なわれた．大槻春彦訳（岩波文庫，4 分冊）は第 5 版を基本とし，他の版との異同を記している．本稿も第 5 版に従い，部，章の番号に続けて，節（§）の番号を示す．他の版についてはそのつど示す（たとえば，初版の節は〈Ed.1/§〉と記す). 内容が版によって異なるばあいは，そのことを記す．

12) 『人間知性論』第 5 版ではつぎのように無差別の自由が新たな意味に理解され，限定的な意味で容認される．人間は選択と決意に先立って「無差別の自由」をもつのではないが，行為のまえにもあとにも「作用能力」をもち，これを行使し，あるいは行使しないことができるというかぎりでは，無差別の自由をもつといってもよい．たとえば，人間が決意によって手を静止させるばあいでも，手を動かす能力をやはりもつのであり，この能力をじっさいに行使するかどうかについて無差別である（LEHU.Ed.5.§71).

# あとがき

　（１）本書は私のカント研究の最初の単行書である．1997年にドイツ観念論における承認論の展開の一環としてカントの実践哲学について考察した『相互人格性と実践』（北海道大学図書刊行会）．そのなかで，スミスに由来する「立場の交換」の思想がカントの倫理学に影響を与えていることに言及したが，今回の書ではさらにヒュームの影響について検討を行なった．

　カント倫理学の根本をなす「自由の原因性」の概念がどのような思想史的背景をもつかは私の長年の問題意識であった．カント倫理学の形成過程を研究するなかでヒュームとの関係に目がとまり，両者のテキストの比較検討を進めることによって，自由の原因性の概念がヒュームの行為決定説に対する対抗として確立されたことが明瞭になってきた．

　本書では，ヒュームがさらにカントの人間学に対しても影響を及ぼしているという論点を提起した．カントはヒュームの道徳哲学（行為決定説と道徳感情論）を批判するが，社交と趣味の領域では感情の交流についてのヒュームの説を受容している．従来の研究では，カントの実践哲学において人間学には付随的意味しか認められてこなかった．しかし，カントは人間の具体的なあり方全体に関心を向けており，その核心に理性を見出しながらも，人間の経験的観察を重視している．

　スミスについていえば，カントはその道徳哲学に特別に注目してきた．ただし，カントはスミスの道徳感情論を受容せずに，理性の立場から「立場の交換」論の枠組を利用した．カントはこの理論を道徳的関係における目的の交換の考察のために活用している．カントによれば、他人に対する道徳的な基本義務は他人の幸福を目的とすることにある．幸福主義の主流は他人の幸福よりも自分の幸福をめざすのであるから，他人の幸福の促進というカント

の思想がどのような思想史的背景をもつのかが問題となる．著者もかねがねこの点に疑問をもってきたが，本書の執筆をつうじて，このような背景は道徳感情学派にあることを理解することができた．じっさいカントは，ハチソンの説は「他人の幸福への同情（関与）」を基本とするとして，それを幸福主義に含めている（Gr.442/ 邦訳『全集』7.85 頁）．カントのこの解釈はラフであるが，ハチソンが他人の幸福にかんする快を仁愛と呼んでいることを念頭においていると思われる．ヒュームはハチソンの説を継承し，公共の福祉への感情を共感の基本内容と見なした．スミスは，行為の効用を共感と直結することを批判しながらも，行為が他人の幸福をもたらすことに対する第三者（観察者）の共感をそれなりに重視する．しかし，カントはこのような同情や共感をめぐる議論から独立に，スミスの「立場の交換」の理論枠を利用し，個人が他人の幸福を目的とし合うこと（目的の交換）に他人に対する義務の基本を見出す．

カント自身はヒューム道徳哲学にもスミスの道徳哲学にもほとんど言及していない．両者の道徳哲学がカントの実践哲学にどのような影響を与えたかを検討するためには，直接的証拠がないまま，間接的証拠と第三者の証言に依拠するという手続きをとらざるをえない．これまでの研究は避けてきたこのようなリスクを本書は引き受けることにした．それが成功しているかどうかについては読者の審判を待つほかはない．

カントの実践哲学とイギリスの道徳哲学との比較研究はマイナーなものではあるが，カントの従来の狭い図式的な理解を修正するうえで不可欠である．イギリス道徳的哲学の影響に注目することによって，ふくらみのあるカント像を浮かび上がるであろう．ただし，それは，たんなるしなやかなカントではなく，しっかりとした骨格とともに繊細さを備えたカントであろう．本書がこの作業のための捨石になることができれば，望外の幸せである．

（2）本書は以下の論文を再構成したものである．
1 a．「カント倫理学へのヒュームの衝撃」(1)，札幌大学『経済と経営』第 38 巻，第 1 号，2007 年．

1 b. 「カント倫理学へのヒュームの衝撃」(2), 札幌大学『経済と経営』第38巻第2号, 2008年.
1 c. 「カント倫理学へのヒュームの衝撃」(3), 札幌大学『経済と経営』第39巻, 第1号. 2008年.
1 d. 「カント倫理学へのヒュームの衝撃」(4), 札幌大学『経済と経営』第39巻, 第2号, 2009年.
1 d. 「カント倫理学へのヒュームの衝撃」(5), 札幌大学『経済と経営』第40巻, 第1号, 2009年.
2 a. 「A・スミスにおける〈立場の交換〉の思想」(1), 札幌大学『経済と経営』第34巻, 第3・4号, 2004年.
2 b. 「A・スミスにおける〈立場の交換〉の思想」(2), 札幌大学『経済と経営』第35巻, 第1号, 2004年.
2 c. 「A・スミスにおける〈立場の交換〉の思想」(3), 札幌大学『経済と経営』第37巻, 第1号, 2006年.
3. 「カント倫理学に対するスミスの影響」,『札幌大学総合論叢』第17号, 2004年.
4 a. 「ホッブズの意志論」(1),『札幌大学総合論叢』第20号, 2007年.
4. 「ホッブズの意志論」(2),『札幌大学総合論叢』第25号, 2008年.

　本書の第Ⅰ部は論文1a, 1c, 1d, 1eを圧縮し, 再編したものである. 第Ⅱ部は論文1bに基づき, これに大幅な加筆を行なった. とくにその第3章は新たに筆を起こした. 第Ⅲ部は論文2a, 2b, 2cを圧縮し, 再編した. 第Ⅳ部は論文3を基礎にしている. 第Ⅴ部は論文4a, 4bを短縮した. 第Ⅵ部は論文1aを再編した. その第1章は今回新たに加えた. 簡略化した部分 (とくに先行研究へのコメントなど) については当該論文を参照いただければ, 幸いである.

　これらの論文の執筆にさいしては, アリストテレスにかんして, 北海道大学名誉教授の田中享英氏, ラテン語にかんして札幌大学女子短期大学部名誉教授の高岡尚氏から助言をいただいた. また, 浜田義文氏がカントの同時代におけるイギリス道徳哲学のドイツ訳のコピーを取り寄せられたさいに, 協力した法政大学教授の菅沢龍文氏からその一部を拝借できた. 諸氏に対して感謝を申しあげたい.

（3）著者はヘーゲルの実践哲学の研究から出発したが，ヘーゲルからフィヒテ，カントへ戻って，ドイツ観念論の基本性格と現代的意義を問い直す必要を痛感するようになった．母校の北海道大学にはドイツ観念論とカント研究の伝統があり，本書はさまざまな先生，先輩，友人の仕事に多くを負っている．宇都宮芳明先生はカントの倫理学のほかに宗教学や人間学を演習で扱われた（先生の幅広いカント研究は『カントと神』岩波書店，1998年，『カントの啓蒙思想』岩波書店，2006年に示されている）．熊谷直男先生の『純粋理性批判』の演習にも参加させていただいた．先生は著者のカントにかんする諸論稿に対してもていねいなコメントを寄せてくださった．茅野良男先生は，著者が3学年になって他大学に転出されたが，のちに著者がカントの遺稿集を北大の研究室から借り出したさいに，先生が重要部分をチェックされた跡を見出し，先生の綿密な研究にあらためて気づいた（先生の研究は『ドイツ観念論研究』創文社，1975年に示されている）．岩崎允胤先生はカントを直接に扱うことはなかったが，テキストに対する態度について教わった。先生はたんなる文献解釈を批判されていたが，テキストの本筋を深く読み取ったうえで，現実的意味を把握することを強調されていた．宇都宮，熊谷，岩崎の諸先生はすでに他界された．著者の仕事の遅れのため，本書が諸先生からの講評をいただくことができなくなったことはまことに残念である．

（4）昨年2011年はヒューム生誕300年に当たり，彼の道徳的哲学についても国内外で活発な議論が行なわれた．しかし，そこでの新しい成果を本書に生かすことは時間的にできなかった．

　出版の事情が悪いなかで，比較思想研究という地味な分野での出版を引き受けていただいた梓出版社に対してお礼を申しあげる．

# 索 引

ヒューム，スミス，ホッブズについては中心的な章の頁を割愛。**太字**は主要頁，*イタリック*は注の頁。

## ア行

悪（das Böse）20, 62, 87, 260, *267*
アリストテレス（Aristoteles）138, 213, *240*, *244*, 260
意志，意志作用（Wille, will, volition）19ff., 26-31, 35-37, **80**, **82**, 85, 88, *119*, 214f., **217**, 219f., 223, 225, 234-239, 241-244, 248-251, 255f., 263-266, *267f.*
意志（選択意思）の自由（Freiheit der Willkür, freedom of arbitary）6, 16f., 26ff., 33, 35, 37f., 50, **83-87**, 219-225, 232, 236, 243, 247, 249, 259, 263, *268*
→自由な意志
因果性（causality,），因果関係（causal relation）13, 42, 44-48, 50, *62*, 70f., **73ff.**, 76f., 94, 103f., 107, *119*, *122* →原因性
ヴォルフ（Wolff）4, 15, 17ff., 23f., 27, 49, 55, 58, 71, 109, 114, *123*, 203, 213, 258f.
英知界（intelligible Welt）14, 35, 38f.
英知的原因（intelligible Ursache），英知的原因性（intelligible Kausalität）30, 38-44, 54, 58f., 66
英知的性格→性格
エンパシー（empathy）130, 148ff., *169*

## カ行

快，快楽（Lust, pleasure）80, 93f., **101f.**, 109, 117, *120f.*, **132f.**, 151, 158f., *243*, 265f.
格率（Maxime）187, 192, 195-198, *208f.*
傾かせ（inclinating）19ff, 55, 250, 253, 259ff., *267*
神（Gott, god）49, 62, 94, 131, **164f.**, 186, 190f., *203f.*, *207f.*, 215, 222, 236, 239, *244*, 252ff., 257, 261, *268*
観察（Beobachtung, observation）69, 114ff., 130, 183
観察者（Beobachter, Zuschauer, observer, spectator）65, 71f, 88, 91, **94**, 96, 98ff., 102ff., 113, *120*, *122*, 134, 140ff., **143-148**, **151-166**, 179, 200 *242f.*
公平な観察者（unparteiischer Zuschauer, impartial spectator）7, 98, 129, 131, **151-155**, 157-160, 162-167, *168ff.*, 177, **183f.**, **186**, 189, 201, 204, *205f.*, 208
完全性（Vollkommenheit）24, 26f., 111, 137, 189, 200, 203
感情の交流（communication of sentiment）7, 14f., 72, **94ff.**, 112, 130, **148**, 177, **200**, 202, 213ff., 222, 236f., 230
観点，視点（Gesichtspunkt, Standpunkt, point of view）143ff., 183-186, 189, 201, 209f.
一般的（普遍的）観点（allgemeiner Gesichtspunkt, general point of view）98, 102, 155, 173, 184f., 192
規則（Regel, rule）22, 35, 52f., *112*, 138, 155f, 167, *169*, 183, 191, 193ff., 196, 201, *205*, *208*
義務，責務（Pflicht, Schuld, obiligation）23f., 110, *121*, 155, 187, 191, 195ff., *208f.*, 236
共感（sympathy）7, 72, **94-100**, **102f.**, 107f., 112f., **120f.**, 129, **132f.**, 135f., 139ff., 143, **146-149**, 153, 157, 166, *168f.*, 178ff., **183**, 200, *209*
強制（Zwang, constraint, force）18f, 28f., 35, 57, 59f., **84ff.**, 213, 225, *243*, 254, 259f., 264, *267*
機械論（Mechanismus）機械論的（mechanistisch）119, 213, 223, 225
クラーク（Clarke）91, 106, *123*, 138
クルジウス（Crusius）17ff., 23f., *62*
経験（Erfahrung, experience）44-46, 49, 52f., 64f., 69, 114f., 130, 156, 191, *208*

経験論(Empirismus, empiricism)4, 58, 111, 123, 191, 203f., *244*, 247, 252ff., 257, 261, *268*

形而上学(Metaphysik)16, 44-50, 116, *125*

傾動(endeavor, conatus)216, 223f, *242f.*, 256

決定説(Determinismus)5f., 8, 14f., 18f., 35, 45, 50, 55, *119*, 213, 232, 236, *244*, 247, 254, 261

柔らかい決定説(soft determinism)9, 20, 55f., 58, 70, 215, 258

原因性(Kausalität, causality)6, 8, 13ff., 16f., 30-36, 42, 47, 49f., 61, *62*, 63f., 70, 223

嫌忌, 忌避(Abneigung, aversion)80, 214, 216f., 224, *240ff.*, 249, 251, 255

交際, 社交(Geselligkeit, Umgang, sociability)6ff., 14, 72, 78, 114-118, 160, 176, 199ff.

幸福(Glückseligkeit, happiness)111, 117, 142, *168*, 186f., 191, *206f.*, 265f.

公平な(unparteiisch, impartial)11, 145, **151ff.**, 155, 161, 184, 186, 190, 198, *206*

公平な観察者→観察者

効用, 有用(utility)72, 77, 99f., 103, *119, 121*, 141f.

合理論(Rationalismus)4, 8, 18, 55, 91, 93, 101, 106f, 109ff., 138, 163, 203f., 213, 247f, 254, 266

## サ行

裁判官(Richter, judge)151, 159, 161f., 165, *169, 171*, 177, 184, 189f., 195, *206f.*, 231

自己中心主義, 利己主義(Egoismus), 自己中心的 147, 168, 176, 182, 193, *208*

自己立法(eigene Gesetzgebung)16, 31, 36ff., →自律

事情, 状態(circumstance, condition)79, 98ff., *120*, 127, 134, 136, 143f., 154f., 166

事情に精通した(well-informed)**154f.**, 165f., *169f.*, 195, 198

自発性(Spontaneität, spontanity)**18f.**, 21ff., 26, 31, 34, 41, **57**, **60**, *62*, **82ff.**, **87**, 222f., 250ff., 255f., 260, *267*

社交→交際

シャフツベリ(Shaftesbury)109, 111, 113, *124*

習慣(Gewohnheit, custom)47, *65*, 70, **76f.**, *119*

自由な意志, 自由意思(freier Wille, feie Willkür)7, 14f., 18ff., 26, 213, 220, 230, 238, *244*, 248, 252f., 255, 259ff., 266, 268 →意志の自由

自由な原因(free cause)219, 223, 254ff., 259f.

自由の原因性(Kausalität der Freiheit)6, 8, 13ff., 17, **30-36**, 42, **61**, 63f., 70, 213f., 223

趣味(Geschmack, taste)6ff., 72, 117f., 176, 192f., 199ff., 203, *209*

賞罰(Lob und Bestrafung, praise and punishment)42, 59f., 71, 87ff., 103, *122*, 158, 163, 165f., 168, 215, 230-233, 235, 260f, *267*

情念(passion)70, **79ff.**, 87, 91f., **115**, *123*, 134, 136f., 153, 166, 179, 224, 237, 248, 256, 260

熟慮(deliberation, consideration)87, 214, **216-219**, 224, 226, 229f., 232, 234, *240ff.*, 260, 265

自律(Autonomie, autonomy)16, 31, **36ff.**, 131, 133, 162ff., *171*, 190

仁愛(benevolence)25, **93ff.**, 99, 111ff., *119, 124*, 167, 179

身体(Körper, body)82, 134, 228, 248, 254

推理, 推論(Schluss, inference, reasoning) 53, *65*, 71-74, 97, *123*

因果的推論(causal reasoning)71-75, 92, 97, *123*, 136, 149

スコラ哲学(Scholastik)8, 13, 84, 213, 219, 223, 252, 258, 260, *268*

ストア派(Stoiker)139, 166f., *171*

スピノザ(Spinoza) 9, 55, **254-257**
スミス(Smith) 5ff., 99, 118, 184, 209
斉一性(Einförmigkeit, uniformity) 50, 52f., 75, 77ff., *209*
性格(Charakter, character) 50, **52ff.**, 59f., *65*, **79f**, 83, 87, 145
英知的性格(intelligibler Charakter) 54, 60, 65f.
正義(justice) *121, 169ff.*, 180
責任,責務(Antwortung, Schuld, responsibility),帰責(Zurechnung) 16, 22, 29, 31f., 40ff., **59**, 61, 88, 110, 133, 215, *244, 267f.*
是認(Billigung, approval) 93, 110, *121, 123*, 132, 137ff., 146, 153, 156, 158, 167, *168*, 183
選択(Wahl, choice) 19ff., **82f.**, **218f.**, 225ff., 229f., 231, *241*, 245, 249-252. 259-261, 263-266, *267*
善(das Gute) 102, 109ff., *123*, 182f., 186, 227, 248, 251, 256f., 261, 264ff.
最高善(das höchste Gute) 21f., 62, 186, 191, *249*, 261ff.
尊敬(Achtung, respect) 26, 71, 111, 188
尊厳(Würde, deginity) 4, 25f., *62f.*, 189
想像,想像力,構想力(Einbildungskraft, imagination) 47, 70f, **74f.**, 76, 96, 99, 112, *119f.*, **135**, 143, 145, 147ff., 160, 200, 202, *209*

## タ行

立場(Stand, situation) **144**, 146, 179-183, 192
立場の交換(change of situation) 5f., 99, 129ff., **146f.**, 155, 176ff, 187f., 194, 198f., 202, 204, *206*
想像上の立場の交換(imaginary change of situation) 99, 121, 131, **135**, 145, 147f., 163, *169*, 179, 181, *209*
他人の立場に立つ(put oneself in situation of other) 99, 135, 143ff., 176, 179-183, 192, 198, *205*
田中正司 *121*, *168-171*
罪(Schuld, guilty) 22, 60, 86, 88, *122*, 226, 231f., 267,
デカルト(Descartes) 8, 255, 256-260, **258ff**.
適宜性(properiety) 133, 139f., 141, 155, 157f., 161f., *168*, 171
当為,べき(Sollen, ought to) 23, 28, 42, *62*, 64, 104-108, *123*
同情(Mitleid, compassion) 25, 94f., 112f., *120*, 136, 178-181, *206*
道徳的感覚(moral sense) 24, **91-94**, **102**, 109f., 114, *121f.*, **137ff.**, 151
道徳的感情,道徳的情操(moral sentiment) **24**, 28, 70, 90f., **101ff.**, 110f., *121-124*, 130, 141, 157, 178f., **183f**.
道徳感情学派(school of moral sentiment) 4, 16, 23, 28, 109, 111, 118, *124*, 201, 204

## ナ行

二律背反(Antinomie) 7, 14, 16, *29f.*, 45, 64, 203f., *209*
人間学(Anthropologie),人間の学 (science of man) 5ff., 14f, 69, 90, 114-118, *125*
人間観察(Beobachtung des Menschen, observation of man) 5ff., 14f., 69, 72, 90f., 113-118, *125*, 199f.

## ハ行

バウムガルテン(Baumgarten) *124f.*, 115, 191, 203
バーク(Burke) 25, 179, 203, *205*
ハチソン(Hutcheson) 4f., 15, **23ff.**, 28, *62f.*, 90, **92-95**, 99, 101, **109-114**, *119-124*, 136, 138f., 151, 154, 175, 179, 203, *206*
浜田義文 *9, 120, 124, 171, 205-208*
判断(Urteil, judgement),判断力 (Urteilskraft) 28, 102, 183, **192-197**, 201f., 204, 249, 164
必然性(Notwendigkeit, necessity) 7, **18f.**,

**23**, **28ff.**, 39f., **47**, 56f., 64f., 75ff., 84ff., *119*, 215, 223ff., 231f., 236ff., *243*, 250, 254, 256, 260f., 264, 266, 267f.
ヒューム(Hume) 5ff., 30, 64ff., 69-97, 94-110, 113-115, 117f., 119-125, 136, 139, 146, 154, 175, 199, 202f., *205*, *209*, 213, 232
ブラムホール(Bramhall) 213f., 218f., 223, 232, 238, **240-243**, 247, *268*
ヘルダー(Herder) 15, 71, 114, 124
法則(Gesetz) 13, 20-24, 26-32, 33-37, 39, 47, 54, 56, 62-64, 184
自由の法則(Gesetz der Freiheit) 26f., 34-37
道徳法則(moralischer Gesetz) 23, 28, 31, 33, 36ff., 71, 110
無法則(gesetzlos) 22f., 29, 34, 37, *63*
ホッブズ(Hobbes) 8, 55, 82, 99, 213-239, *240-244*, 247f., 253, 256, 261, 263ff., *267f.*

## マ行

無差別, 均衡無差別(indifference of equilibrium) 20, 83ff., 250ff., 259, 264, *267f.*

## ヤ行

有用→効用
欲求, 欲望(appetite, desire) 18, 20f., 80, 214-219, 223f., 230, 232, 237, *240ff.*, 248, 255f., 265f.

## ラ行

ライプニッツ(Leibniz) 4, 15, 17-21, 55, 58, 62, *124*, 242, **258-262**, 268
利益(Interesse, interest) 93f., 99f., 102, 119, *121*, 137, **151-154**, *168*
利己主義→自己中心主義
理性, 知性(Vernunft, reason), 理性的(reasonable) 28-31, 38, 46-49, 55, 92ff., 102, 106, 110, 116, *122ff.*, 123, 137f, 182ff., 186, 189, 192, 217, 219, 228, 236ff., 248ff., 255ff., 260f., 266
理性と感情(reason and passion) 91ff., 110, *124*, 248, 256f.
良心(Gewissen, consciousness) 131, 159, 161-165, *170f.*, 189ff., *205*, *207f.*, 238
ルソー(Rousseau) 4, 13, 15, 25f., 114, 124, 181f., 206
ロック(Locke) 8, 82, 101, *123*, 247, **263-266**

## 著者紹介

高田　純（たかだ　まこと）
1946 年　北海道旭川市生まれ
1970 年　北海道大学文学部卒業
1975 年　北海道大学大学院文学研究科博士課程単位取得
1999 年　文学博士（北海道大学）
現　在　札幌大学外国語学部教授
主要業績
『ヘーゲル用語辞典』（共著）未來社，1991 年
『承認と自由──ヘーゲル実践哲学の再構成』未來社，1994 年
『実践と相互人格性──ドイツ観念論における承認論の展開』北海道大学図書刊行会，1997 年
『環境思想を問う』青木書店，2003 年

---

カント実践哲学とイギリス道徳哲学
2012 年 3 月 31 日　第 1 刷発行　　　　　〈検印省略〉

著　者Ⓒ　高　田　　　純
発行者　本　谷　高　哲
制　作　シナノ書籍印刷
東京都豊島区池袋 4-32-8
発行所　梓　出　版　社
千葉県松戸市新松戸 7-65
電話・FAX　047(344)8118

乱丁・落丁本はお取り替えいたします。
ISBN　978-4-87262-027-6　C3010